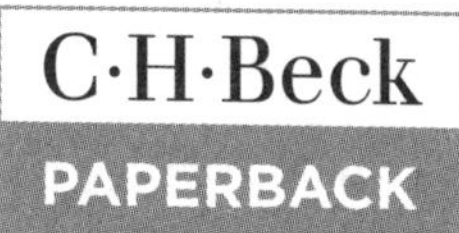
C·H·Beck
PAPERBACK

Ob man das einzige Kind war oder ob man Geschwister hatte, ob ältere oder jüngere Geschwister, ob solche vom gleichen Geschlecht oder vom anderen Geschlecht, oder beides, ob die Eltern aus kleinen oder größeren Familien stammen, ob Personenverluste in den Familien zu beklagen waren, wie gut die Erfahrungen der Ehepartner in ihren jeweiligen Herkunftsfamilien zusammenpassen und wie sich die Kinderfolge, die ihnen das Schicksal beschert, in diese Erfahrungen einfügt, alles das wird hier beschrieben.

Die Leser finden in dieser Vielfalt auch Aufschluß über ihre eigene Familienkonstellation, ebenso über jene der Freunde und Bekannten, der Liebes- oder Ehepartner. Die eigenen Eltern und Geschwister können sie ebenfalls besser verstehen lernen, und im täglichen Umgang mit den Kindern, wenn sie welche haben, wird ihnen manches einleuchten, das sie zunächst verwunderte. Wenn sie noch keine Kinder haben, aber welche möchten, können sie hier erfahren, was ihnen an Möglichkeiten bevorsteht. Wenn sie keine Kinder wollen, finden sie vielleicht sogar dafür eine Erklärung.

Alles hier Gesagte ist der Wirklichkeit, dem tatsächlichen Verhalten und Handeln der Menschen und den vielen Familienleben nachgezeichnet, die der Autor systematisch beobachtet und an denen er oft auch beraterisch oder therapeutisch Anteil genommen hat.

Walter Toman (1920–2003), war Professor für Psychologie an der Universität Erlangen-Nürnberg mit Schwerpunkt Klinische Psychologie, Psychotherapie-Forschung und Psychotherapie-Ausbildung. Toman hat als erster seit 1959 in wissenschaftlichen Artikeln und seit 1961 mit dem englischen Buch *Family Constellation*, das in Amerika als „Klassiker“ gilt, außer den Geschwisterpositionen selbst das Thema der Geschwisterpositionen der Eltern, die Beziehungen der Eltern untereinander und zu den Kindern empirisch und theoretisch grundlegend behandelt.

Walter Toman

Familienkonstellationen

Ihr Einfluß auf den Menschen

C.H.Beck

Die 1. Auflage dieses Buches erschien 1965 unter dem Titel „Familienkonstellationen. Ihr Einfluß auf den Menschen und seine Handlungen“, die 2. und 3. Auflage (1974 bzw. 1980) erschienen in der Beck’schen Schwarzen Reihe mit dem Untertitel „Ihr Einfluß auf den Menschen und sein soziales Verhalten“.

4., neubearbeitete Auflage. 1987 (in der Beck’schen Reihe)

5. Auflage. 1991 (in der Beck’schen Reihe)

6., durchgesehene Auflage. 1996 (in der Beck’schen Reihe)

7., durchgesehene Auflage. 2002 (in der Beck’schen Reihe)

8. Auflage. 2005 (in der Beck’schen Reihe)

9. Auflage. 2011 (in der Beck’schen Reihe)

10. Auflage in C.H.Beck Paperback. 2020

Satz: C.H.Beck.Media.Solutions, Nördlingen
Druck und Bindung: Druckerei C.H.Beck, Nördlingen
Umschlaggestaltung: geviert.com, Michaela Kneißl
Umschlagabbildung: © one line man/shutterstock
Printed in Germany
ISBN 978 3 406 74463 1

www.chbeck.de

Inhalt

II. Anwendung und Praxis

Vorwort zur sechsten Auflage

Wir sind alle in Familien aufgewachsen, auch wenn es in manchen Fällen unvollständige oder Ersatzfamilien waren, und die überwiegende Mehrzahl von uns wird selbst eine Familie gründen oder hat sie schon gegründet. Lediglich in der Adoleszenz und im jungen Erwachsenenalter, wenn wir uns von unserer Familie zunehmend abzusetzen trachten und auf der Suche nach eigenen Möglichkeiten sind, sei es in der Ausbildung, im Beruf, in der Freizeit oder im Freundeskreis, denken wir streckenweise anders. Da brauchen wir kein Familienleben, glauben wir. Da wollen viele von uns frei herumschwärmen, das Leben auskosten und sich nicht auf Dauer binden.

Dieser Zustand hält aber nicht sehr lange an. Früher oder später geraten wir doch auf jene Person, die uns wichtiger ist als alle anderen und mit der wir länger zusammenbleiben wollen, vielleicht für immer. Kinderwünsche beginnen sich zu regen, und eines Tages ist auch für uns ein Kind unterwegs. Wenn wir damit nicht zu lange gewartet haben, folgt oft ein zweites Kind, in einigen Fällen sogar ein drittes.

Aus welchen Familienverhältnissen wir kommen, aus welchen Personen sich unsere Herkunftsfamilien zusammensetzen, was unterschiedliche Familienkonstellationen für unser späteres Leben bedeuten können und welche Erfahrungen und Erwartungen wir dementsprechend in unsere Freundschaften und schließlich in unsere Lebenspartnerschaft einbringen, davon handelt das vorliegende Buch in umfassender, kompakter und übersichtlicher Form. Auch unsere Erwartungen und Hoffnungen für unsere Kinder sind davon beeinflußt. Ob man das einzige Kind war oder ob man Geschwister hatte, ob ältere oder jüngere Geschwister, ob solche vom gleichen Geschlecht oder vom anderen Geschlecht, oder beides, ob die Eltern aus kleinen oder größeren Familien stammen, ob Personenverluste in den Familien zu beklagen waren, wie gut die Erfahrungen der Ehepartner in ihren jeweiligen Herkunftsfamilien zusammenpassen und wie sich die Kinderfolge, die ihnen das Schicksal beschert, in diese Erfahrungen einfügt, alles das wird hier beschrieben.

Die Leser finden in dieser Vielfalt auch Aufschluß über ihre eigene Familienkonstellation, ebenso über jene der Freunde und Bekannten, der Liebes- oder Ehepartner. Die eigenen Eltern und Geschwister können sie ebenfalls besser verstehen lernen, und im täglichen Umgang mit den Kindern, wenn sie welche haben, wird ihnen manches einleuchten, das sie zunächst verwunderte. Wenn sie noch keine Kinder haben, aber welche möchten, können sie hier erfahren, was ihnen an Möglichkeiten bevorsteht. Wenn sie keine Kinder wollen, finden sie vielleicht sogar dafür eine Erklärung.

Alles hier Gesagte ist der Wirklichkeit, dem tatsächlichen Verhalten und Handeln der Menschen und den vielen Familienleben nachgezeichnet, die ich seit 1956 systematisch beobachtet und an denen ich oft auch beraterisch oder therapeutisch Anteil genommen habe. Seit 1960 half mir dabei eine wachsende Zahl von Mitarbeitern.

Systematische empirische Erhebungen fanden zuerst in den USA, dann in einer umfassenden Untersuchung in der Bundesrepublik Deutschland und in der Schweiz statt. Die Deutsche Forschungsgemeinschaft förderte diese Untersuchung. Ergebnisse kleinerer Erhebungen liegen auch aus Österreich, England, Holland und Dänemark vor. Großstädte und Kleinstädte überwiegen in unseren Stichproben gegenüber der Landbevölkerung, aber inzwischen hat die Landbevölkerung Westeuropas und Nordamerikas anscheinend begonnen, ihre Familiengründungen, ihre Kinderzahlen und ihr Familienleben den städtischen Verhältnissen anzugleichen. Kleinere Familien werden immer häufiger.

Kleinere Familien sind im allgemeinen leichter zu beobachten, zu überschauen und zu verstehen. Das vorliegende Buch geht in der Darstellung von diesen Familien aus. Mit der Lektüre wird aber das Verständnis auch für größere Familien und kompliziertere Familienverhältnisse wachsen. Sie kommen ebenfalls in diesem Buche vor.

Ab der vierten Auflage des Buches wurden die Kapitel 14 bis 16 von der mehr technischen Darstellung der Konfliktmaße sowie von der ausführlicheren Darlegung verwandter Theorien und anderer Untersuchungen entlastet. Wenn ein Leser sich doch dafür interessieren sollte, müßte er auf frühere Auflagen des Buches in öffentlichen und Universitätsbibliotheken oder auf die Literaturliste des vorliegenden Buches zurückgreifen. Sie wurde vollständig beibehalten und auf den neuesten Stand gebracht.

I. Theorie und Forschung

1. Einleitung

Jeder Mensch wird in eine Familie geboren. Diese kann allerdings unvollständig sein oder im Laufe der Entwicklung des Menschen unvollständig werden. Der Vater, die Mutter oder Geschwister können in ihr fehlen, als Folge von Tod, Scheidung oder Trennung.

Im Durchschnitt wächst der Mensch in einer Zwei- bis Drei-Kinder-Familie auf, und sowohl der Vater wie die Mutter bleiben in der Familie. Der Vater ist bei der Eheschließung etwa 27 Jahre, die Mutter 24 Jahre alt gewesen. Der Altersunterschied zwischen ihnen beträgt im Durchschnitt drei Jahre. Im allgemeinen vergehen nach der Heirat ein bis zwei Jahre, ehe das erste Kind geboren wird, und nach etwa sieben Ehejahren kommt das letzte Kind zur Welt. Der durchschnittliche Altersabstand zwischen den Kindern ist drei bis vier Jahre.

Eltern mit einer größeren Anzahl von Kindern haben meist etwas früher geheiratet. Die Zahl ihrer Ehejahre bis zur Geburt des letzten Kindes kann erheblich höher sein als sieben und der Altersabstand der Kinder verringert sich im Durchschnitt auf zwei bis drei Jahre.

In verschiedenen Epochen, aber auch in verschiedenen sozialen Schichten lag und liegt das Eheschließungsalter etwas oberhalb oder unterhalb der genannten Zahl. Auch dann ist der Mann allerdings im Durchschnitt drei Jahre älter als die Frau.

In 9 von 10 Fällen bleibt die Familie mindestens bis zur Adoleszenz des jüngsten Kindes intakt und beisammen. In etwa 10% aller Familien mit Kindern wird ein Elternteil im Verlauf der späteren Kindheit oder frühen Jugend (bis zum 15. Lebensjahr des Kindes) durch Trennung, Scheidung oder Tod verloren, in etwa 5% aller Familien mit Kindern bereits in der frühen Kindheit (bis zum 6. Lebensjahr des Kindes) oder schon zum Zeitpunkt der Geburt. In etwa 8 von 10 dieser Fälle ist der verlorene Elternteil der Vater, in 2 von 10 Fällen die Mutter.

Die Eltern stammen im Durchschnitt jeder aus einer Familie mit vier Kindern. Zwei von ihren drei Geschwistern sind im allgemeinen verheiratet. In mehr als 8 von 10 Fällen haben sie auch eigene Kinder.

Stärkere Abweichungen von diesen durchschnittlichen Verhältnissen haben in der Regel auch unterschiedliche psychologische Folgen. Eltern und Geschwister üben einen Einfluß aufeinander aus, der noch näher beschrieben werden soll. Wenn aber die Eltern etwa einen großen Altersunterschied aufweisen oder erst sehr viel später ihre Kinder bekommen haben als im Durchschnitt der Ehen, wenn ein Geschwister durch einen besonders großen oder aber durch einen besonders kleinen Altersabstand von einem Familienmitglied getrennt ist, wenn ein Elternteil oder ein Geschwister verloren wird, wenn ein solcher Verlust sehr früh im Leben einer Person oder erst relativ spät eintritt, wird die Familiensituation gegenüber anderen Familien in wichtigen Aspekten bleibend verändert. Es ist anzunehmen und konnte empirisch in vielfacher Weise belegt werden (siehe z.B. Bowlby 1951, Toman 1962, 1965), daß solche veränderten Situationen ihre Wirkungen auf das Sozialverhalten des einzelnen innerhalb der Familie haben, aber auch, daß ihre Wirkungen in sozialen Situationen und Kontexten außerhalb der Familie auftreten. Der einzelne verallgemeinert oder überträgt (etwa nach Hull, 1943, oder nach Freud, 1916/17; siehe auch Toman 1968) seine Erfahrungen in der Familie auf soziale Situationen außerhalb der Familie, etwa auf den Kinderspielplatz, den Kindergarten oder die Schule, auf Bekanntschaften und Freundschaften, die er schließt, auf Gruppen und Vereine, denen er sich zugesellt, auf Arbeits- und Berufssituationen, die er zum Teil selbst wählen kann und in die er sich jedenfalls täglich aufs neue und oft viele Jahre lang ohne Unterbrechung begibt.

Außer den Personen spielen auch Wohnverhältnisse und Wohnsitzwechsel, Krankheiten und damit verbundene vorübergehende Trennungen von der Familie eine Rolle. Im Durchschnitt hat ein Jugendlicher bis zum 15. Lebensjahr etwa einen bis zwei Wohnsitzwechsel seiner Familie erlebt. In dieser Zeit hat er etwa drei Krankheiten oder Unfälle gehabt, die keinen Krankenhausaufenthalt erforderten, und eine Krankheit oder einen Unfall mit Krankenhausaufenthalt. Dieser dauerte im Durchschnitt etwa vier Wochen.

Auch hier gilt, daß eine starke Abweichung, also eine größere Zahl von Wohnsitzwechseln oder eine größere Zahl von Krankheiten und Krankenhausaufenthalten das Sozialverhalten des Betreffenden verunsichern kann (Toman und Preiser 1973). Umgekehrt wirken unterdurchschnittliche Zahlen von Wohnsitzwechseln, also etwa überhaupt keiner, und unterdurchschnittliche Zahlen von Krankheiten oder Klinikaufenthalten unter sonst vergleichbaren Umständen eher günstig auf das Sozialverhalten des Kindes und Jugendlichen ein.

Ziel der nun folgenden Darstellung ist es, den wichtigsten und von Familie zu Familie am deutlichsten unterscheidbaren Teil der Wirkungen solcher Umweltbedingungen zu beschreiben und zu differenzieren. Wir gehen dabei von der Annahme aus, daß die Familie eines Menschen jenen Lebenskontext darstellt, der von frühester Lebenszeit an, am beharrlichsten und zunächst fast ausschließlich gegeben und wirksam ist. Spielplatz, Kindergarten, Schule, weiterführende Schule, Organisationen und Vereine, der Arbeitsplatz, der Stammtisch usw. kommen erst viel später als die Familie und in der Regel nur für Teilzeiten des Tages und Teilabschnitte der Lebenszeit des Individuums zur Geltung. Der Familienkontext bleibt in der Regel auch dann weiterbestehen. Das Individuum ist bis ins Erwachsenenalter, obschon in zunehmend kürzeren Zeitspannen, in den Familienkontext physisch einbezogen.

Es darf angenommen werden, daß Verallgemeinerungen von Erfahrungen eher aus früheren und nachhaltiger wirksamen Kontexten auf spätere und weniger nachhaltig wirkende Kontexte erfolgen als umgekehrt. Der Einfluß der Familie auf das Verhalten einer Person in der Schule ist in der Regel größer als der Einfluß der Schule auf das Verhalten dieser Person in der Familie. Der Einfluß der Erfahrungen in der Schule zusammen mit den Erfahrungen in der Familie auf die Berufssituation eines Menschen ist wahrscheinlich stärker als die Rückwirkung der Erfahrungen im Beruf auf die Schule und auf die Familie.

Diese Annahme will natürlich nicht besagen, daß spätere Ereignisse frühere Ereignisse überhaupt beeinflussen können. Die Vergangenheit kann nicht mehr abgeändert werden. Lediglich die Interpretation der Vergangenheit ist änderbar. Eine Person kann aus den Erfahrungen in der Schule oder im Beruf ihre Erfahrungen innerhalb der Familie im Rückblick neu einschätzen lernen, und es wäre denkbar, daß sie sogar die derzeit bestehenden Beziehungen zu ihren Familienmitgliedern fortan modifizieren kann. Selbst dann darf aber erwartet werden, daß diese erst im späteren Leben abgeänderten Familienbeziehungen in ihren unmittelbaren Wirkungen auf das weitere Familienleben und auf Kontexte außerhalb der Familie schwächer sind als die alten und ursprünglichen Beziehungen. Damit ist nicht einem hoffnungslosen Determinismus das Wort geredet, wohl aber sollten die alten und seit viel längerer Zeit wirksamen Einflüsse gegenüber den rezenteren und gegenwärtigen Einflüssen nicht unterschätzt werden. Die Wirkungen der alten Einflüsse sind oft versteckt. Sie betreffen emotionale Haltungen, elementare Motive und Interessen, deren sich der Betroffene mitunter gar nicht bewußt ist. Sie wirken aber auf sein soziales Verhalten ein, und zwar oft umso nachhaltiger, je weniger sie ihm bewußt sind.

2. Personenzusammensetzungen in der Familie

Die meisten Familien bestehen, wie gesagt, aus einem Vater, einer Mutter und mehreren Kindern. In der Mehrzahl der Familien ist auch heute noch der Vater der Brotverdiener und die Mutter im Haushalt und für die Betreuung der Kinder tätig, zumindest so lange, bis das jüngste ihrer Kinder die Schule besucht. Dies scheint auf lange Sicht und unter den gegebenen Lebensverhältnissen in fast allen Nationen und Gesellschaftssystemen die populärste und vermutlich auch die günstigste Lösung zu sein. Wenn gelegentlich einmal ein Vater den Haushalt und die Kinder versorgt, während die Mutter einen Beruf ausübt, ist das nichts Abnormes. Ein solches Elternpaar muß allerdings gewärtig sein, daß andere Familien oder etwa andere Kinder diese Situation doch als etwas Sonderbares ansehen und daß allein aus dieser Einschätzung durch die Umwelt gewisse Schwierigkeiten für seine Kinder erwachsen konnten.

Wenn beide Eltern voll berufstätig sind, müssen sie wohl oder übel ihre Kinder jemand anderem zur Betreuung übergeben, und hierbei verlieren sie zum Teil ihre Elternrolle. Jene Personen, welche die Betreuung übernehmen, werden die psychologischen Eltern dieser Kinder. Sie, sowie die Lebens- und Familiensituationen, aus denen sie kommen, können mehr Einfluß auf die Kinder ausüben als die Eltern und deren Lebens- und Familiensituationen.

Eine durchschnittliche, intakte Familie mit mehreren Kindern kann sich von einer anderen durchschnittlichen, intakten Familie durch die Altersfolge und Geschlechterverteilung ihrer Kinder bedeutsam unterscheiden. Betrachten wir kurz die Familie mit zwei Kindern. Zu ihr können zwei Jungen, zwei Mädchen oder ein Junge und ein Mädchen gehören. Im letzten Fall kann entweder der Junge oder das Mädchen das ältere Kind sein. Eine Familie mit drei Kindern kann drei Jungen, zwei Jungen und ein Mädchen, einen Jungen und zwei Mädchen oder drei Mädchen haben, wobei die gemischtgeschlechtlichen Kinderkonfigurationen in mehreren Möglichkeiten auftreten können. Bei zwei Jungen und einem Mädchen kann das Mädchen das älteste, mittlere oder jüngste Kind sein, bei einem Jungen und zwei Mädchen der Junge analog der älteste, der mittlere oder der jüngste. Anders gesagt,wenn man nur die Altersreihenfolge und die Geschlechterverteilung beachtet, können drei Kinder in jeweils einer von insgesamt acht möglichen Konfigurationen auftreten. Allgemein formuliert: eine gegebene Kinderkonfiguration ist eine von 2^n verschiedenen Möglichkeiten, wobei n die Kinderzahl ist.

Ein Kind aus einer Zwei-Kinder-Familie kann ein Junge oder ein Mädchen sein. Ist es ein Junge, kann er das ältere oder das jüngere der beiden Kinder sein, und er kann als Geschwister einen Bruder oder eine Schwester haben. Das analoge gilt für ein Mädchen. Es kann die ältere oder die jüngere Schwester sein, und zwar entweder von einem Bruder oder von einer Schwester. Anders gesagt, in einer Familie mit zwei Kindern kann ein gegebenes Kind eine von vier möglichen Positionen einnehmen.

Wenn ein Kind, sagen wir ein Junge, aus einer Drei-Kinder-Familie kommt, kann er der älteste, der mittlere oder der jüngste sein, und er kann zwei Brüder, zwei Schwestern, einen Bruder und eine Schwester oder eine Schwester und einen Bruder haben. Der betreffende Junge kann somit eine von drei Altersrangstellen einnehmen und eine von vier Konfigurationen von Geschwistern haben. Er nimmt also eine von insgesamt 12 möglichen Positionen ein. Analoges würde für ein Mädchen gelten. Allgemeiner gesagt, eine gegebene Person nimmt eine bestimmte von $n \cdot 2^{n-1}$ möglichen Positionen in ihrer Geschwisterkonfiguration ein, wobei n wieder die Zahl der Kinder der betreffenden Konfiguration ist. Man erkennt, daß bei einer größeren Anzahl von Kindern auch die Möglichkeiten sehr zahlreich werden. Ein Kind, das vier Geschwister hat, das also aus einer Kinderkonfiguration von fünf Kindern kommt, nimmt mit seiner Position eine von $5 \cdot 2^4$ Möglichkeiten wahr, also eine von 80 Möglichkeiten.

Bei der Beschreibung aller dieser Möglichkeiten könnten wir leicht die Übersicht verlieren. Es empfiehlt sich daher, die Zwei-Kinder-Familie als Paradigma zu wählen und an ihr alle möglichen Geschwisterpositionen zu untersuchen.

2.1. Zwei Brüder

Betrachten wir zuerst den älteren und den jüngeren Bruder von insgesamt zwei Brüdern.

Der ältere Bruder eines Bruders wird ab der Geburt seines Geschwisters an das Zusammenleben mit einem Kind des gleichen Geschlechtes gewöhnt. Wenn durchschnittliche Verhältnisse vorliegen, ist er zu diesem Zeitpunkt etwa drei Jahre alt. Mit sechs Jahren hat er drei Jahre, also die Hälfte seines bisherigen Lebens, mit seinem Bruder zusammengelebt, sein kleiner Bruder alle drei Jahre seines Lebens. Es wäre verwunderlich, wenn die beiden nicht in irgendeiner Form miteinander auszukommen lernten. Es ist aber auch zu vermuten, daß sie an neue Beziehungen außerhalb der Familie, etwa an solche mit Spielkameraden und -kameradinnen, zunächst mit den Erwartungen herangehen, die sie zu Hause im Zusammenleben miteinander, also mit „altersnahen" Personen, entwickelt haben.

Unter durchschnittlichen Verhältnissen lernt der ältere Bruder des Bruders unter anderem, Verantwortung und Führung gegenüber seinem kleineren Bruder zu übernehmen. Die Eltern verlangen von ihm, daß er auf seinen kleinen Bruder Rücksicht nimmt, ihn beschützt, ihm zunächst auch dann etwas gibt, wenn er selbst nichts oder nur das Lob der Eltern dafür bekommt. Er muß zugunsten des Kleinen auf manches verzichten, was er anfangs nicht einsieht, woran er sich aber, auch durch Identifikation mit seinen Eltern, gewöhnt. Mit zunehmendem Alter beider wird es auch leichter für ihn, vom kleinen Bruder Gegenleistungen zu verlangen und dabei auch die Unterstützung der Eltern zu finden. Angenehm bleibt für ihn, daß seine Führungs- und Verantwortungsansprüche in vielen gewohnten und zum Teil auch in neuen Belangen vom jüngeren Bruder akzeptiert werden. Der jüngere nimmt sich den älteren Bruder zum Vorbild. In manchen Belangen und zu manchen Zeiten macht er ihm allerdings den Führungs- und Verantwortungsanspruch streitig und beginnt, heftig mit ihm zu wetteifern, was für den älteren Bruder unangenehm ist.

Die Machtkonflikte zwischen dem Älteren und dem Jüngeren von insgesamt zwei Brüdern werden milder und die beiden Persönlichkeiten können sich unabhängiger voneinander entwickeln, wenn sie vier oder fünf Jahre auseinander sind. Gerade dann wird aber dem älteren und später auch dem jüngeren Bruder klar, daß sie zu dritt nur eine Frau in der Familie haben (die Mutter) und daß man sich mit einem Teil ihres Interesses und ihrer Zeit bescheiden muß. – Wenn dagegen der ältere und der jüngere Bruder nur zwei oder ein Jahr auseinander sind, werden die Konflikte zwischen ihnen besonders intensiv, obschon nur undeutlich bewußt. In diesem Falle geht es den beiden nicht so sehr um Gerechtigkeit im Geben und Nehmen, auch nicht um Leistungskonkurrenz, sondern darum, wer mehr bekommt.

Der jüngere Bruder eines Bruders hat, soweit er sich zurückerinnern kann, einen älteren, größeren, gescheiteren, stärkeren, perfekteren Jungen um sich. Das wird ihm nur im ersten Lebensjahr noch nicht recht klar, weil sich dann vor allem die Mutter um ihn kümmert, aber ab dem zweiten und deutlicher im dritten Lebensjahr tritt außer dem Vater auch der „große Bruder" machtvoll in Erscheinung. Der jüngere Bruder bemerkt zwar, daß er außer Haus den Schutz seines großen Bruders genießt, aber zu Hause oder jedenfalls im Bereich der Familie, wo man sich zunächst mehr aufhält als irgendwo anders, braucht man nicht soviel Schutz. Vielmehr kommt man zunehmend dem großen Bruder ins Gehege. Dieser zwingt einem seinen Willen auf, sofern man nicht Wege findet, Dinge allein zu tun, sie so gut wie er oder gar besser zu machen und so rasch wie möglich so groß und gescheit und stark zu werden wie er.

Das gelingt zunächst nur oberflächlich. Der jüngere Bruder macht sich mitunter lächerlich mit seinen Anstrengungen. Das Bestreben aber, den anderen einzuholen und zu überflügeln bzw. sich ihm zumindest manchmal zu widersetzen, kann sich dem Jüngeren sozusagen als eine der Formen seiner Auseinandersetzungen mit altersnahen Personen für die Zukunft einprägen.

Die Eltern neigen selber dazu, den älteren Bruder dem jüngeren als Vorbild hinzustellen, dem jüngeren Bruder aber auch mehr zu erlauben und bereitwilliger für ihn als für den älteren Bruder einzuspringen. Da die Mutter die einzige Person weiblichen Geschlechts im Hause ist, entwickelt sich unter den beiden Brüdern eine stärkere Rivalitätsbeziehung um die Gunst der Mutter als in anderen Familien.

Die tatsächlichen Kontaktmöglichkeiten mit der Mutter, aber auch die Möglichkeiten, den Umgang mit einer weiblichen Person etwa im Rollenspiel untereinander zu praktizieren, sind für die beiden Brüder im Vergleich zu anderen Familienkonstellationen verringert. Das weibliche Geschlecht erscheint den beiden Brüdern weniger erreichbar und weniger verständlich.

Zusammenfassend läßt sich sagen: Der ältere und der jüngere Bruder von Brüdern sind durch ihre Erfahrungen in der Familie auf den Kontakt mit altersnahen Personen des gleichen Geschlechtes gut, auf jenen mit Personen des anderen Geschlechtes dagegen weniger gut vorbereitet. Der ältere Bruder hat gelernt, gegenüber altersnahen Personen des gleichen Geschlechtes eine Führungs- und Verantwortungsrolle einzunehmen, der jüngere Bruder, sich anzulehnen, seinem Bruder und Jungen überhaupt zu folgen, aber auch mit ihnen zu wetteifern und gegen sie zu opponieren.

2.2. *Bruder und Schwester*

Bruder und Schwester richten es sich etwas anders miteinander ein.

Auch der *ältere Bruder einer Schwester* ist im Durchschnitt schon etwa drei Jahre auf der Welt, ehe sein Geschwister in seinen Lebenskreis tritt. Zu diesem Zeitpunkt, oder jedenfalls im Laufe des vierten Lebensjahres, beginnt er in seinen Kontakten mit Familienmitgliedern und anderen Personen auch das Geschlecht des Kontaktpartners zu berücksichtigen. Daher mag er das Geschlecht seines Geschwisters schon bei der Geburt oder bald danach als angenehm empfinden. Er und seine kleine Schwester sind ja dann so etwas ähnliches wie Vater und Mutter. Das, was seine Mutter ihr an Fürsorge angedeihen läßt, scheint einem Mädchen eben zu gebühren. Der Vater behandelt ja auch die Mutter im allgemeinen eher rücksichtsvoll und zärtlich. Er, der ältere Bruder einer Schwester, ist nicht im Wettkampf mit seiner kleinen Schwester. Was er für sie tun lernt, wird sie ihm durch Liebe und Anhänglichkeit vergelten. Sie wird ihn lieben, wie seine Mutter seinen Vater liebt.

Solche Vorstellungen sind für ältere Brüder von Schwestern in diesem Lebensstadium recht geläufig. Er wird auf die Fürsorge für ein Mädchen, aber auch auf Führung und Verantwortung für ein Mädchen eingespielt. Wenn er vier oder fünf Jahre älter ist, fällt es ihm sogar noch leichter, seine kleine Schwester zu akzeptieren, auch wenn die Konflikte bewußter und deutlicher erlebt werden als bei geringerem Altersunterschied. Wenn er dagegen nur zwei Jahre oder nur ein Jahr älter ist als sie, vermag er das Geschlecht seines Geschwisters zunächst noch nicht wirklich zur Kenntnis zu nehmen. Die Kleine tritt ihm als ein Konkurrent um die Gunst und Zärtlichkeit der Eltern, mitunter geradezu als ein Futterkonkurrent entgegen. Unter diesem Schreck mag es länger als sonst dauern (also etwa bis zu seinem fünften Lebensjahr), ehe er seine Angst beschwichtigt hat, daß die Schwester mehr bekommt als er oder daß viel weniger Leistungen von ihr gefordert werden als von ihm.

Die *jüngere Schwester eines Bruders* kann in einem solchen Milieu in der Regel ein Verhalten entwickeln, das einem außenstehenden Beobachter als besonders feminin imponiert. Sie lernt, zu ihrem Bruder aufzublicken, seinen Schutz und seine Fürsorge, aber auch seine Führung zu akzeptieren. In der Regel glaubt sie zu wissen, daß sie ihm gefällt und daß sie sich auf ihn verlassen kann. Es gibt Dinge, die sie nicht zu machen braucht (z. B. schwere körperliche Arbeiten oder Tätigkeiten, bei denen man schmutzig wird). Auch verteidigen muß sie sich nicht selbst, etwa gegenüber Kindern, die zu Besuch kommen, oder gegenüber anderen Kindern auf dem Spielplatz oder später im Kindergarten. Ihr Bruder nimmt ihr das ab.

Auch Vater und Mutter sind in der Regel mit dieser Rolle ihrer kleinen Tochter einverstanden. Sie ist der kleine Liebling der Familie. Der Vater sieht ihr manches nach, auch die Mutter hat oft nichts gegen die Sonderbehandlung ihrer Tochter. Alle Beteiligten scheinen unbewußt zu erkennen, daß sie die Beziehungen beider Geschlechter untereinander in mehrfacher Weise pflegen können: Bruder und Schwester können Vater und Mutter miteinander spielen. Der Bruder kann aber auch Vater gegenüber der Mutter spielen, die Schwester Mutter gegenüber dem Vater. Der Bruder kann sich mit dem Vater, die Schwester mit der Mutter in der Regel ohne Schwierigkeiten identifizieren.

Zusammenfassend darf man sagen, daß beide Geschwister, der ältere Bruder einer Schwester und die jüngere Schwester eines Bruders, gut an das Zusammenleben mit einer altersnahen Person des anderen Geschlechtes gewöhnt werden und daß der Bruder auch außerhalb der Familie dazu neigen wird, Führung und Verantwortung für Mädchen zu übernehmen. Die jüngere Schwester eines Bruders tendiert dagegen dazu, sich führen und verwöhnen zu lassen. Beide Geschwister bleiben auch außerhalb der Familie an den Kontakten mit altersnahen Personen des anderen Geschlechtes mehr interessiert als an den Kontakten mit altersnahen Personen des gleichen Geschlechtes.

2.3. Schwester und Bruder

Wieder anders richten es sich Schwester und Bruder miteinander und mit den Eltern ein.

Die *ältere Schwester eines Bruders* bekommt unter durchschnittlichen Verhältnissen mit etwa drei Jahren ihr jüngeres Geschwister, und ihr dämmert bald, daß das Geschlecht des Geschwisters Vorteile hat. Sie kann mit dem jüngeren Bruder Mutter spielen, so wie ihre Mutter es gegenüber den Kindern und gegenüber dem Vater tut. Sie muß zwar den Kleinen bemuttern, auf ihn aufpassen, ihn beschützen und Verantwortung für ihn übernehmen, aber dafür blickt er auch zu ihr auf, schätzt und liebt sie und lernt allmählich auch seinerseits, Gefälligkeiten zu erweisen. Diese sind allerdings von eher oberflächlicher Natur. Die ältere Schwester eines Bruders glaubt zu erkennen, daß er als erster und einziger Junge in der Familie meistens wichtiger genommen wird und mehr gilt als sie. Wenn sie sich der Gunst der Eltern versichern will, muß sie für ihn sorgen.

Wenn der Altersunterschied zwischen ihr und dem jüngeren Bruder vier und fünf Jahre ist, dann fällt es ihr meistens noch leichter als bei einem durchschnittlichen Unterschied von rund drei Jahren, sich an die neue Situation zu gewöhnen, auch wenn es dabei gelegentlich zu recht artikulierten verbalen Auseinandersetzungen mit dem kleinen Bruder und den Eltern kommt. Beträgt der Altersunterschied nur ein oder zwei Jahre, dann erlebt die Schwester eine viel stärkere Bedrohung ihrer eigenen Existenz durch die Ankunft des Bruders. Es mag bis zu ihrem fünften Lebensjahr dauern, ehe sie den oben beschriebenen Modus vivendi findet und die ihr zugedachte Fürsorgerolle für den kleinen Bruder einnehmen kann.

In jedem dieser Fälle bleibt der älteren Schwester eines Bruders eine Haltung der Mütterlichkeit und Verantwortungsfreude sowie ein Bewußtsein ihrer eigenen, „etwas geringeren“ Wichtigkeit in der Familie bis ins Erwachsenenalter aufgeprägt. Sie kann auch mit Jungen außerhalb der Familie gut umgehen. Sie errät deren Interessen, macht sie teilweise zu den ihren und ordnet die eigenen Interessen unter. Sie kann sich leichter als andere Mädchen mit dem Erfolg von Jungen, „ihren" Jungen, identifizieren, besonders dann, wenn diese ihre Mütterlichkeit und Fürsorge akzeptieren. Bei ihr können sie auch Trost suchen. Sie spendet ihn gern und mit einer gewissen Genugtuung. Wenn andere Menschen in Schwierigkeiten geraten, dann kommen sie zu ihr, und sie nimmt es ihnen nicht übel.

Der *jüngere Bruder einer Schwester* darf dagegen seinen eigenen Wünschen und Interessen relativ unbekümmert nachgehen, auch dann, wenn diese egoistisch und inkohärent sind. Ihm wird mehr erlaubt als der großen Schwester. Meist wird ihm auch mehr erlaubt als etwa dem jüngeren Bruder eines Bruders. Der jüngere Bruder einer Schwester lernt zwar seine Schwester zunehmend besser verstehen, aber er nützt dieses Verständnis vor allem zur Durchsetzung seiner eigenen Interessen aus. Er tendiert dazu, die Hilfe, Fürsorge und Bemutterungsbereitschaft seiner Schwester als selbstverständlich hinzunehmen. Falls diese Fürsorge und Bemutterungsbereitschaft einmal ausbleiben sollte, gelingt es ihm verhältnismäßig leicht, die Schwester und später auch andere Mädchen unbewußt in die Mutterrolle zu drängen. Ein wenig den Hilflosen zu spielen oder eine kleine Schmeichelei zu äußern, genügt oft schon.

Auch hier bestehen in der Regel gute Identifikationsmöglichkeiten und Wechselwirkungen mit den Eltern. Die ältere Schwester kann Mutter gegenüber dem Bruder oder dem Vater spielen, der Bruder könnte auch gegenüber der Schwester oder der Mutter eine Vaterrolle übernehmen. Die Schwester macht Gebrauch von dieser Möglichkeit, der Bruder allerdings weniger, und er erregt in manchen Familien mit dieser Säumigkeit sogar Anstoß. Man wirft ihm vor, daß er nicht altruistisch und fürsorglich genug sei. Er denke zu wenig an andere, er mache, was er wolle. Er lasse sich bedienen und helfen.

Zusammenfassend gesagt: der jüngere Bruder einer Schwester und die ältere Schwester eines Bruders bleiben meist auch außerhalb der Familie an Kontakten mit Personen des anderen Geschlechtes stärker interessiert als an Kontakten mit Personen des gleichen Geschlechtes. Auch außerhalb der Familie tendiert die Schwester dazu, für Jungen und junge Männer zu sorgen und sie anzuleiten, während er eher geneigt ist, sich von Mädchen und Frauen verwöhnen und bemuttern zu lassen und seine eigenen Interessen relativ unbekümmert um andere zu verfolgen.

Die Eltern billigen übrigens diese Entwicklung mit der Begründung, daß der Bruder ja der kleinere und jüngere sei. Daß sich das Verhältnis der beiden Kinder gegenüber den konventionellen Vorstellungen der Beziehung von Mann und Frau umkehrt, daß die Tochter sozusagen die Führende und Verantwortliche, der Sohn eher unbekümmert und eigenwillig ist und zumindest in Alltagsangelegenheiten sich gerne auf andere verläßt, stört zwar manche Eltern solcher Kinder, in vielen Fällen können sie sich aber daran gewöhnen. Ihre Reaktion hängt von ihrer eigenen Erfahrung als Geschwister (siehe auch Kapitel 8) ab. Schlimmstenfalls sind die Identifikationen der Kinder mit den Eltern und die direkten interaktiven Beziehungen der Kinder zu den Eltern im Vergleich mit anderen zweigeschlechtlichen Kinderkonfigurationen verringert. Die Eltern haben dann ihre Beziehung zueinander, die Kinder ihre eigene und etwas andersartige Beziehung. Man sieht sich zu, man lernt auch voneinander, aber man vertritt nicht Elternstatt am anderen Elternteil oder am Geschwister. – Wenn dagegen die Eltern das umgekehrte Autoritätsverhältnis der Kinder gern und bereitwillig akzeptieren, etwa weil auch sie selbst ein solches Verhältnis zueinander haben, dann bestehen alle jene Identifikations- und direkten Interaktionsmöglichkeiten zwischen Kindern und Eltern, die bei der Beziehung des älteren Bruders zur jüngeren Schwester bereits beschrieben wurden. Der Sohn kann auch Vater für seine Schwester und seine Mutter spielen, die Tochter Mutter für ihren Bruder und für ihren Vater.

2.4. *Zwei Schwestern*

Zwei Schwestern befinden sich in einer wieder anderen Situation.

Auch die *ältere Schwester einer Schwester* ist unter durchschnittlichen Verhältnissen drei Jahre auf der Welt gewesen, ehe die jüngere Schwester geboren wurde. Sie hat einen Größen-, Kraft- und Intelligenzvorteil gegenüber der Kleinen, der sich erst im Laufe von Jahren verringert. Sie muß allerdings auch, wie alle ältesten Geschwister, mit dem Schock fertig werden, einen Konkurrenten für die Zeit und Aufmerksamkeit der Eltern zu haben. Je nach dem Altersunterschied zwischen ihr und der jüngeren Schwester fühlt sie sich um die Liebe und Zuneigung der Eltern betrogen (bei einem Altersunterschied von ein bis zwei Jahren), in ihrer Fähigkeit, über die Eltern zu verfügen oder mit den Eltern zu kooperieren und zu verhandeln, erschüttert (bei einem Altersunterschied von zwei oder drei Jahren) oder in ihrer Konkurrenz mit der Mutter um das Interesse des Vaters durch die kleine Schwester zusätzlich bedroht (bei einem Altersunterschied von etwa vier und fünf Jahren). Sie bemerkt lange vor ihrer jüngeren Schwester, daß sie sich in ihrer Familie zu dritt die Liebe und Aufmerksamkeit des Vaters, des einzigen Mannes in der Familie, teilen müssen.

Je größer der Altersunterschied zur kleinen Schwester, desto bewußter erlebt sie zwar die Konflikte mit ihr und mit den Eltern, aber desto leichter fällt es ihr im Grunde auch, diese zu akzeptieren und zu handhaben. Sie lernt jedenfalls früher oder später, ihre Eifersucht zu überwinden und für ihre kleine Schwester Verantwortungen zu übernehmen. Sie muß Elternstelle, insbesondere Mutterstelle, an ihr vertreten. In dieser Rolle darf sie aber auch Vorbild sein, befehlen und anordnen, und die kleine Schwester müßte ihr eigentlich gehorchen. So wollen es die Eltern. Da sich die ältere Schwester auch mit dem Vater identifizieren muß, nimmt ihre Kontrolle über die kleine Schwester manchmal härtere Züge an. Die ältere Schwester einer Schwester benimmt sich mitunter so, wie sie den Vater sich der Mutter gegenüber verhalten sah, aber auch so, wie der Vater ihr selbst gegenüber war. Zu ihrem Erstaunen und Leidwesen scheint der Vater im direkten Umgang mit ihrer kleinen Schwester aber milder und nachsichtiger als mit der Mutter und mit ihr selbst zu sein. Sie verdächtigt ihn, die kleine Schwester lieber als sie und vielleicht lieber als die Mutter zu haben.

Die *jüngere Schwester einer Schwester* wächst in größerer Freizügigkeit als ihre Schwester, aber vorerst auch in Abhängigkeit von dieser auf. Zunächst akzeptiert sie die Autorität ihrer großen Schwester. Sie will ihr gleich werden. Sie läßt sich von ihr auch ohne Bedenken helfen. Allmählich aber versucht sie, sich zu behaupten, die Dinge so gut zu machen wie ihre Schwester oder sogar besser, sowie ihr zuwiderzuhandeln. Die jüngere Schwester einer Schwester lernt, wie man opponiert. Sie bleibt allerdings innerlich von den Anregungen und Plänen der anderen vorerst abhängig. Sie macht ihre eigenen Pläne häufig erst in Antwort auf die Pläne der Schwester oder anderer Familienmitglieder. Das geht so weit, daß sie mitunter erst wissen muß, was ihre große Schwester will, bevor sie entscheiden kann, was sie selbst will.

Die Jüngere hat größere Aussicht als ihre ältere Schwester, der Liebling ihrer Eltern, insbesondere ihres Vaters zu werden. Von der älteren Schwester ist man es in der Familie gewohnt, daß sie gehorcht, sich mit den Eltern identifiziert und eigene Wünsche zugunsten der Kleinen zurückstellt. Gegenüber der jüngeren Schwester dagegen bleiben die Eltern, auch wenn sie schon herangewachsen ist, toleranter. Sie bestehen nicht so stark auf Gehorsam und der Befolgung des Vorbildes der Eltern wie bei der Älteren. Sie soll machen können, was sie will, scheinen sie unbewußt zu meinen. Dadurch ermuntern sie manchmal die jüngere Schwester geradezu zur Impulsivität, zum Ehrgeiz und zur Opposition.

Für beide Schwestern gilt *zusammenfassend*, daß sie die Beziehung von Mann und Frau zueinander nur indirekt, nur durch die Beobachtung ihrer Eltern, kennenlernen. Beide sind für den Kontakt mit altersnahen Personen des gleichen Geschlechtes besser vorbereitet als für den Kontakt mit altersnahen Personen des anderen Geschlechtes. Die jüngere Schwester von Schwestern hat es allerdings infolge der etwas größeren Verwöhnung durch den Vater in der Regel doch leichter als die ältere Schwester von Schwestern, Anschluß an Jungen und später an junge Männer zu finden. Andererseits kommen ihr dabei ihr Ehrgeiz und ihr Wetteifer in die Quere. Sie scheint zuviel zu wollen, die Gunst zu vieler Jungen zu wollen oder das Wetteifern mit den Jungen nicht lassen zu können.

2.5. Jemand hat mehrere Geschwister vom gleichen Typus

Die beschriebenen Geschwisterpositionen gelten auch dann, wenn jemand nicht nur ein, sondern zwei oder drei Geschwister vom jeweiligen Typus hat. *Der älteste Bruder von zwei oder drei Schwestern* entwickelt ähnliche soziale Präferenzen wie der ältere Bruder von nur einer Schwester. Das gleiche gilt für den *jüngsten Bruder von mehreren Schwestern.* In beiden Fällen nimmt der Bruder allerdings eine deutlichere Sonderstellung ein als in der Zwei-Kinder-Familie. Er wird in der Familie „kostbarer“, weil er nur einmal vorkommt. Die Mädchen kommen mehrmals vor.

Beide, der älteste Bruder von mehreren Schwestern und der jüngste Bruder von mehreren Schwestern, lernen sozusagen an mehreren Geschwistern, ihre Rolle einzuüben. Sie lernen mehr Facetten der

Beziehungen zwischen einem Mädchen und einem Jungen kennen. Sie lernen auch, die Mädchen gegeneinander auszuspielen. Dadurch werden die Charakteristika ihrer Geschwisterposition in der Regel deutlicher als bei einem Bruder, der nur eine einzige Schwester hat, aber sie sind ähnlich.

Älteste Brüder von mehreren Brüdern und *jüngste Brüder von mehreren Brüdern* variieren ebenfalls ihre Rollen den anderen gegenüber. Der Älteste ist für alle übrigen der Älteste. Jeder seiner Brüder muß in der Regel in eine Beziehung zu ihm kommen. Jeder von ihnen war einmal der Kleine, und für jeden war der älteste der große Bruder. Er wirkte umso größer, je später man selbst durch seine Geburt in die Geschwisterreihe eintrat. Analog ist der jüngste Bruder von Brüdern für alle seine Geschwister der Jüngste, auch wenn der Älteste sich leichter an ihn gewöhnen kann als etwa der Zweitjüngste. Auch hier ist zu erwarten, daß der älteste Bruder von mehreren Brüdern den ältesten Bruder eines einzigen Bruders an Markanz und Ausgeprägtheit seiner Merkmale übertrifft. Ebenso ist der jüngste Bruder von mehreren Brüdern häufig noch typischer als der jüngere Bruder nur eines einzigen Bruders.

Ähnliches gilt für Mädchen. Die *älteste Schwester von mehreren Brüdern* ist meist noch fürsorglicher, verantwortungsfreudiger und führungswilliger gegenüber Männern als die ältere Schwester nur eines Bruders. Die *jüngste Schwester von mehreren Brüdern* ist häufig noch anlehnungsbereiter, aber auch femininer und verwöhnter als die jüngere Schwester nur eines einzigen Bruders. Die *älteste Schwester von mehreren Schwestern* ist noch stärker mit den Eltern oder mit dem Vater identifiziert und wirkt oft noch dominierender als die älteste Schwester nur einer Schwester. Die *jüngste Schwester von mehreren Schwestern* ist noch ehrgeiziger, führungsbedürftiger, aber auch oppositionsfreudiger als die jüngere Schwester von nur einer Schwester. Beide, die älteste und die jüngste Schwester von mehreren Schwestern, sind den Umgang mit Personen des gleichen Geschlechts besser und den Umgang mit Personen des anderen Geschlechts noch weniger gut gewöhnt als die älteste oder jüngste Schwester von jeweils nur einer einzigen Schwester.

In allen diesen Fällen ist allerdings auch mit Untergruppen unter den Geschwistern zu rechnen. Bei vier Kindern etwa mag sich das älteste auf eines seiner drei Geschwister konzentrieren, vielleicht auf das vorletzte oder letzte. Die anderen beiden Geschwister bilden dann eine sekundäre Gruppe. Auch ein jüngstes Geschwister kann sich an eines seiner älteren Geschwister besonders anlehnen und die anderen weniger beachten. Wovon dies unter anderem abhängt, wird im 7. Abschnitt dieses Kapitels dargelegt. Auf einen Aspekt sei jedoch gleich hier hingewiesen:

So wie das älteste Kind, das zunächst ja ein Einzelkind war, durch die Ankunft seines Geschwisters verunsichert wird und in Konflikte mit ihm gerät, so wird auch das zweite Kind durch die Ankunft des dritten, das n-te Kind durch die Ankunft des (n + 1)-ten Kindes verunsichert und in Konflikte gebracht. Es erkennt, daß es die Rolle des Jüngsten ausgespielt hat, auch wenn es noch eine Weile daran festzuhalten versucht. Den älteren Geschwistern dagegen ist das kein solches Problem mehr. Sie leiden durch die Ankunft eines neuerlichen Geschwisters umso weniger, je öfter sie derlei schon erlebt haben.

Daraus wird verständlich, daß für ein Kind das übernächste oder drittnächste Geschwister mitunter leichter zu akzeptieren sein kann als das unmittelbar folgende jüngere Geschwister. Das gilt zumindest dann, wenn alle später folgenden Geschwister vom gleichen Typ wie das unmittelbar folgende sind. In den Affinitäten und Zuneigungen von Geschwistern untereinander werden daher manchmal unmittelbar folgende Geschwister übersprungen. Unter fünf Geschwistern bildet etwa das erste mit dem dritten, das zweite mit dem fünften eine Untergruppe, und das vierte bleibt vielleicht eher isoliert oder darf bei der ersten Gruppe mitlaufen.

2.6. *Gemischte und mittlere Geschwisterpositionen*

Wir haben acht Typen von Geschwisterpositionen kennengelernt, nämlich den ältesten Bruder von Brüdern, den jüngsten Bruder von Brüdern, den ältesten Bruder von Schwestern, den jüngsten Bruder von Schwestern, die älteste Schwester von Schwestern, die jüngste Schwester von Schwestern, die älteste Schwester von Brüdern und die jüngste Schwester von Brüdern.

Bei Geschwisterkonfigurationen von mehr als zwei Kindern treten zwar immer nur irgendwelche von diesen acht Haupttypen auf, aber eine gegebene Person in der Geschwisterkonfiguration kann auch mehrere solche Geschwisterbeziehungen zugleich haben, und zwar nicht nur mehrere vom gleichen Typ, sondern auch von unterschiedlichen Typen. Wir sprechen dann von gemischten und von mittleren Geschwisterpositionen. Dabei ist zu erwarten, daß die Beziehungen unter den Geschwistern, wie sie für die acht Haupttypen beschrieben wurden, nun in Kombinationen auftreten. Eine Person mit einer gemischten oder mit einer mittleren Geschwisterposition zeigt Merkmale und Präferenzen im sozialen Verhalten, die beiden oder im Extremfall sogar überhaupt allen möglichen Typen von Geschwisterbeziehungen entsprechen.

Beginnen wir mit den *gemischten Geschwisterpositionen:* Der älteste Bruder von Brüdern und Schwestern kann in seiner Familiensituation offensichtlich lernen, sowohl für Jungen wie für Mädchen den Senior, den Führungs- und Verantwortungswilligen zu spielen. Der jüngste Bruder von Brüdern und Schwestern gewöhnt sich die Rolle des Sorglosen und Unbekümmerten gegenüber altersnahen Personen beider Geschlechter an. Die älteste Schwester von Brüdern und Schwestern kann mütterlich, fürsorglich, verantwortungsfreudig und dominant gegenüber Jungen und Mädchen sein, die jüngste Schwester von Brüdern und Schwestern anlehnungsbedürftig und folgsam, aber auch ehrgeizig und oppositionsfreudig gegenüber altersnahen Personen beider Geschlechter.

Unter mittleren Geschwisterpositionen mit zwei Typen von Beziehungen gibt es für Jungen folgende: Mittlerer Bruder von Brüdern, mittlerer Bruder älterer Brüder und jüngerer Schwestern, mittlerer Bruder älterer Schwestern und jüngerer Brüder, mittlerer Bruder von Schwestern. Der Leser kann sich hier sicherlich schon selber ausmalen, was die jeweiligen Positionen an Kombinationen von Merkmalen und Verhaltenspräferenzen erwarten lassen. – Analoges gilt für mittlere Schwestern. Sie können nur Schwestern, ältere Brüder und jüngere Schwestern, ältere Schwestern und jüngere Brüder oder ausschließlich Brüder haben.

Mittlere Geschwisterpositionen mit drei Typen von Beziehungen sind alle eben genannten, zu denen jeweils eine der beiden noch fehlenden hinzukommt. So kann etwa der mittlere Bruder von älteren und jüngeren Brüdern auch noch ältere Schwestern haben, die mittlere Schwester von älteren Brüdern und jüngeren Schwestern kann auch jüngere Brüder haben, und so weiter.

Als Folge einer solchen Vielfalt von Rollen, die einem mittleren Geschwister gegenüber seinen Geschwistern zufallen, sind die Charakteristika und Präferenzen der einzelnen Rollen oder Geschwisterbeziehungen für einen Beobachter oft nicht mehr deutlich erkennbar. Sie vermischen sich. Der Betreffende nimmt keine ausgeprägte Position unter seinen Geschwistern ein. Die markanteren Rollen (zum Beispiel ältestes Mädchen, ältester Junge, jüngstes Mädchen oder jüngster Junge) haben bereits andere Geschwister übernommen. Das ist am deutlichsten bei einer Person zu beobachten, die sowohl ältere und jüngere Brüder wie auch ältere und jüngere Schwestern hat. Sie ist *völlig in der Mitte*. Sie wird sozusagen für jede Art von Beziehung, für solche zu älteren und zu jüngeren altersnahen Personen beider Geschlechter vorbereitet. Es ist zu erwarten, daß sie sich in keiner Beziehung, die sie später und außerhalb der Familie eingeht, unglücklich fühlen wird, allerdings auch in keiner besonders oder überschwenglich glücklich. Es könnte sein, daß ihr in neuen Beziehungen die jeweils nicht realisierten Beziehungen fehlen. Ein mittlerer Bruder von älteren und jüngeren Brüdern und Schwestern würde beispielsweise, wenn er mit der älteren Schwester von Brüdern eine Freundschaft schließt, die Möglichkeiten vermissen, sich auch manchmal so zu verhalten wie gegenüber seinen jüngeren Schwestern, und auch den Kontakt mit Jungen oder mit Männern würde er entbehren.

Schon im Verband der Familie fühlen sich solche mittleren Geschwister oft übergangen oder ausgeschlossen. Sie glauben zu bemerken, daß es auf sie am wenigsten von allen Geschwistern ankommen dürfte. Daher drängen sie oft auch früher als andere Geschwister aus ihrem Familienverband fort, entweder physisch und geographisch oder etwa, indem sie eine ganz andere Berufslaufbahn wählen als der Rest der Familie.

In Familien mit vielen Kindern kann es natürlich mehrere mittlere und auch „völlig mittlere" Geschwister geben. Dabei ist folgendes zu beachten: Jemand kann einen älteren Bruder und eine ältere Schwester, aber drei jüngere Brüder und vier jüngere Schwestern haben. Dann hat er zwar definitionsgemäß eine mittlere Geschwisterposition, steht aber doch am oberen Ende der Altersreihe. Man darf annehmen, daß er mehr als andere mittlere Geschwister, etwa als der dritt- oder viertletzte in dieser Geschwisterreihe, auch Vorbild für die Jüngeren wird, Führungs- und Verantwortungsrollen übernimmt und mit den Eltern identifiziert ist. Dagegen wird der dritt- oder viertletzte, ebenfalls ein mittleres Geschwister, da ihn eine größere Zahl von älteren als jüngeren Geschwistern umgibt, sich eher wie ein jüngeres Geschwister verhalten lernen.

In großen Geschwisterkonfigurationen können sich also auch die mittleren Geschwister, die definitionsgemäß dem gleichen Typus angehören würden, noch voneinander unterscheiden. Sie können eher ältere oder eher jüngere mittlere Geschwister sein.

2.7. Die Größe einer Geschwisterkonfiguration

Geschwisterkonfigurationen reichen vom Einzelkind, über das wir noch sprechen werden und das sozusagen überhaupt keine Geschwisterposition hat, bis zu 14 und 15 Kindern. Konfigurationen mit fünf oder mehr Kindern kommen allerdings nur in 10% der Familien mit Kindern vor. Die durchschnittliche Form ist die Familie mit zwei bis drei Kindern.

In größeren Familien, also bei Kinderzahlen von fünf und mehr, erhöht sich logischerweise die Zahl der mittleren Geschwister. Bei drei Kindern gibt es ein mittleres Geschwister, bei vier Kindern zwei, bei n Kindern n – 2 mittlere Geschwister. Auch die Wahrscheinlichkeit gemischter Geschwisterpositionen wird größer. Ein Ältester mit vier Geschwistern kann vier Brüder, drei Brüder und eine Schwester, zwei Brüder und zwei Schwestern, einen Bruder und drei Schwestern oder vier Schwestern haben. Insgesamt gibt es 2^4 verschiedene Möglichkeiten, vier Kinder, die entweder Jungen oder Mädchen sein können, anzuordnen, und mit Ausnahme von vier Brüdern und vier Schwestern, die nur je einmal vorkommen, sind alle anderen Anordnungen, also 14, gemischt-geschlechtlich. Die Wahrscheinlichkeit, daß ein Ältester Geschwister beiderlei Geschlechts hat, ist also bei vier Geschwistern 14/16 oder 87%. – Wenn ein Ältester dagegen nur zwei Geschwister hat, können dies zwei Brüder, ein Bruder und eine Schwester, eine Schwester und ein Bruder oder zwei Schwestern sein. Zwei der vier Anordnungen weisen Geschwister nur eines Geschlechtes auf, zwei werden von Geschwistern beider Geschlechter gebildet. Die Wahrscheinlichkeit, daß ein Ältester Geschwister beider Geschlechter hat, ist 2/4 oder 50%, also viel geringer als bei einem Ältesten, der vier Geschwister hat.

Wenn jedes Geschwister zu jedem anderen eine Beziehung entwikkeln kann, dann besteht zwischen zwei Geschwistern nur eine Beziehung, zwischen drei Geschwistern bestehen bereits 3, zwischen vier Geschwistern 6, zwischen fünf Geschwistern 10 oder, allgemein gesagt, zwischen n Geschwistern $\binom{n}{2}$ mögliche Beziehungen. Unter vier Geschwistern, sagen wir, unter zwei Brüdern und zwei jüngeren Schwestern, hat der älteste Bruder eine Beziehung zum Bruder und zu jeder seiner beiden Schwestern, der jüngere Bruder zum älteren und ebenfalls zu jeder seiner Schwestern, und so weiter. Dabei kämen insgesamt 12 Beziehungen zustande, da aber jede Beziehung zweimal vorkommt, muß diese Zahl durch 2 dividiert werden.

Man kann daraus entnehmen, um wieviel komplizierter und vielfältiger das Familienleben in einer Familie mit vielen Kindern sein müßte als in einer Familie mit wenigen Kindern. Dabei ist zu bedenken, daß jedes Kind auch noch eine Beziehung zum Vater und zur Mutter hat, und daß jede dieser Beziehungen im Charakter von allen anderen abweichen kann.

In Familien mit vielen Kindern gibt es mehr mittlere Geschwister, und diese, insbesondere aber die „völlig mittleren" sind in Gefahr, übergangen und isoliert zu werden. Sie haben anscheinend eine allzu vieldeutige Position. Sie bedeuten für jeden Typus ihrer Geschwister etwas anderes. Sie sind für alle Geschwister da und daher eigentlich für keines, scheinen die Geschwister mit den markanteren Positionen zu denken.

Das muß aber nicht immer so sein. Größere Geschwisterkonfigurationen gliedern sich vielmehr nicht selten in Untergruppen auf. Sechs Geschwister etwa könnten zwei Dreier-Gruppen bilden und der vierte in der Geschwisterreihe könnte noch einmal so etwas wie ein erster oder Ältester sein: der Älteste der Kleinen.

Wo eine solche Zäsur erfolgt, das hängt unter anderem von dem Altersabstand zwischen den einzelnen Geschwistern ab. Je größer er zwischen jeweils zwei aufeinanderfolgenden Geschwistern im Vergleich zu den anderen Abständen ist, desto eher bewirkt er eine Zäsur in der Geschwisterkonfiguration, eine Trennung in Untergruppen an eben dieser Stelle. Wenn zwischen den ersten drei von sechs Geschwistern jeweils zwei Jahre liegen, das vierte Geschwister dagegen fünf Jahre jünger ist als das dritte, das fünfte und das sechste Geschwister aber wieder je zwei Jahre jünger sind als ihr nächstältestes Geschwister, dann bilden mit einer gewissen Wahrscheinlichkeit die ersten drei Geschwister eine Untergruppe, die letzten drei die zweite.

Auch andere Gründe können für Untergruppierungen unter größeren Geschwisterkonfigurationen maßgebend sein. Zu ihnen gehören Merkmale der Körperkonstitution, der Intelligenz, der Vitalität oder des Aussehens und äußerer Ähnlichkeiten mit anderen Familienmitgliedern. Die Ausprägungen dieser Merkmale sind von Merkmalen der Geschwisterposition in der Regel unabhängig. Darauf wird noch einmal zurückzukommen sein (S. 70f.).

Auch die Eltern können Untergruppierungen beeinflussen. Ihre eigenen Präferenzen sozialen Verhaltens bewirken unter anderem, daß manche Kinder mehr und andere weniger an Zeit, Aufmerksamkeit beziehungsweise spezifischen Vergünstigungen von ihnen bekommen. Mit manchen ihrer Kinder kommen die Eltern besser aus als mit anderen. Mit manchen können sie sich gut identifizieren, mit anderen nicht. Ein von den Eltern oder einem Elternteil unbewußt bevorzugtes Kind aber hat oft auch mehr Autorität bei den Geschwistern, kann manche von ihnen an sich ziehen und andere „links liegen lassen". Mit den Möglichkeiten der Einwirkung der Eltern auf die Geschwisterkonfiguration ihrer Kinder befassen wir uns in einem eigenen Kapitel (8, S. 115ff.).

Wir haben im übrigen so getan, als seien kleinere oder größere Kinderkonfigurationen einfach da und übten dann die beschriebenen Wirkungen aus bzw. unterlägen ihnen. Das trifft zu, wenn die Eltern beschlossen haben, keine weiteren Kinder mehr in die Welt zu setzen. Bis dahin aber, oder anders gesagt, solange die Kinderkonfiguration noch nicht endgültig festliegt, bestimmen die Eltern das Geschehen, nicht nur durch direkte Einwirkung auf die bereits vorhandenen Kinder, sondern auch durch die Entscheidung, die Kinderkonfiguration noch einmal zu vergrößern, und sei dies auch zu einem späteren Zeitpunkt.

Daß dabei das Geschlecht der bereits vorhandenen Kinder eine Rolle spielt, konnte an den tatsächlichen Geburtensequenzen deutlich demonstriert werden.

Aus einer großen Stichprobe von Familien der Städte Nürnberg und Zürich (siehe auch S. 133ff.) wurden alle Familien herausgesucht, deren Kinderkonfigurationen mit einem Jungen begannen, und alle jene, die mit einem Mädchen begannen; dann wurde geprüft, wie viele Kinder danach noch in diesen Familien zur Welt gekommen waren. Jene Eltern, deren ältestes Kind ein Junge war, hatten im Durchschnitt 1.51 weitere Kinder, jene, in denen ein Mädchen das älteste war, hatten 1.38 weitere Kinder bekommen. – Dann wurden die Familien herausgegriffen, deren Kinderkonfigurationen mit zwei Jungen bzw. zwei Mädchen einsetzten. Auf zwei Jungen folgten im

Durchschnitt dieser Familien noch 1.07 Kinder, auf zwei Mädchen dagegen nur 0.71 weitere Kinder. Schließlich wurden jene Familien herausgesucht, bei deren Kinderkonfigurationen am Anfang drei Jungen oder aber drei Mädchen standen. Bei ihnen folgten auf die drei Jungen im Durchschnitt 1.06 weitere Kinder, auf die drei Mädchen nur noch 0.50 weitere Kinder.

Diese Unterschiede waren nach dem zuständigen statistischen Frequenztestverfahren hoch signifikant (siehe auch Toman 1971, Toman und Preiser 1973). Kinderkonfigurationen, die mit Jungen beginnen, tendieren deutlich dazu, größer zu werden als jene, die mit Mädchen beginnen. Ob dies damit zusammenhängt, daß Eltern, die zuerst Mädchen bekommen, es eher aufgeben, weitere Kinder in die Welt zu setzen, weil sie sich nämlich Jungen wünschen und keine zu bekommen glauben, oder damit, daß jene, die zuerst Jungen haben, länger als die anderen weitere Kinder zeugen, weil sie (auch) Mädchen haben wollen, kann aus den Daten nicht mit Sicherheit entnommen werden.

2.8. *Einzelkinder*

Einzelkinder haben keine Geschwisterposition. Auch älteste Geschwister waren eine Zeitlang Einzelkinder, wurden aber durch die Ankunft des ersten ihrer Geschwister entthront. Das Einzelkind behält dagegen seine bevorzugte Position bei. Es hat vor allem Umgang mit seinen Eltern. Von diesen bekommt es in der Regel mehr Zeit, Zuwendung und konkrete Vergünstigungen als das einzelne Kind einer größeren Geschwisterkonfiguration, auch wenn dessen Eltern insgesamt das gleiche Maß oder sogar mehr an Zeit, Zuwendung und konkreten Vergünstigungen aufbringen. In der Aufteilung auf alle Kinder fällt für das einzelne weniger ab.

Das Einzelkind wird in seiner Familie zunächst auf den Kontakt mit altersnahen Personen gar nicht oder nur indirekt vorbereitet. Es lernt durch teilnehmende Beobachtung an den Eltern, wie sich Mann und Frau zueinander verhalten können, aber es hat keine rechte Möglichkeit, dieses Verhalten mit anderen Kindern zu praktizieren. Erst im Kindergarten oder in der Schule ergeben sich Gelegenheiten dazu. Erst dann erleben Einzelkinder den Schock, daß sie nicht die einzigen Kinder für die zugehörigen Erwachsenen, hier die Lehrer, sind. Dieser schockierenden Situation sind sie aber nur für ein paar Stunden am Tag und nicht einmal an allen Tagen in der Woche ausgesetzt. Zu Hause bleibt man der einzige. – Kinder mit Geschwistern haben ihren Schock schon in ihrer Familie hinter sich gebracht und können die Präsenz anderer Kinder, auch vieler anderer Kinder im Kindergarten und in der Schule, meistens leichter akzeptieren als Einzelkinder.

Einzelkinder gewöhnen sich natürlich ebenfalls allmählich an eine neue soziale Umgebung. Dies geschieht allerdings relativ stärker durch den Kontakt mit den Lehrpersonen als durch den Kontakt mit den anderen Kindern. Einzelkinder verstehen oft besser als Kinder mit anderen Geschwisterpositionen, auf den Erwachsenen einzugehen, oder auch, ihn für die eigenen Interessen zu mobilisieren. Dadurch wirken sie für andere Kinder nicht selten als Streber, Egoisten oder Nesthäkchen der Erwachsenen.

In höherem Maße als Kinder gleichen Alters, die andere Geschwisterpositionen innehaben, machen die Einzelkinder selbst den Eindruck kleiner Erwachsener. Dies hängt damit zusammen, daß sie mehr mit den Eltern zusammen sind als andere Kinder, aber auch damit, daß sie sich gegenüber einem Elternteil stärker als andere Kinder nur wie der andere Elternteil und eben nicht auch wie ein anderes Kind verhalten können. Sie treten dem Vater gegenüber unter anderem wie die Mutter auf, gegenüber der Mutter so wie der Vater. Sie vermögen aber auch leichter als andere Kinder, elterliches, fürsorgliches, helfendes und beschützendes Verhalten bei den Eltern zu provozieren. In der Familie sind sie ja die Hauptobjekte dieses Verhaltens. Sie brauchen die Eltern mit keinen anderen Kindern zu teilen. Vettern und Kusinen oder befreundete Kinder überhaupt mögen zwar ins Haus kommen, aber sie bleiben nicht lange. Es scheint für das Einzelkind zu jeder Zeit klar erkennbar, daß sie keine ernsthafte Konkurrenz um die Gunst seiner Eltern darstellen.

Auch außerhalb der Familie legen Einzelkinder auf Sonderbehandlung wert. Sie wollen auch dort, ähnlich wie zu Hause, gern im Licht, unter der Aufsicht und mit der Unterstützung von älteren Personen oder von Personen in Autoritätspositionen leben. Sie wollen Anerkennung finden für das, was sie von sich aus gerade tun oder unterlassen möchten. Nur in dem Grade, wie sie mit Erwachsenen, mit Autoritäten oder Sachgebieten identifiziert wirken, vermögen Einzelkinder auch „Gefolgsleute“ an sich zu ziehen und Führungsrollen für ihre Altersgenossen zu übernehmen. Das Einvernehmen mit ihren Vorgesetzten ist ihnen unbewußt meist wichtiger als die Verantwortung für ihre Untergebenen.

Einzelkinder unterscheiden sich allerdings auch von anderen Einzelkindern. Das hängt unter anderem von der Geschwisterposition des gleichgeschlechtlichen Elternteils ab. Ist der Vater eines männlichen Einzelkindes der älteste Bruder von Brüdern, dann nimmt der Sohn durch Identifikation mit seinem Vater auch Züge, Haltungen und Präferenzen eines ältesten Bruders von Brüdern an. Ist die Mutter eines weiblichen Einzelkindes etwa die jüngste Schwester von Brüdern, dann wird auch aus der Tochter eine „Mischung“ aus Einzelkind und jüngster Schwester von Brüdern. Sie wirkt beispielsweise etwas weniger egoistisch und launenhaft als andere weibliche Einzelkinder.

Wenn dagegen nicht nur die fragliche Person, sondern auch schon ihr gleichgeschlechtlicher Elternteil ein Einzelkind ist, dann nimmt sie in der Regel besonders deutlich die Charakteristika und das soziale Verhalten eines Einzelkindes an.

Daß Eltern nicht mehr als ein Kind haben, hat übrigens außer medizinischen und wirtschaftlichen nicht selten psychologische Gründe. Konflikte der Eltern miteinander, frühe Personenverluste, die sie erlitten haben, oder andere traumatische Bedingungen scheinen Eltern den Mut zu nehmen, weitere Kinder zu zeugen. Man könnte in diesen Fällen die Einzelkindfamilie bereits als eine milde Form einer gestörten Familie betrachten.

Zusammenfassend wäre zu sagen, daß Einzelkinder im Durchschnitt weniger gut als Kinder aller anderen Positionen auf den Kontakt mit altersnahen Personen vorbereitet sind. Sie bevorzugen Kontakte mit älteren, mit „höher gestellten“, oder aber mit solchen altersnahen Personen, die ihnen väterlich oder mütterlich entgegenkommen.

2.9. *Zwillinge*

Zwillinge kommen unter Kindern mit einer Häufigkeit von etwa 1% vor, sind also verhältnismäßig selten. Noch erheblich seltener sind Drillinge, Vierlinge und Fünflinge. Bei Tierjungen dagegen sind Zwillinge, Fünflinge, ja mitunter sogar Zehnlinge die Regel. Nur wenige Säugetiere gebären lediglich ein Junges pro Geburt. Selbst dann wird aber ein später geborenes Junges kein Geschwister des früher Geborenen nach der Art der menschlichen Familie. Darauf kommen wir noch einmal zurück (S. 74f.).

Zwillinge leben in der Regel von der Geburt an beisammen. Sie machen Erfahrungen, welche andere Geschwister in dieser Form nicht kennen. Geschwister mit Altersunterschieden können einander zum Teil ausweichen. Der oder die Ältere ist je nach Altersunterschied zum neugeborenen Geschwister schon mehr oder weniger fest etabliert. Das jüngere Geschwister zieht dem älteren zwar einen erheblichen Teil der Zuwendungszeit der Eltern ab, aber es gibt Bereiche des Kontaktes mit den Eltern beziehungsweise der Raumbenutzung im Haus oder in der Wohnung, auf die das jüngere Geschwister zunächst keinen Einfluß hat. Das jüngere Geschwister schläft mehr und zu anderen Zeiten als das ältere Geschwister und die Eltern, es wird teilweise auch zu anderen Zeiten gefüttert, es kann noch nicht in der Wohnung herumlaufen, und so weiter. Beim Abendessen, bei Spaziergängen, auf dem Spielplatz, auf dem Wege zum Kindergarten oder zur Schule ist das jüngere Geschwister zunächst nicht dabei.

Bei Zwillingen ist das anders. Sie sind immer zu zweit. Sie sind praktisch gleichzeitig geboren, auch wenn die Umgebung gern einen von ihnen zum Älteren und den anderen zum Jüngeren stempelt. Zwei gewöhnliche Geschwister sind ab der Geburt des zweiten ebenfalls zu zweit, aber das ältere hat eine in der Regel mehrjährige Erfahrung als einziges Kind hinter sich. Es weiß recht genau, was es verloren hat und wofür es sein Geschwister zunächst haßt. Es kann das Geschwister „zum Teufel wünschen", weil es ja eine Zeit erlebt hat, in der dieses „beim Teufel war", also noch nicht existierte. Das jüngere Geschwister hat viel größere Schwierigkeiten, sich ein Leben ohne das ältere Geschwister vorzustellen. Es kann aber durch Identifikation mit dem älteren Geschwister, durch stellvertretenden Nachvollzug oder durch Nachahmung seiner Haltungen darüber etwas lernen. Es kann sogar Lösungsmöglichkeiten von Konflikten, in die es mit dem älteren Geschwister gerät, von diesem übernehmen.

Zwillinge können das nicht. Sie sind in der Regel gleich weit in ihrer Entwicklung. Keiner hat zunächst einen Erfahrungs- und Machtvorsprung. Beide können in der Auseinandersetzung mit ihrer physischen und Personenumgebung kaum etwas voneinander lernen, was sie nicht auch allein lernen würden. Wohl aber können sie durch gleiches Verhalten gegenüber anderen sich der Kontrolle durch diese besser widersetzen und die anderen zum Teil sogar auch eher kontrollieren, als ein einzelnes Kind in ihrer Position das könnte. Sie treten zu zweit auf, und das gibt ihren gemeinsamen Wünschen mehr Nachdruck.

Es wurde bereits gesagt, daß die Umgebung Zwillinge voneinander zu differenzieren trachtet. So macht etwa die Familie einen der Zwillinge zum älteren, den anderen zum jüngeren Geschwister, auch dann, wenn es sich um identische oder eineiige Zwillinge handelt. Dabei können vor allem bei nicht-identischen oder zweieiigen Zwillingen der Altersunterschied (oft nicht mehr als eine halbe Stunde), aber auch äußere Ähnlichkeiten mit bestimmten Familienmitgliedern, Unterschiede in der Körpergröße, der Intelligenz oder der Vitalität eine Rolle spielen. Wenn die Zwillinge ein Pärchen sind, also ein Junge und ein Mädchen (was immer bedeutet, daß es sich um nicht-identische oder zweieiige Zwillinge handelt), dann werden auch noch Autoritätspräferenzen unter den Eltern bestimmend für die Altersränge, welche den Zwillingen trotz praktisch gleichzeitiger Geburt zugeteilt werden. Ist der Vater beispielsweise ein Ältester und die Mutter eine Jüngste unter den jeweiligen Geschwistern gewesen, dann neigen sie dazu, bei ihrem Zwillingspärchen den Jungen zum älteren und das Mädchen zum jüngeren Kind zu stempeln, auch wenn die tatsächliche Geburtenfolge umgekehrt gewesen sein sollte.

Auf diese Weise können Zwillinge, die sonst keine Geschwister haben, zum Teil die Charakteristika der Haupttypen von Geschwisterpositionen zeigen. Deutlicher ist dagegen ihre Neigung, der Welt zu zweit entgegenzutreten, besonders wenn sie eineiige Zwillinge sind. Sie waren ja von Anfang an zu zweit. Sie können sich ein Leben ohne ihren Zwilling gar nicht recht vorstellen. Sie haben daher auch im Durchschnitt mehr Schwierigkeiten als andere Geschwisterpaare und Geschwistergruppen, sich im Jugend- und Erwachsenenalter voneinander abzulösen. Sie tendieren auch mehr als andere dazu, sich Geschwisterpaare oder ebenfalls Zwillinge als Freunde oder als Liebes- und Ehepartner zu suchen.

Zwillinge können aber auch andere Geschwister haben, und wenn dies der Fall ist, nehmen die beiden mehr oder weniger auch jene Charakteristika des sozialen Verhaltens an, die einer einzigen Person der gleichen Geschwisterposition entsprechen würde. Wenn die Zwillinge etwa die ältesten Jungen sind und zwei jüngere Schwestern sowie einen jüngeren Bruder haben, dann lernen sie die Rolle des ältesten

Bruders von Brüdern und von Schwestern einzunehmen. Wenn die Zwillinge die jüngsten Mädchen nach einer älteren Schwester sind, neigen beide dazu, die Züge einer jüngeren Schwester von Schwestern zu entwickeln.

Was für Zwillinge gesagt wurde, gilt ähnlich auch für Drillinge und Vierlinge. Deren Bindung aneinander wird allerdings vielgestaltiger und ihre Abgrenzung gegenüber anderen Geschwistern, sofern sie solche haben, deutlicher als bei Zwillingen. Sie machen den Eltern ja auch mehr Arbeit als Zwillinge. Sie nehmen den Geschwistern die Eltern in noch höherem Maße weg als ein einzelnes Geschwister oder Zwillinge. Die übrigen Geschwister bemerken das und schließen sich auch ihrerseits gegen die Drillinge oder Vierlinge ab.

Drillinge und Vierlinge kommen aber so selten vor, daß es schwer fällt, allgemeine Tendenzen zu erkennen und empirisch zu belegen. Auf Vierlinge und ganz besonders auf Fünflinge reagiert die Umwelt ungewöhnlicher als auf Einzelkinder oder Zwillinge. Eine solche Sensation bringt die Behörden, die Massenmedien und nicht selten auch Spender mit und ohne Hintergedanken auf den Plan, die in ihrer Gesamtheit das Leben der betreffenden Familie wesentlich verändern können. Wir werden uns daher mit Drillingen, Vierlingen und Fünflingen im weiteren nicht mehr befassen.

Zwillinge wird man in ihrem Verhältnis zueinander am besten analog zu Geschwistern betrachten. Man bestimme durch Beobachtung und Befragung, wer von den beiden eher die Rolle des Älteren und Verantwortlichen und wer die Rolle des Jüngeren, Impulsiveren und Anlehnungsbedürftigeren übernommen hat. Darüber hinaus ermittle man aber auch die Position der Zwillinge unter ihren übrigen Geschwistern, sofern sie welche haben. Vermutlich werden beide Zwillinge zumindest teilweise auch das soziale Verhalten und die Handlungspräferenzen zeigen, die ihrer Position unter den restlichen Geschwistern entsprechen.

2.10. *Altersunterschiede*

Über die Altersunterschiede zwischen Geschwistern haben wir bereits gesprochen (S. 16ff., 30). Konflikte, die zwischen benachbarten Geschwistern entstehen, sehen je nach dem Altersunterschied anders aus.

Wird das jüngere Geschwister nur ein oder zwei Jahre nach dem älteren geboren, erlebt das ältere sein jüngeres Geschwister als einen Konkurrenten um die Zärtlichkeitsbezeigungen der Eltern, um ihre Aufmerksamkeit und Anteilnahme, um ihre Geschenke und Hilfeleistungen, ja sogar um das „tägliche Brot".

Beträgt der Unterschied zwischen den beiden drei oder eventuell vier Jahre, fühlt sich das ältere Geschwister vor allem in seiner Machtausübung und in seiner Kontrolle über die Eltern beeinträchtigt. Der Futterneid und die Befriedigung seiner Zärtlichkeits- und Hilfsbedürfnisse spielen keine so große Rolle mehr. Was das ältere Geschwister aber stört, ist, daß ihm im Gegensatz zum jüngeren Geschwister schon Aufgaben von den Eltern gestellt werden, daß es Gegenleistungen für elterliche Vergünstigungen erbringen muß, das jüngere Geschwister dagegen nicht. Das ältere Geschwister merkt allerdings auch, daß es für Dienste, die es dem jüngeren Geschwister leistet, von den Eltern seinerseits Gegenleistungen bekommen kann.

Wenn die beiden Geschwister vier oder fünf Jahre auseinander sind, hat das ältere zur Zeit der Geburt des jüngeren in der Regel schon gelernt, sich gegenüber den Eltern, aber auch anderen Erwachsenen und Kindern gegenüber geschlechtsspezifisch zu verhalten. Mit einer Person des gleichen Geschlechtes steht man vielleicht auch weiterhin in Konkurrenzkämpfen, aber um die Gunst einer Person des anderen Geschlechts kann man werben oder auch auf diese Gunst warten. Einer solchen Person macht man den Hof. Man beschenkt sie, ohne sofort eine Gegenleistung zu verlangen. Oder man läßt sich den Hof machen. Man versucht zu gefallen. Man verschenkt seine Gunst. Man merkt, daß auch anderswo Männer und Frauen sich zu Paaren zusammenschließen. Vater und Mutter sind ebenfalls so ein Paar. Man selbst kann mit einem der beiden, noch besser aber mit einem anderen Kind, etwa dem kleinen Geschwister, ein Paar bilden.

Wenn dies tatsächlich so ist, dann leuchtet ein, daß das ältere Geschwister schon bei der Geburt des jüngeren (nicht erst, wie Geschwister mit kleineren Altersabständen voneinander, einige Jahre später) auf dessen Geschlecht achtet. Je nachdem, ob das Neugeborene vom gleichen oder vom anderen Geschlecht ist als man selbst, kann sich nämlich die Familiensituation verbessern oder verschlechtern. Entweder man hat dann in der Familie drei von einem Geschlecht und nur eine Person vom anderen Geschlecht, um die sich der Konkurrenzkampf unter den Familienmitgliedern gleichen Geschlechts noch verschärfen wird. Oder man hat nunmehr zwei Personen vom einen und zwei vom anderen Geschlecht, und alles könnte sich zum bessern wenden, vermutet das ältere Geschwister.

Wenn der Altersunterschied unter benachbarten Geschwistern sechs oder mehr Jahre beträgt, dann werden allerdings keine vollen Geschwister mehr aus den beiden. Das ältere wird durch das jüngere Kind kaum mehr affiziert. Es geht zum Zeitpunkt der Geburt des jüngeren meist schon in den Kindergarten oder in die Schule. Zu Hause hat es seinen eigenen Bereich abgesichert. Es kann nicht nur die Trennung vom Elternhaus für die Dauer der Schulstunden ohne Schwierigkeiten ertragen, sondern es bedarf auch zuhause nicht mehr so dringend wie früher der elterlichen Aufmerksamkeit und Zuwendung. Das kleine Geschwister braucht noch ein bis zwei Jahre, um ihm ernsthaft ins Gehege zu kommen, aber zu diesem Zeitpunkt hat das ältere Kind oft nicht mehr viel an „Besitz" oder an Tätigkeiten anzubieten, was das jüngere Geschwister spontan interessieren könnte oder was es haben wollte.

Jedenfalls werden bei einem Unterschied von sechs oder mehr Jahren aus den beiden Geschwistern *Quasi-Einzelkinder,* sofern nicht eines oder beide von anderen Geschwistern mit geringeren Altersabständen umgeben sind. Wenn drei Kinder mit einem Altersabstand von je zwei Jahren beispielsweise ein Geschwister bekommen, das acht Jahre jünger ist als das jüngste von ihnen, dann wird aus diesem Spätgeborenen ein Quasi-Einzelkind. Die anderen drei werden in den Geschwisterpositionen, die sie bisher füreinander eingenommen haben, nicht mehr so stark beeinflußt, wie sie ursprünglich einander beeinflußt hatten. – Wenn ein Junge zehn Jahre alt geworden ist, ehe er in rascher Folge zwei kleine Schwestern bekommt, dann ist auch er ein Quasi-Einzelkind, allerdings mit gewissen Zügen eines älteren Bruders von Schwestern.

Insgesamt kann man sagen, daß geringe Altersabstände Geschwister stärker aneinander binden als große Altersabstände. Das gilt selbst dann, wenn sie manche ihrer Konflikte miteinander nicht lösen können und unbewußt an ihnen leiden. Je größer der Altersabstand, desto weniger affizieren die beiden einander, desto klarer bewußt und artikulierbarer werden allerdings auch die trotzdem verbleibenden Konflikte. Diese können in der Regel leicht gelöst werden. Der Umstand, daß solche Geschwister ihre Konflikte aussprechen und austragen, erweckt für den Beobachter mitunter den Eindruck, daß sie mehr und tiefere Konflikte haben als Geschwister mit geringen Altersabständen voneinander. Dieser Eindruck ist meist falsch. Die effektiven, verhaltenswirksamen Konflikte sind bei Geschwistern mit geringen Altersabständen tiefer.

Im übrigen bestimmen die jeweils Älteren eher als die Jüngeren den Charakter der geschwisterlichen Beziehungen. Das jüngere Geschwister schafft zwar durch seine Geburt für das ältere eine neue Situation und ein erhebliches Problem, aber das ältere Geschwister bestimmt mehr oder weniger im Einvernehmen mit den Eltern, wie die neue Familiensituation aufzufassen ist und wie sie im weiteren gestaltet werden soll. Je mehr ältere Geschwister ein Neugeborenes vorfindet, desto weniger kann es selbst zur Interpretation und Gestaltung der Familiensituation beitragen. Die bereits vorhandenen Geschwister formen nach der Ankunft des neuen ihre Beziehungen zueinander um, machen untereinander aus, wie das neue Geschwister in den Verband aufzunehmen ist und wer von ihnen sich ihm eventuell mehr als die übrigen widmen darf oder widmen soll. Dem Neuankömmling bleibt angesichts seiner weitgehenden Unkenntnis der Lage, in die er hineingeboren wurde, meist keine andere Wahl als diese ihm zugedachte Rolle im großen und ganzen zunächst anzunehmen. Nur wenn das neue Geschwister etwa das einzige von seinem Geschlecht ist, wenn es den Eltern darum oder infolge anderer Umstände – durch sein Aussehen, besondere Talente oder ein ungewöhnlich freundliches Temperament – besonders am Herzen liegt, kann der Neuankömmling in höherem Maße als sonst seine Beziehungen zu den Geschwistern mitbestimmen und in eigener Initiative mitgestalten. Er hat dabei allerdings in der Regel die starke Unterstützung durch die Eltern.

Auch in großen Geschwisterkonfigurationen binden geringe Altersabstände stärker aneinander als große. Das bedeutet einerseits, daß unmittelbar benachbarte Geschwister einen stärkeren Einfluß aufeinander ausüben als solche, die weiter voneinander entfernt in der Geschwisterreihe sind. Das gilt meistens auch dann, wenn ein Geschwister in seiner Zuwendung anscheinend das unmittelbar benachbarte überspringt und sich dem zweitjüngeren oder auch dem zweitälteren zuwendet. Obwohl dies seine guten psychologischen Gründe haben kann, bleibt der nichtspontane, d.h. der reaktive Charakter dieser Präferenz für den sorgfältigen Beobachter zumindest am Anfang erkennbar. Haben beispielsweise drei Brüder zusätzlich noch eine Schwester und einen Bruder bekommen, dann könnte für den dritten der drei älteren Brüder der Schock eines weiteren Geschwisters deswegen besonders groß gewesen sein, weil sich alle in der Familie über die Geburt eines Mädchens freuten. Da die beiden ältesten Brüder den Schock der Ankunft eines jüngeren Geschwisters nicht zum ersten Mal erlebten, konnten sie vermutlich viel leichter als der dritte Bruder damit fertigwerden und sich der kleinen Schwester emotional zuwenden. Der dritte hatte wegen seiner gemischten Gefühle keine Chance, bei der kleinen Schwester anzukommen. Dagegen wurde er mit der Geburt des fünften Kindes, eines Bruders, bereits leichter fertig. Ihm konnte er sich vorbehaltloser und gefaßter zuwenden und so schlossen sich die beiden enger aneinander als an die übrigen Geschwister. – Es darf hier allerdings angenommen werden, daß zumindest der dritte Bruder, aber vielleicht auch der jüngste mitunter neidvoll das Glück der anderen drei Geschwister (oder mindestens zweier von ihnen) miteinander betrachten und zu solchen Zeiten die Zweitrangigkeit ihrer Lösung, ihrer Liaison, erleben. Der dritte Bruder wäre ja am unmittelbarsten an seinen nächstältesten Bruder gebunden, wenn dieser sich nicht abgewendet hätte, und an seine (nächstjüngere) Schwester, wenn ihm diese nicht von den anderen Brüdern weggenommen worden wäre.

Der Einfluß von in der Geschwisterreihe nicht benachbarten Geschwistern aufeinander wird also im Durchschnitt um so geringer, je mehr andere Geschwister zwischen ihnen stehen. Er wird aber auch um so geringer, je größer der Altersunterschied zwischen zwei Geschwistern ist, gleichgültig wie viele Geschwister dazwischen stehen oder ob überhaupt andere Geschwister da sind. Unter zwei Bedingungen kann sich allerdings der Einfluß eines solchen altersmäßig weit entfernten Geschwisters vergrößern: Es kann Vater- oder Mutterstelle für das andere einnehmen. Dies kann mit dem tatsächlichen Verlust eines Elternteils zusammenhängen oder damit, daß Geschwister innerhalb einer sehr großen Kinderzahl ernsthaft und permanent Elternstelle vertreten müssen. – Oder ein Geschwister kann Kindstelle für das andere Geschwister einnehmen, das andere Elternstelle.

Daß geringe Altersabstände unter Geschwistern stärker binden als große Altersabstände, bedeutet aber auch, daß unter sonst vergleichbaren Bedingungen jenes von zwei benachbarten Geschwistern stärker für eine Person wirksam wird, das den kleineren Altersabstand zu ihr hat. Eine mittlere Schwester eines um zwei Jahre älteren und eines um sechs Jahre jüngeren Bruders wird sich eher zu einer jüngeren Schwester eines Bruders als zu einer älteren Schwester eines Bruders entwickeln (siehe auch S. 178ff.).

Auch die Altersabstände der Kinder von den Eltern und der Eltern voneinander sind von Bedeutung. Im Durchschnitt ist das älteste Kind etwa 28 bis 29 Jahre jünger als der Vater und 25 bis 26 Jahre jünger als die Mutter. Das jüngste Kind ist im Durchschnitt um etwa sieben Jahre jünger als das älteste. Bei einer größeren Anzahl von Kindern (bei mehr als drei) ist der Altersunterschied des ersten Kindes zu den Eltern und auch jener der Kinder untereinander allerdings meist geringer (siehe auch S. 11).

Wenn nun die Eltern erheblich älter sind, wenn der Abstand zum ältesten Kind etwa 40 beziehungsweise 37 Jahre oder noch mehr Jahre beträgt, dann entwickelt sich der Kontakt mit dem Kind oft weniger kameradschaftlich und intim. Solche Eltern tendieren dazu, entweder autoritärer und abweisender zu sein als Eltern mit durchschnittlichen Altersabständen zu ihren Kindern, oder aber überfürsorglich und nachgiebiger. Nicht selten haben sie nur ein einziges Kind, auf das sich ihre Aufmerksamkeit und ihr Interesse konzentriert. Sie werden großelterlicher als andere Eltern.

Wenn Eltern wesentlich jünger sind als der Durchschnitt, also etwa 20 und 17 oder 20 und 18 Jahre zur Zeit der Geburt des ersten Kindes, dann neigen sie dazu, weniger fürsorge- und verantwortungsfreudig zu sein als andere Eltern. Sie lassen den Dingen ihren Lauf. Sie kümmern sich oft zu wenig um die Kinder oder überlassen diese jemand anderem – wenn es gut geht, immerhin ihren eigenen Eltern. Solche zu jungen Eltern wirken für die Kinder geschwisterlicher als andere Eltern. Die Großeltern der Kinder oder andere Personen, die ihre Pflege und Erziehung übernehmen, werden dann oft die eigentlichen psychologischen Eltern. Großeltern sind aber häufig inkonsistenter gegenüber ihren Enkelkindern als Eltern gegenüber ihren Kindern, mehr geneigt, sie zu verwöhnen, mitunter allerdings auch gleichgültiger, weniger verfügbar und weniger kontaktfreudig.

Es konnte gezeigt werden, daß eines der Familienmerkmale welches jugendliche Delinquenten und Kriminelle von Jugendlichen der Durchschnittsbevölkerung unterscheidet, das entweder relativ hohe oder relativ jugendliche Alter der Eltern ist (d.h. mindestens ein Elternteil war zur Zeit der Geburt des Betreffenden entweder über 50 Jahre oder unter 20 Jahre alt (Toman und Preiser 1973).

Der Altersabstand der Eltern voneinander ist im Durchschnitt drei Jahre. In der überwiegenden Mehrzahl aller Ehen mit Kindern ist der Mann älter als die Frau. Nur in etwa 15% aller Fälle ist die Frau älter als ihr Mann.

Bei einem Altersunterschied von 10 oder 15 Jahren übernimmt der ältere Ehepartner, in der Regel der Mann, zumindest in gewissen Lebensbereichen eher eine Eltern- als eine Partnerrolle. Der Mann verhält sich väterlich gegenüber seiner Frau. Sie ist zwar seine Gattin, aber sie ist mehr oder weniger auch sein Kind, und wenn die beiden eigene Kinder haben, dann sind diese für ihn auch ein wenig wie Enkelkinder. Wenn eine solche Ehe gut geht, dann hat die junge Frau in der Regel aus psychologischen Gründen, vielleicht auch wegen ihrer Erfahrungen mit der ursprünglichen Familienkonstellation, aus der sie stammt, eine Art von Vater als Ehemann gesucht.

Wenn die Frau erheblich älter ist als ihr Mann, dann fällt ihr mehr eine Mutterrolle als die Rolle einer Lebensgefährtin und Partnerin zu, und der Mann wünscht sich offenbar eine solche mütterliche Frau. Auch dies kann in der ursprünglichen Familienkonstellation des Mannes, der Frau oder beider mit begründet sein. Die Kinder eines solchen Elternpaares erleben und erkennen allerdings früher oder später, auf wen es in ihrer Familie ankommt und an wen man sich im Bedarfsfalle wenden muß: an die Mutter. Der Vater ist eher ein Freund und Kamerad, der ihnen die Hilfe der Mutter vielleicht vermittelt, aber selbst keine großen Hilfen gibt.

3. Veränderungen in Familienkonstellationen

Familienkonstellationen bleiben im Verlauf der Zeit nicht unverändert. Die Familienmitglieder werden älter. Objektiv geschieht dies zwar einheitlich: alle werden um die gleiche Zeitspanne älter. Subjektiv sind die Geschwindigkeiten des Älterwerdens jedoch für die einzelnen Familienmitglieder verschieden. In zwei Jahren wird ein Kind von vier Jahren um 50% älter, als es schon war, ein Kind von acht Jahren nur um 25%, ein junger Erwachsener von 20 Jahren nur um

10% seines Ausgangsalter. Die subjektive Wachstumsrate a, der auch körperliche und psychologische Wachstumsprozesse in Annäherung folgen, kann als eine Funktion aus der Differenz zwischen dem neuen Alter (t_2) und dem Ausgangsalter (t_1) einerseits und dem Ausgangsalter (t_1) andererseits verstanden werden: $a = (t_2 - t_1)/t_1$. Anders gesagt: die jungen Familienmitglieder ändern sich im Lauf der Zeit viel rascher als die älteren Familienmitglieder, vor allem als die Eltern. Auch die Einflüsse, die ein neugeborenes Familienmitglied auf die Struktur der Beziehungen der Familienmitglieder untereinander ausüben kann, sind sozusagen am Lebensanfang relativ am größten und nehmen mit dem „Hineinwachsen" in die Familie allmählich ab. Das „Establishment" der Personen mit den bereits viel geringeren subjektiven Wachstumsraten und der viel längeren Dauer ihrer Beziehungen zueinander als zum Neuankömmling „setzt sich durch".

Diese Veränderungen der Familienkonstellationen sind allerdings für verschiedene Familien formal relativ ähnlich. Auch das Hinzutreten neuer Personen durch weitere Geburten oder die Tatsache, daß in einer Familie die endgültige Personenzusammensetzung erreicht ist, betrifft alle Familien in generell ähnlicher Weise.

Es gibt aber unter den Veränderungen in den Familien Sonderfälle, die wir auch gesondert behandeln müssen. Familien können sich nicht nur durch die Zeugung und Geburt eines (weiteren) Kindes in ihrer Struktur verändern, sondern auch durch Rechtsakte wie die Annahme eines Pflegekindes oder die Adoption eines Kindes. Ferner können sich Eltern voneinander trennen und mit anderen Personen oder anderen getrennten Ehepartnern zusammentreten. Dadurch erhalten die Kinder mitunter nicht nur neue Elternteile, sondern auch neue Geschwister, die wir je nach Verwandtschaftsgrad Halbgeschwister oder Stiefgeschwister nennen. Schließlich können Personen aus dem gegebenen Familienverband zeitweise oder auch für immer ausscheiden, sei es wegen großer Reisen, freiwilliger oder erzwungener Aufenthalte an anderen Orten, sei es durch Trennung, Scheidung oder Tod. – Mit diesen Veränderungsmöglichkeiten von Familienstrukturen soll sich der folgende Abschnitt befassen.

3.1. Personenverluste

In etwa 10% der Familien verliert eine Person im Laufe der Kindheit oder Jugend einen Elternteil. Er stirbt oder trennt sich von der Familie, entweder durch Scheidung oder ohne Formalitäten, oder er ist schon bei der Geburt der betreffenden Person nicht mehr da. In 8 von 10 Fällen ist es der Vater, in 2 von 10 Fällen die Mutter, die auf eine der genannten Weisen verloren wird.

Auch Geschwister können durch Tod oder Trennung verloren werden. Ein Geschwisterverlust im Laufe der Kindheit oder Jugend einer Person kommt unter etwa 10% der Familien mit Kindern vor.

Gleichgültig, ob solche Personenverluste durch Tod, durch chronische Krankheit und Hospitalisierung, durch Scheidung, Trennung oder Flucht des betreffenden Familienmitgliedes eingetreten sind, sie stellen bedeutsame Veränderungen in der Familienkonstellation eines Menschen dar. Sie beeinflussen die Lebenserfahrungen aller Mitglieder im Familienverband, und zwar nicht so sehr durch das Ereignis des Fortgangs der Person selbst, als durch deren andauernde Absenz.

Manche Psychologen argumentieren, daß man nichts über die Wirkung eines Personenverlustes sagen kann, ehe man die Betroffenen gefragt hat. Das stimmt nur zum Teil. Man kann zum Beispiel ohne ausdrückliche Befragung sagen, daß für alle Familienmitglieder das Leben ohne die verlorene Person weitergehen wird. Direkte Auseinandersetzungen mit ihr sind nicht mehr möglich. Man kann auch keine weiteren unmittelbaren Erfahrungen mit ihr machen, obwohl in der Trauer über den Verlust zunächst viel über die verlorene Person gesprochen werden mag und dem einzelnen dabei bisher unbekannte Seiten und Aspekte an ihr zu Bewußtsein gebracht werden können. Keines der Familienmitglieder kann auch dem Verlorenen noch etwas mitteilen. Keiner kann mehr etwas über dessen Reaktion darauf erfahren.

Dieser Zustand aber, diese permanente Absenz einer Person ab einem bestimmten Zeitpunkt im Leben der übrigen Familienmitglieder trifft eine Familie früher, eine andere später. Er trifft manche Mitglieder einer gegebenen Familie in einem frühen, andere in einem späteren Alter. Ein Geschwister mag zum Zeitpunkt des Verlustes zwei Jahre, ein anderes 16 Jahre alt sein. Es mag ein Geschwister, sagen wir, die achtjährige Schwester, oder der 46-jährige Vater verloren worden sein. Zu der Familie, in der das Geschwister verloren wurde, können 10 oder nur zwei Kinder gehören. Im Falle eines Elternverlustes kann der überlebende Elternteil bald, lange nicht oder nie mehr eine neue Bindung eingehen. Die Ersatzperson, also der neu gewonnene Stiefelternteil, kann eine der Familie gut vertraute oder eine zunächst völlig fremde Person sein, eine der verlorenen Person ähnliche oder ihr unähnliche Person. Ein solcher Stiefelternteil kann allein kommen oder einen Anhang mitbringen. Im Falle eines Geschwisterverlustes können die Eltern ein weiteres Kind zeugen oder ein Kind adoptieren.

Ohne die Betroffenen zu befragen, dürfen wir annehmen, daß diese und andere Varianten von Personenverlusten unterschiedliche Wirkungen haben. Sie verändern die Lebenssituation einer Familie auf eine spezifische Art. Die veränderte Lebenssituation aber gibt Anlaß zu spezifischen Erfahrungen.

Wir dürfen weiter annehmen, daß bei ähnlicher Personenzusammensetzung zweier Familien und bei Eintritt ähnlicher Personenverluste auch die daraus folgenden neuen Lebenssituationen der beiden Familien einander ähnlich sind. Daher werden zumindest manche der Erfahrungen der veränderten Lebenssituation in der einen Familie ähnlich jenen der anderen Familie sein. Wenn beide Familien den Vater verloren haben, dann werden sich die Familienmitglieder mit großer Wahrscheinlichkeit nicht so verhalten, als ob sie die Mutter oder ein Geschwister oder überhaupt niemanden verloren hätten. In beiden Familien wird eine fünfjährige Tochter den Verlust ihres Vaters anders erleben als ein 12jähriger Sohn. Die Ähnlichkeit des Verlusterlebnisses der beiden fünfjährigen Töchter kann größer sein, obwohl jede ihren Vater, also jede konkret eine andere Person verloren hat, als die Ähnlichkeit des Verlusterlebnisses der fünfjährigen Tochter und ihres 12jährigen Bruders, die beide konkret ein und dieselbe Person verloren haben. Daß eine Ersatzperson für einen verlorenen Elternteil, also eine Stiefmutter oder ein Stiefvater, Gemeinsamkeiten haben, gleichgültig unter welchen besonderen Umständen, zu welchen Zeitpunkten und in welchen Familien sie auftreten, behauptet sogar der Volksmund.

Hier sei daran erinnert, daß wir ja auch annehmen, daß älteste Brüder von Brüdern mit anderen ältesten Brüdern von Brüdern oder die jüngere Schwester eines älteren Bruders mit einer anderen jüngeren Schwester eines älteren Bruders gewisse Merkmale gemeinsam haben, die sie beispielsweise nicht mit ihren jeweiligen Geschwistern teilen, obwohl sie mit diesen verwandt sind und im gleichen Familienverband leben. Selbstverständlich gibt es andere Merkmale, die sie eher mit ihren Geschwistern, nicht dagegen mit anderen Personen der gleichen Geschwisterposition gemeinsam haben. Dazu gehören etwa der Gebrauch des gleichen Familienidioms, physische Ähnlichkeiten, Intelligenz- oder Vitalitätsähnlichkeiten, und so weiter (siehe S. 70f.).

Außer permanenten Personenverlusten gibt es auch temporäre und partielle Verluste.

Temporäre Personenverluste sind Abwesenheiten eines Familienmitgliedes für eine bestimmte Zeitdauer, die durch die Rückkehr dieser Person in den Familienverband beendet werden. Es kann sich dabei um Tage, Wochen, Monate oder Jahre handeln. Temporäre Verluste können, solange sie andauern, in Analogie zu permanenten Verlusten aufgefaßt werden. Je früher im Leben eines Kindes ein solcher Verlust auftritt, desto schwerer fällt es ihm, einen temporären Verlust von einiger Dauer, die von den älteren Familienmitgliedern vielleicht vorausgesehen werden kann, von einem permanenten Verlust zu unterscheiden. Die faktische Abwesenheit der jeweiligen verlorenen Person ist im unmittelbaren Erlebnis zunächst die gleiche.

Partielle Verluste sind Verluste von Merkmalen oder Aspekten einer Person im Familienverband. Ein Kind kann erfahren, daß der Vater auch jähzornig sein kann, daß er trinkt, daß er einmal eine Gefängnisstrafe abzusitzen hatte, oder etwa, daß die Mutter schon früher einmal verheiratet war. Das Kind verliert den Glauben, daß der Vater immer gütig und beherrscht oder daß er „anständig" (unvorbestraft) ist, oder daß die Mutter keinen Mann außer dem Vater liebte. Nennen wir sie qualitativ-partielle Verluste. – Man könnte auch dann von partiellen Verlusten sprechen, wenn ein Familienmitglied, etwa der Vater oder ein Geschwister, die früher täglich im Hause waren, nur mehr zu den Wochenenden da sind (etwa weil der Vater nunmehr regelmäßig auf Geschäftsreisen gehen muß oder weil ein Geschwister ins Internat gekommen ist) oder wenn ein Elternteil bettlägerig wird und im Haushalt nicht mehr mithilft, vielmehr statt dessen Hilfe braucht. Hier handelt es sich aber eigentlich um veränderte Präsenzen von Personen, also um eine Differenzierung anderer Art, auf die wir noch zurückkommen werden. Wir könnten diese Verluste zeitlich-partielle Verluste nennen.

Partielle Verluste sind objektiv oft nur unter Schwierigkeiten und unter Zuhilfenahme zusätzlicher Informationen und Interpretationen bewertbar. Dies gilt zumindest für die qualitativ-partiellen Verluste. Permanente oder temporäre Personenverluste dagegen können nach einer Reihe von objektiven Merkmalen des Verlustes beschrieben und von anderen Verlusten unterschieden werden.

Die allgemeine Wirkung von Verlusten von Familienmitgliedern kann am besten als eine Verunsicherung des Verlustträgers in seinen Beziehungen zu anderen Personen bezeichnet werden. Je schwerer die Verluste, desto stärker ist diese Verunsicherung des Verlustträgers in seinen gegenwärtigen und künftigen sozialen Beziehungen. *Verluste* selbst aber dürfen als *umso schwerer* angenommen werden,

a) je kürzer sie zurückliegen,
b) je früher im Leben einer Person sie eingetreten sind,
c) je älter die verlorene Person (im Verhältnis zum ältesten Familienmitglied),
d) je länger die Person mit der verlorenen Person zusammengelebt hat,
e) je kleiner die Familie,
f) je mehr das Gleichgewicht der Geschlechter in der Familie dadurch beeinträchtigt wird,
g) je länger die verbliebenen Familienmitglieder brauchen, um einen Ersatz für die verlorene Person zu beschaffen,
h) je größer die Zahl der Verluste und je schwerer die Verluste, die bereits vorher eingetreten waren.

Diese Regeln gelten sowohl für permanente wie für temporäre Personenverluste. Bei temporären Personenverlusten muß Regel g) entsprechend modifiziert werden. Nicht die Zeit bis zum Auftreten einer vollwertigen Ersatzperson, sondern die Zeit bis zur Rückkehr der verlorenen Person wird hier gezählt (siehe auch Toman 1961, 1965a, Toman und Preiser 1973).

Regel c) impliziert, daß der Verlust eines Elternteils erheblich schwerer wiegt als der Verlust eines Geschwisters, der Verlust eines viel älteren Geschwisters höher als der eines nur wenig älteren Geschwisters. Dies entspricht den klinisch-psychologischen Beobachtungen von Verlusten und ihren Wirkungen.

Regel d) impliziert unter anderem, daß es leichter für eine Person ist, den Verlust eines viel jüngeren als den eines nur wenig jüngeren Geschwisters zu verschmerzen. Sie impliziert aber auch, daß der Verlust eines älteren Geschwisters schwerer in seinen psychologischen Wirkungen ist als der Verlust eines jüngeren Geschwisters.

Das hängt damit zusammen, daß man mit einem älteren Geschwister in der Regel so lange zusammengelebt hat, wie man selbst auf der Welt ist, mit einem jüngeren Geschwister dagegen eine um den Altersabstand von ihm verminderte Zahl von Jahren. Außerdem gilt, daß ein älteres Geschwister immer eine Zeitspanne erlebt hat, in der das jüngere Geschwister noch nicht auf der Welt war. Wenn es den Neuankömmling als lästig erlebt, was als ein Teilaspekt der Beziehung zu ihm praktisch immer zutrifft, dann hat es eine Vorstellung davon, wie es sich die Lage wieder verbessern könnte: durch Herstellung des ursprünglichen Zustandes oder, anders gesagt, durch Beförderung des Neuankömmlings dorthin, wo er vor seiner Geburt war. Durch seine Erfahrung mit dem Zielzustand wird das ältere Geschwister besser Herr dieses Beseitigungswunsches gegenüber dem jüngeren Geschwister. Das jüngere Geschwister hat in der Regel ja nie ohne das ältere Geschwister gelebt. Es kann seine Rivalitätsgefühle und seinen gelegentlichen Ärger mit dem älteren Geschwister nicht so gut in einen Beseitigungswunsch gegenüber dem älteren Geschwister organisieren und diesen sodann unterdrücken, wie es das ältere Geschwister vermag. Das jüngere Geschwister hat ja den Zielzustand solcher Gefühle, ein Leben ohne das ältere Geschwister, vorher nie erlebt. Im Falle des Verlustes eines Geschwisters ist daher das jüngere betroffene Geschwister meist ratloser und aufgeregter als das ältere betroffene Geschwister.

Daß Regel d) überhaupt gelten soll, wird aus dem Freud'schen Konzept der Trauerarbeit nach Verlusten plausibel (Freud 1916; auch Toman 1968, 1978). Je länger man mit jemandem gelebt hat, desto mehr hat man über ihn erfahren, desto stärker hat man sich an seine Existenz gewöhnt und desto schwieriger ist es daher, ihn und die Erfahrungen mit ihm im Falle seines Verlustes wieder zu vergessen bzw. sich an seine Nichtexistenz zu gewöhnen. Die Schwere des Verlustes kann unter anderem nach der Länge der Trauerarbeit eingeschätzt werden, die nach dem Eintritt des Verlustes notwendig wurde. Während sie andauert, ist der Betroffene akut von anderen Aufgaben und Belangen seines Lebens abgelenkt und damit verunsichert. Wann diese Trauerarbeit im konkreten Fall beendet ist, läßt sich allerdings oft nicht eindeutig feststellen.

Deutlicher und objektiver äußert sich die Verunsicherung durch

Personenverluste in den Schwierigkeiten der Betroffenen bei der Stiftung neuer zwischenmenschlicher Beziehungen. Sie haben einen Verlust erlebt und wissen damit nicht nur theoretisch, sondern auch subjektiv, durch Erfahrungen am eigenen Leib, daß Verluste möglich sind. Verluste können wieder eintreten. Das bewirkt, daß die Verlustträger, die Opfer solcher Personenverluste, unbewußt ängstlicher, hastiger und weniger kritisch als andere Menschen sich an gegebene Personenbindungen klammern oder neue eingehen, aber auch, daß sie überzufällig häufig Personen zu Freunden und Freundinnen wählen, die selbst Verluste erlitten haben, jedoch auch solche, von denen sie eher als von anderen verlassen werden oder die man leichter als andere selbst verlassen kann (Toman 1961, 1965a).

Betrachtet man neurotische Symptome und kriminelles Verhalten unter Kindern und Jugendlichen als Entwicklungsstörungen ihres sozialen Verhaltens und solche Entwicklungsstörungen als mögliche Folgen von Personenverlusten, dann muß man erwarten, daß unter erwiesenermaßen neurotischen oder kriminellen Kindern und Jugendlichen frühe Verluste von Familienmitgliedern häufiger auftreten als in der restlichen Bevölkerung. Dies konnte gezeigt werden. Während weniger als 1% von Kindern und Jugendlichen der Durchschnittsbevölkerung ihre Mutter vor ihrem sechsten Lebensjahr verloren hatten, waren es bei Kindern und Jugendlichen, welche Erziehungsberatungsstellen aufsuchten, 4%, bei jugendlichen Strafgefangenen oder Insassen von Erziehungsanstalten 8%. Auch Mutterverluste in der späteren Kindheit (zwischen dem sechsten und 14. Lebensjahr) waren dreimal häufiger unter neurotischen Jugendlichen und sechsmal häufiger unter kriminellen Jugendlichen als in der Durchschnittsbevölkerung. Vaterverluste vor dem sechsten Lebensjahr waren ebenfalls unter neurotischen Jugendlichen doppelt so häufig, unter kriminellen Jugendlichen dreimal so häufig wie in der Durchschnittsbevölkerung (wo dies etwa in 5% der Familien beobachtet werden konnte). Vaterverluste zwischen dem sechsten und 14. Lebensjahr waren bei kriminellen Jugendlichen doppelt so häufig wie in der Durchschnittsbevölkerung (wo sie ebenfalls rund 5% ausmachten), bei neurotischen Jugendlichen dagegen ähnlich wie in der Durchschnittsbevölkerung.

In bezug auf Trennung von der Familie, ohne daß es dabei notwendigerweise zu Scheidungen der Eltern gekommen oder ein Elternteil gestorben wäre, konnte folgendes beobachtet werden: 90% aller

Jugendlichen der Durchschnittsbevölkerung hatten zum Zeitpunkt der Befragung immer bei ihren Eltern gelebt. Dies traf für neurotische und kriminelle Jugendliche nur in 30% der Fälle zu. Neurotische Kinder hatten im Durchschnitt zwei andere Wohnsitze als jene bei den Eltern gehabt, kriminelle Jugendliche sogar drei andere Wohnsitze (zum größeren Teil in Heimen), ein Jugendlicher der Normalbevölkerung dagegen im Durchschnitt praktisch null (genau 0.2) andere Wohnsitze als solche bei den Eltern (Toman und Preiser 1973).

Sogar jene Verluste, welche nicht die Kinder selbst, sondern deren Eltern in ihrer Kindheit erlitten hatten, zeigten nachweisbare Effekte. 9% der Mütter neurotischer Kinder hatten vor ihrem sechsten Lebensjahr einen Elternteil verloren. In der Normalbevölkerung traf dies nur für 3% der Mütter zu. Für die Mütter von kriminellen Jugendlichen konnte die Elternverlustfrequenz nicht ermittelt werden, da die Angaben der jugendlichen Kriminellen über ihre Familien zu lückenhaft waren. Jugendliche Kriminelle wußten signifikant weniger über ihre Familienmitglieder und Angehörigen als Jugendliche der Durchschnittsbevölkerung.

Für die Bevölkerung insgesamt konnte gezeigt werden, daß Partner, von denen zumindest einer während der frühen Kindheit einen Elternverlust in seiner Familie erlitten hatte, im Durchschnitt ein Jahr später heirateten als Partner ohne solche frühen Elternverluste. War ein solcher Elternverlust bei einem Mann erst in der späteren Kindheit oder frühen Jugend eingetreten, dann heiratete er durchschnittlich zwei Jahre später als Männer der Bevölkerung insgesamt. Bei Frauen hatte ein solcher Verlust eines Elternteils in der späten Kindheit oder frühen Jugend keine verzögernde Wirkung mehr auf ihr Heiratsalter.

Sogar die Leistungen in der Volksschule scheinen von Personenverlusten in der Familie nicht unbeeinflußt zu bleiben. Es konnte gezeigt werden, daß Kinder, die selbst in ihrer Kindheit einen Elternteil verloren hatten, signifikant schwächere Schulleistungen erbrachten als der Durchschnitt. Dagegen wiesen Kinder, die nicht selbst, sondern deren Eltern einen frühen Elternverlust erlitten hatten, signifikant bessere Schulleistungen (Schulnoten) auf als der Durchschnitt (Zielinski 1966). Letzteres könnte als Folge eines Leistungsansporns gedeutet werden, den Eltern mit frühen Elternverlusten ihrerseits ihren Kindern vermutlich unbewußt geben.

Die beste Abhilfe für einen erlittenen Personenverlust wäre der möglichst baldige Ersatz der verlorenen Person durch eine möglichst ähnliche Person. Solche möglichst ähnliche Personen sind allerdings in der Regel nicht aufzutreiben. Könnte eine in jeder Weise ähnliche oder identische Person rekrutiert werden, etwa ein Geschwister oder gar ein Zwilling des verlorenen Elternteils, dann könnte die Ersatzperson auch relativ früh, mitunter sogar unmittelbar nach Eintritt des Verlustes der ursprünglichen Person, bereits von den Verlustträgern akzeptiert werden. Im allgemeinen erfordert aber der Verlust einer Person eine längerdauernde Trauerperiode und Wartezeit. Diese ist meist umso länger, je länger man mit der verlorenen Person bereits zusammengelebt hat, im Falle des Auftauchens einer Ersatzperson aber auch, je unähnlicher diese der verlorenen Person ist.

In manchen Fällen ist es schwierig zu entscheiden, ob ein totaler Verlust vorliegt oder nicht. Wenn ein geschiedener Vater einmal in fünf Jahren einen kurzen Besuch bei der Familie macht oder die Kinder ihn in fünf Jahren einmal besuchen, ist er fast so gut wie permanent verloren. Auch wenn er seine Besuche monatlich abstattet, braucht er, infolge der Interpretation, welche die Familie ihm und seinen Besuchen gibt, noch keine nennenswerte Kontaktwirkung zu erzielen. Er ist fast wie ein verlorener Vater. Auf jeden Fall ist er in den Augen der Kinder ein stark veränderter Vater. Vielleicht könnte man hier sagen, die Kinder haben einen schweren zeitlichen Partialverlust erlitten.

Umgekehrt kann ein toter Vater, etwa einer, der im Krieg gefallen oder bei einem Unfall schuldlos ums Leben gekommen ist und sicher nicht mehr wiederkehrt, trotzdem durch das Gedenken, das seine Familie ihm bewahren mag, und durch den Kontakt, den beispielsweise die Eltern und Geschwister des Vaters mit der verwaisten Familie weiter pflegen, mitunter präsenter für die Kinder sein als ein geschiedener Vater mit Besuchsrecht. Hier gilt allerdings, wie bereits erwähnt, daß man mit einem solchen (gefallenen oder tödlich verunglückten) Vater keine neuen unmittelbaren Erfahrungen mehr machen kann. Dagegen könnte ein Bruder des Vaters, also ein Onkel der Kinder, oder der Vater des Vaters in gewissem Ausmaß Vaterstelle vertreten. Dabei werden diese Personen aber eigenständige Kontaktpersonen für die Kinder. Auch wenn sie manchmal an den Vater denken und über ihn sprechen, ersetzt der konkrete Kontakt mit dem Onkel oder dem Großvater den Kindern doch bald den Vater und die bloßen Erinnerungen an ihn.

Wie wir solche und ähnliche Komplikationen am besten berücksichtigen und behandeln, soll auch noch im nächsten Abschnitt erörtert werden. Hier sei nur noch auf den Fall hingewiesen, daß jemand eine bestimmte Person aus dem Familienverband nicht erst verliert, sondern überhaupt nie gehabt hat. Sie fehlte ihm seit der Geburt. Man könnte vermuten, daß ein solcher Zustand schmerzloser ist als der Verlust nach einer bestimmten Zeit des dauernden Zusammenlebens und daß daher auch die Verlustwirkungen geringer sind. Das Gegenteil scheint jedoch der Fall zu sein.

Tatsächlich weiß ja ein Kind, sagen wir, ein Junge, der beispielsweise ohne seinen Vater aufwächst, aus seiner unmittelbaren Erfahrung gar nicht, was ihm fehlt, während ein Junge, der seinen Vater etwa im Alter von drei Jahren verliert, ein schmerzhaftes Erlebnis hat, deprimiert ist und sich nur langsam an das Leben ohne seinen Vater gewöhnen kann. Da aber die beste Abhilfe für einen Verlust der Ersatz der verlorenen Person durch eine möglichst ähnliche Person ist (siehe auch S. 49, 51f.), hat der zweitgenannte Junge einen erheblichen Vorteil gegenüber dem erstgenannten. Der zweite Junge weiß, was er verloren hat und was er suchen muß. Daher findet er auch eher jemanden, der als Vaterersatz in Frage kommt. Der erste Junge dagegen weiß es nicht, sucht daher auch nicht und lebt so weiter, als ob man Väter oder vaterähnliche Personen überhaupt nicht bräuchte.

Genau das ist aber sein Irrtum, zumindest in einer Welt, in der vaterähnliche Personen an vielen Schlüsselstellungen und Weggabeln des heranwachsenden Menschen stehen. Der vaterlose Junge tritt auch diesen vaterähnlichen Personen so gegenüber, als ob es sie nicht gäbe. Vor allem will er sich von ihnen nichts sagen lassen. Das aber vertragen auch noch heutzutage die meisten vaterähnlichen Personen nicht.

Die Wirkung eines Verlustes hängt psychologisch selbstverständlich auch von den besonderen Gefühlen ab, die man gegenüber der verlorenen Person zu ihren Lebzeiten und während ihrer Präsenz gehegt hat. Je vorbehaltloser eine Person geliebt wurde, desto größer ist der Schmerz über ihren Verlust, aber desto wirkungsvoller ist im allgemeinen auch die Trauerarbeit bis zur inneren Überwindung des Verlustes, d.h. bis zur Fähigkeit des Verlustträgers, in keiner der Situationen, in denen er die teure Person bisher erlebt hatte, noch über ihre nunmehrige Absenz heimlich oder laut klagen und weinen zu müssen. Je wirkungsvoller die Trauerarbeit, desto rascher und gründlicher gewöhnt sich der Trauernde an die Abwesenheit der verlorenen Person, desto sicherer geht er „zur Tagesordnung über".

Je mehr allerdings die Liebe zur verlorenen Person von Furcht und Haß durchmischt war, desto weniger wirksam ist im allgemeinen die Trauerarbeit des Verlustträgers. Er wagt nicht recht, die Situationen aufzusuchen, in denen die verlorene Person zugegen war, weil er dabei nicht nur an seine Liebe, sondern auch an die Furcht vor dieser Person und vor allem an seinen Haß auf sie erinnert wird. Wie aber dürfte er sie hassen, wo ihr doch ohnedies schon das Schlimmste passiert ist, was man irgend jemandem wünschen kann, nämlich der Tod. Man darf annehmen, daß auch bei der insgesamt geringeren Liebe zu einer Person die Ambivalenz ihr gegenüber, also das gleichzeitige Bestehen von Furcht- und Haßgefühlen, die Trauerarbeit in die Länge zieht und zu keinem klaren und letztlich befreienden Endzustand für den Verlustträger führt (siehe Freud 1916; auch Toman 1968, 1978).

Diese Überlegungen gelten, sofern sie überhaupt richtig sind, auch für Verluste von Eltern, von Geschwistern, und sogar für die Verluste von eigenen Kindern. Letztere werden nämlich von den Eltern allem Anschein nach länger nicht verwunden, als die Verlustregeln es implizieren würden. Nach den Regeln b, c und d sollten die Eltern nicht sonderlich betroffen sein. Der Verlust ereignet sich ja relativ spät in ihrem Leben (sie sind junge Erwachsene oder sogar Erwachsene mittleren Alters), die verlorene Person ist jung und das Zusammenleben mit ihr war kurz (siehe S. 48).

Wenn Eltern trotzdem mehr als erwartet unter dem Verlust eines eigenen Kindes leiden, hängt dies vermutlich mit den Vorwürfen zusammen, die sich fast alle Eltern machen. Sie glauben, für ihr Kind eben doch nicht genug getan, es nicht ausreichend geliebt, sich zu wenig um es gekümmert zu haben. Sie waren nachlässig und haben damit den Tod des Kindes verschuldet. Das Kind ist ja mehr als irgend etwas anderes in der Welt ihr eigenes Produkt. Sie haben es selbst gezeugt. Alles, was ihm passierte, durfte eigentlich nur mit ihrer Zustimmung oder auf ihren ausdrücklichen Wunsch passieren. Alles, was ihm gegeben wurde, etwa die Nahrung, die Bekleidung, der Wärmeschutz, jede zärtliche Berührung, kam in der Regel von ihnen.

Eltern, die tatsächlich mehr oder weniger Schuld am Verlust ihres eigenen Kindes haben, trauern weniger wirkungsvoll als andere Eltern und brauchen länger, um den Verlust zu verwinden. Aber auch Eltern, die objektiv völlig schuldlos sind, können auf Grund ihrer subjektiven Schuldgefühle sich nur langsam und schmerzlich mühevoller an die Absenz ihres Kindes im täglichen Leben gewöhnen, als nach ihrem eigenen Alter und der Dauer der Erfahrung des Zusammenlebens mit dem Kinde vermutet werden dürfte.

Im Grunde sind diese Wirkungen des Verlustes von eigenen Kindern allerdings doch geringer, als es subjektiv den Anschein hat. Im Effekt scheinen trotz allem die genannten Verlustregeln zu gelten. Die beste Abhilfe für einen Verlust, nämlich die möglichst baldige Beschaffung einer möglichst ähnlichen Ersatzperson (siehe S. 51f., 53), steht nicht nur im Ermessen, sondern geradezu in der Macht der Eltern. Sie können ein weiteres Kind zeugen. Tatsächlich mildert der bloße Entschluß dazu bereits häufig den Schmerz des Verlustes.

Wenn Eltern andererseits keinen Ersatz beschaffen können oder wollen, dann gilt zumindest, daß ihr unbewältigter Verlust keinem nachfolgenden Kind mehr schaden kann. Bereits vorhandene Kinder könnten zwar unter solchen Eltern mehr zu leiden haben, als die objektiven Umstände des Verlustes ihres Geschwisters zu rechtfertigen scheinen, aber nicht selten bekommen sie als Folge des Verlustes auch erhöhte Zuwendungen von den Eltern. Die Eltern wollen offenbar an den überlebenden Kindern abgelten, was sie am verlorenen Kind versäumt zu haben glauben. Das hilft den Kindern oft auch, ihr eigenes Verlusterlebnis zu bewältigen.

Ähnliches gilt übrigens auch für den Verlust eines Ehepartners. Wenn kein Ersatz für ihn beschafft wird, dann leidet der überlebende Ehepartner mehr, aber sein Unglück kommt auf keine neuen Kinder mehr herab. Verlustwirkungen in dem hier gebrauchten Sinne sind eben vor allem dann gravierend, wenn der Verlustträger in relativ unmittelbarer und weitreichender Abhängigkeit von der verlorenen Person war, wenn es generell schwierig oder unmöglich ist, einen Ersatz für die verlorene Person zu bekommen und wenn vor allem der Verlustträger selbst aktiv nicht viel oder überhaupt nichts zur Beschaffung eines Ersatzes beitragen kann.

Verlustwirkungen in dem hier gebrauchten Sinne betreffen auch primär nicht die inneren Zustände des Verlustträgers, sondern sein langfristiges Verhalten und die Wirkungen, die er selbst als Folge des Verlustes auf andere Menschen, auf Freunde, Ehepartner und vor allem auf die eigenen Kinder ausübt. Wir könnten auch sagen, hier seien nicht die subjektiven, sondern die gesellschaftlichen Wirkungen von Verlusten im Schwerpunkt des Interesses. Wie jemand mit einem Verlust, aber natürlich auch mit einer Dauerbeziehung überhaupt subjektiv fertig wird, versuchen wir ja eher an den langfristigen Verhaltensfolgen als an den subjektiven unmittelbaren Zustandsbeschreibungen der betroffenen Personen zu erkennen. Das subjektive Glück oder Unglück eines kinderlos gebliebenen Ehepaares ist beispielsweise weniger belangvoll in unserem Kontext als das subjektive Glück oder Unglück eines Elternpaares. Letzteres kann durch seine subjektiven Zustände die Kinder nachhaltig beeinflussen. Ersteres beeinflußt in der Regel niemanden so unmittelbar. Ein kinderloses Ehepaar kann sich auch ohne große Wirkungen für die Gesellschaft trennen und mit anderen Personen neu verbinden. Ein Elternpaar kann dies nur unter großen Schwierigkeiten für alle Beteiligten tun.

3.2. Halb- und Stiefgeschwister

Im Gefolge von Personenverlusten können Halb- und Stiefgeschwister in die Familie kommen. Wenn ein Elternteil verloren wurde und eine Ersatzperson, ein Stiefvater oder eine Stiefmutter, neu in den Familienverband eintritt, dann kann diese Person eigene Kinder mitbringen. Solche Kinder werden die *Stiefgeschwister* der bereits vorhandenen Kinder. Sie sind mit den vorhandenen Kindern nicht blutsverwandt.

Der verbliebene Elternteil und der Stiefelternteil können aber auch miteinander Kinder haben. Diese stellen für die bereits vorhandenen Kinder *Halbgeschwister* dar und vice versa. Halbgeschwister sind sozusagen zur Hälfte blutsverwandt. Geschwister haben beide, Halbgeschwister dagegen nur einen der beiden Elternteile gemeinsam. Halbgeschwister sind in der Regel jünger als die bereits vorhandenen Kinder. Stiefgeschwister können jedoch auch älter als die vorhandenen Kinder oder gleich alt sein.

Bei der Betrachtung des Verhältnisses von Stiefgeschwistern oder Halbgeschwistern zueinander ist einerseits die Position des einzelnen in seiner ursprünglichen Geschwistergruppe, andererseits die mutmaßliche Wirkung des Personenverlustes zu berücksichtigen, der ja in solchen Fällen immer vorliegt. Selbst wenn von den leiblichen Eltern einer Geschwistergruppe ein Kind hinzuadoptiert wird, liegen zumindest für das Stiefgeschwister Personenverluste vor. Ihm fehlen ein Elternteil oder beide, oder es verlor sie mit der Adoption.

Durch den Zusammenschluß von zwei Geschwistergruppen in einen Familienverband können sich für die Kinder neue, mit erhöhter Wahrscheinlichkeit auch gemischte und mittlere Positionen ergeben. Ein bisher Jüngster kann zum Zweit- oder Drittjüngsten werden, ein Ältester kann einen noch Älteren vorgesetzt bekommen, ein Mittlerer seiner ursprünglichen Geschwisterkonfiguration kann seinem jüngsten Geschwister, das durch den Zusammenschluß der beiden Geschwistergruppen nun selbst ein mittleres Geschwister geworden ist, vielleicht besser als andere Geschwister Vorbild und Helfer sein. Eine Familie von Jungen kann von der anderen Geschwistergruppe Mädchen hinzubekommen, die Mädchen ihre Jungen. Es können sich aber auch die Konkurrenzen um die Beziehung zum seltener vertretenen Geschlecht durch einen solchen Zusammenschluß verschärfen (z.B. wenn zwei Brüder und eine Schwester noch zwei weitere Brüder hinzubekommen).

Veränderungen der eigenen Geschwisterrollen sind dabei umso wahrscheinlicher, je früher im Leben beider Geschwistergruppen ein solcher Zusammenschluß erfolgt. Je älter die Beteiligten geworden sind, bevor sie zusammenzuleben beginnen, desto eher bleiben sie auch im täglichen Kontakt separiert. Die jeweiligen Geschwister halten zusammen, aber zwischen den beiden Geschwistergruppen gibt es nur wenig Wechselwirkung.

Dabei fällt selbstverständlich auch die Haltung des bei der Geschwistergruppe verbliebenen Elternteils gegenüber der anderen Geschwistergruppe ins Gewicht. Wenn ein solcher Elternteil die sprichwörtliche Stiefmutter- oder Stiefvaterrolle gegenüber den angeheirateten Kindern übernimmt, dann bleiben die beiden Geschwistergruppen auch in ihrer Beziehung zueinander eher feindselig und reserviert. Wenn die beiden neuen Ehepartner dagegen sich sehr gut verstehen und jeder die Kinder des anderen gern und freudig akzeptiert, können auch die beiden Geschwistergruppen in der Regel besser miteinander auskommen.

Schwieriger ist der Kontakt mit der anderen Geschwistergruppe für jene der beiden Gruppen, die kleiner ist oder etwa durch Aufteilung auf die sich trennenden leiblichen Eltern kleiner wurde. Wenn dies geschah, aber auch wenn die Geschwistergruppe zusammenbleibt, kann die Beziehung des ausscheidenden Elternteiles zu einem neuen Ehe- oder Lebenspartner und zu eventuellen Kindern, die dabei übernommen oder gezeugt werden, für die Kinder dieser Geschwistergruppe zusätzliche Komplikationen und Verwirrungen schaffen. Man stelle sich vor, daß beide gegenwärtigen Ehepartner Kinder aus ihren ersten Ehen mitbringen, aber auch eigene Kinder bei den jeweils scheidenden Ehepartnern zurücklassen, und daß jeder dieser Partner sich seinerseits neu verheiratet, und zwar ebenfalls wieder mit einem Partner, der Kinder aus früheren Ehen mitbringt. Solche Beziehungen treten besonders in scheidungsfreudigen Ländern und Nationen gar nicht so selten auf, wie man zunächst meinen würde. Die Kinder finden sich emotional meist in diesem Labyrinth nicht mehr zurecht, klammern sich an das, was ihnen von der ursprünglichen Familie im täglichen Kontakt verblieben ist und verlassen oft überhaupt früh das Haus, das ihnen die Eltern und Stiefeltern zunächst zugedacht hatten.

Wenn nach dem Verlust oder Fortgang eines Elternteils ein neuer Elternteil ohne eigene Kinder gewonnen wird, dann kann es zusätzlich nur Halbgeschwister geben. Diese werden je nach der Beziehung der neuen Eltern zueinander wie volle Geschwister oder im ungünstigen Extremfalle wie Fremdlinge behandelt, vor deren Macht über die Eltern man sich hüten muß und gegen die man wegen ihrer Begünstigung durch die neuen Eltern (also durch einen leiblichen und einen Stiefelternteil) nicht aufkommt. Nicht selten genießt der Erstgeborene der neuen Geschwister einen besonderen Vorzug bei den Eltern, die ja beide seine leiblichen Eltern sind. Er wird mitunter ein Superältester, besonders führungs- und verantwortungshungrig und ehrgeizig auf den Vorteil seiner selbst und seiner Geschwistergruppe bedacht. Zwei historische Beispiele für solche älteste Brüder aus der zweiten Ehe des Vaters sind übrigens Sigmund Freud, der Begründer der Psychoanalyse, und Hermann Gmeiner, der Begründer der SOS-Kinderdörfer.

Wenn der Stiefelternteil keine Kinder mehr mit dem verbliebenen Elternteil zeugt, dann haben dessen Kinder vor allem den Verlust des anderen Elternteils zu bewältigen und sich an die Ersatzperson zu gewöhnen. Die Bewertung des Verlustes hängt unter anderem von den bereits genannten objektiven Verlustumständen ab (siehe S. 45 f.). Danach würde man übrigens erwarten, daß die ältesten Geschwister weniger betroffen sind als die jüngeren und jüngsten Geschwister. Der Verlust ist ja in ihrem Leben später als im Leben ihrer jüngeren

Geschwister eingetreten (S. 48, Punkt b). Bei einer größeren Geschwisterzahl erhöht sich allerdings auch die Zahl der nach dem Personenverlust verbleibenden Familienmitglieder. Das müßte die effektive Verlustwirkung mildern (S. 48, Punkt e). Im übrigen zeigen die älteren Geschwister den jüngeren meist unwillkürlich, wie man mit dem Verlust fertig wird. Ältere Geschwister beziehen zum Teil aus der Hilfsbedürftigkeit der jüngeren Geschwister einen zusätzlichen Ansporn, vorerst selbst auch die Ersatzperson für den verlorenen Elternteil zu spielen. Sie gewinnen scheinbar zusätzliche Kräfte. Sie puffern ihren jüngeren Geschwistern die Verlustwirkungen. Dadurch scheinen die jüngeren Geschwister weniger zu leiden. – Würden die Kinder nach einem solchen Elternverlust einzeln auf Pflegefamilien aufgeteilt, dann würde auch die größere Empfindlichkeit der jüngeren Geschwister für die gegebenen Verlustwirkungen manifest und erkennbar.

Verlustwirkungen sind aber auch dort zu erwarten, wo sich die Familienzusammensetzung nicht nur durch einen Ersatzelternteil sondern überdies noch durch das Hinzukommen von Stiefgeschwistern und Halbgeschwistern verändert. Ein Elternteil wird temporär oder zeitlich-partiell verloren. Man sieht den scheidenden Elternteil lange nicht oder man sieht ihn zwar regelmäßig, aber nur einmal im Monat wieder. Bleibt der ausgeschiedene Elternteil allein, dann wird er in der Vorstellung der Kinder anders erlebt als wenn er sich neu verheiratet und entweder die Kinder des neuen Ehepartners übernimmt oder selbst noch weitere Kinder mit ihm hat. In diesem Falle tritt zum temporären oder zum zeitlich-partiellen auch noch ein qualitativ-partieller Personenverlust hinzu (siehe auch S. 47).

Die nach den Verlustwirkungen stärker gestörten Kinder oder Geschwistergruppen ziehen auch in ihren Beziehungen mit den Halb- oder Stiefgeschwistern eher den kürzeren. Sie können sich weniger gut durchsetzen. Sie werden aggressiver, da das aber häufig nicht geduldet wird, in der Folge ängstlicher verstimmt oder depressiver als die Kinder der anderen Geschwistergruppe.

Bei all dem spielt für die Kinder selbstverständlich nicht nur das Verhältnis der neuen Ehe- und Lebenspartner zueinander eine Rolle, sondern auch das Verhältnis zwischen dem verbleibenden und dem verlorenen leiblichen Elternteil. Scheiden sie als Freunde, dann kann man auch leichter und ohne allzu große Konflikte für die Kinder Kontakt zum verlorenen Elternteil aufrecht erhalten. Scheiden die

Eltern dagegen als Feinde, ist das erheblich schwieriger. In solchen Fällen bleiben oder werden die Konflikte der Kinder so gravierend, daß ein temporärer oder sogar ein permanenter Verlust des betreffenden Elternteils, d.h. ein langfristiger oder endgültiger Abbruch des Kontaktes, mitunter als das kleinere Übel empfunden werden könnte. Besser wäre es, wenn die geschiedenen Eltern einen Modus des Getrenntlebens fänden, der eine solche eventuelle Dauertrennung von den Kindern erübrigt. Im allgemeinen müßte nämlich selbst ein zeitlich-partieller Verlust, der zur nur mehr ganz sporadischen Präsenz einer bisher vertrauten Person führt, immer noch leichter zu ertragen sein als ein Totalverlust dieser Person.

Das Verhältnis des verbleibenden zum verlorenen Elternteil ist selbst dann von Bedeutung, wenn der Verlust durch den Tod eingetreten ist. Vielleicht scheint es bei flüchtiger Betrachtung so, als komme es darauf nicht mehr an. Tot heißt fort für immer. – Das ist zwar richtig, aber die Art des Gedenkens, das man der verlorenen Person widmet und bewahrt, bestimmt unter anderem auch, wie eine Ersatzperson vom verbliebenen Elternteil und von den Kindern aufgenommen werden kann.

Eine konfliktlose Liebe ohne Vorbehalte ermöglicht den Ehe- und Lebenspartnern, die das Glück hatten, einander so günstig zu wählen, nicht nur ein angenehmes und kinderfreundliches Zusammenleben. Eine solche konfliktlose oder konfliktarme Liebe macht auch den Verlust des Ehepartners, so schmerzhaft und unersetzlich er zunächst empfunden wird, leichter zu verarbeiten, als dies bei Ehepartnern der Fall ist, die in schweren Konflikten miteinander gelebt haben. Letztere können nicht umhin, sich unbewußt den Abgang des Partners bzw. die Befreiung von ihm zu wünschen. Wenn diese nun tatsächlich eintritt, sind Schuldgefühle unvermeidlich. Diese könnte man einem noch lebenden Partner gegenüber durch gute Taten an ihm beschwichtigen. Am Toten kann man nichts mehr gutmachen.

Jedenfalls vermögen auch die Kinder einen vom verbleibenden Elternteil vorbehaltlos geliebten, verlorenen Elternteil besser zu verschmerzen als einen teilweise oder stark gehaßten verlorenen Elternteil. Wenn sie ihn nämlich mitgehaßt haben, dann behalten auch sie Schuldgefühle zurück, deren sie sich nur allmählich oder gar nicht entledigen können, es sei denn, man hat buchstäblich überhaupt nichts Gutes von diesem Elternteil zu spüren bekommen. Haben die Kinder jedoch den verlorenen Elternteil geliebt und den verbliebenen

Elternteil eher gehaßt, dann behalten sie ein Gemisch von Rachegefühlen und Furcht vor dem verbliebenen Elternteil zurück. Die Schuldgefühle gegenüber dem verlorenen Elternteil äußern sich unter anderem in ihrem Verdacht, daß auch die Ersatzperson nicht lange bei ihnen bleiben wird. So wird sich der verlorene Elternteil rächen. – Haß auf oder Furcht vor dem verbliebenen Elternteil erstreckt sich meist auch auf die Ersatzperson. Die Kinder sehnen sich nach dem verlorenen Elternteil und befürchten, daß der verbliebene Elternteil mit dem Stiefelternteil gemeinsame Sache gegen sie machen wird. Der verbliebene Elternteil wird sich rächen und vielleicht auch die Kinder verstoßen.

3.3. Adoptivkinder

Eine der wichtigsten Entscheidungen im Leben aller Menschen ist die, ein Kind zu haben. Alles, was Liebespartner einander an Gutem oder Schlechtem tun, ist sozusagen ihre Sache. Ihr Glück, allenfalls auch ihr Unglück, endet in der Regel mit ihrem eigenen Ende oder früher. Wenn sie dagegen ein Kind gezeugt haben, dann lebt ihr Glück, wie auch ihr eventuelles Unglück, im Kinde fort. Dann hat, was immer sie tun, mit großer Wahrscheinlichkeit Konsequenzen, die zeitlich über ihr eigenes Leben hinausgehen. Man darf vermuten, daß erwachsene Menschen durch nichts so nachhaltig und allgemein veranlaßt werden, sich Gedanken über die Zukunft zu machen als durch eigene Kinder. Um das Wohlergehen ihrer Kinder begannen sie sich zwar mit Anstrengung, aber doch auch mit instinktivem und sinnlichem Vergnügen zu bemühen, als die Kinder noch hilflose Würmchen waren und völlig von der Gnade ihrer Eltern abhingen. Diese Fürsorgehaltung ist jedoch für die meisten Eltern nicht auslöschbar, auch wenn die Kinder inzwischen groß geworden sind und längst nicht mehr tun, was diese wollen.

Die Entscheidung, ein Kind zu zeugen, ist noch in einem ganz anderen Sinne wichtig. Der Fortbestand der Menschheit hängt davon ab, daß die Mehrzahl aller Menschen sich als Mann und Frau zusammentun und im Durchschnitt mindestens zwei bis drei Kinder in die Welt setzen. Andernfalls würde die Menschheit sich verringern, und obwohl es manchen Leuten schon jetzt so scheint, als sei das gar nicht so schlecht, würde man über kurz oder lang wahrscheinlich doch wieder den Verminderungsprozeß aufzuhalten oder zu reversieren trachten.

Eines der großen Wunder dieser Welt ist in den Augen der philosophischen Weltbetrachter die Fähigkeit des Menschen, Kinder zu zeugen und dies, zum Unterschied von den Tieren, sogar planvoll und vernünftig zu tun. Verwunderlich erscheint ihnen, daß ein Liebesakt solche phantastischen Folgen wie eben die Schaffung eines neuen Lebewesens haben kann. Für den einfachen Menschenverstand nimmt sich das nicht als ein so großes Wunder aus. Wären Kinderzeugungen nicht ununterbrochen durch viele Jahrtausende und in Milliarden Auflagen passiert, dann wären wir heute nicht und könnten keine klugen Überlegungen darüber anstellen.

Die meisten Menschen verfügen über diese Fähigkeit, Kinder zu zeugen, aber manchen blieb sie durch eine physische Verletzung, durch Krankheit oder eine Laune des Schicksals versagt. Sie erfahren das meistens erst zu dem Zeitpunkt, da sie bereits verheiratet sind und Kinder haben wollen. Eine solche Erkenntnis ist für die Beteiligten eine große Enttäuschung, die noch durch den Umstand erschwert wird, daß in der Regel nur einer der beiden Ehepartner unfruchtbar ist. Der andere wird unwillkürlich denken, daß er mit einem anderen Ehepartner ohne weiteres Kinder hätte haben können, und sich fragen, warum er nicht einen vielleicht durchaus geneigten anderen Partner gewählt habe.

Finden sich aber beide Partner mit der schicksalhaften Tatsache ab, dann versuchen sie häufig, auf dem Adoptionswege Kinder zu bekommen. Sie halten Ausschau nach einem Kind, das von seinen leiblichen Eltern preisgegeben wurde oder seine Eltern auf andere Weise, manchmal durch Tod, verloren hat. In der Regel geschieht das mit Diskretion bei einer Adoptionsvermittlungsstelle. Die prospektiven Adoptiveltern können nicht wie auf einem Supermarkt von Krippe zu Krippe gehen und sich etwa das hübscheste oder das lebhafteste Baby des Säuglingsheims aussuchen. Sie können jedoch gewisse Präferenzen angeben, können (zum Unterschied von den leiblichen Eltern eines Kindes) das Geschlecht ihres Adoptivkindes und auch noch einige Merkmale der Herkunft selbst bestimmen. Auch das Alter können sie wählen, obwohl die Adoptionsvermittlungsstellen in den westlichen Industrieländern seit etwa zwei Jahrzehnten begonnen haben, eine möglichst frühe Adoption zu empfehlen, am besten gleich nach der Geburt oder spätestens während der ersten vier bis sechs Lebensmonate des Kindes.

Ein Kind, das bald nach der Geburt adoptiert wurde, kann seine Eltern von leiblichen Eltern im Erlebnis nicht unterscheiden. Psychologisch wächst es wie ein eigenes Kind auf, und auch die Bindung der Adoptiveltern an ihr Kind ist im allgemeinen emotional und instinktiv kaum schwächer als die Bindung leiblicher Eltern an das ihre. Auch die spätere Adoption eines zweiten Kindes braucht sich im Erleben des ersten Kindes von der Ankunft eines leiblichen Geschwisters praktisch nicht zu unterscheiden. Wohl erlebt das erste Kind bei der Ankunft des Adoptivgeschwisters keine Schwangerschaft der Mutter, aber auch leibliche Geschwister bemerken oft nicht die physischen Veränderungen an ihrer Mutter vor der Geburt des Geschwisters, sofern nicht die Eltern das bevorstehende Ereignis ausdrücklich zur Sprache bringen.

Adoptivkinder entdecken früher oder später, daß sie nicht die leiblichen Kinder ihrer Eltern sind. In der Vergangenheit tendierten Adoptiveltern dazu, dies den Kindern so lange wie möglich zu verbergen. Heute pflegt man vernünftigerweise den Kindern, zumindest wenn sie fragen, so weit Auskunft über die wahre Lage zu geben, als ihre Fragen reichen. Ähnlich wie etwa bei der sexuellen Aufklärung wollen Kinder ja jeweils immer nur etwas Bestimmtes wissen, nicht alles das, was die Eltern wissen, und Eltern tun hier, ebenso wie im Falle einer Adoption, gut daran, freimütig und möglichst unbefangen jeweils so viel zu antworten, wie das Kind gefragt hat. Wenn es weiter fragt, eine Minute oder auch ein Jahr später, dann kann es weitere Antworten bekommen.

In der Pubertät und frühen Adoleszenz fragen sich viele Jugendliche, die bei ihren leiblichen Eltern aufgewachsen sind, wie es denn eigentlich wäre, wenn ein oder beide Elternteile jemand anderer gewesen wären, als es tatsächlich der Fall ist. Manche sprechen spielerisch sogar den Verdacht aus, daß sie von anderen Eltern abstammten und lediglich adoptiert seien. Solche Fragen und Gedanken bedeuten selten mehr, als daß der betreffende Jugendliche über seine Existenz und künftige Lebensmöglichkeiten nachzudenken begonnen hat. Sie stellen keine ernsthaften Zweifel dar.

Adoptierte Kinder können natürlich ganz ähnliche Fragen und Gedanken äußern. Sie haben, wenn sonst alles gut gegangen ist, psychologisch nicht mehr Anlaß, die Zuständigkeit ihrer Eltern und die eigene Zugehörigkeit zu ihnen zu bezweifeln als Kinder, die bei ihren leiblichen Eltern aufgewachsen sind. De facto ist es hier natürlich anders. Die Adoptiveltern sind tatsächlich nicht „das eigene Fleisch und Blut“. Würde das Adoptivkind nun aber seine leiblichen Eltern kennenlernen, dann würden ihm diese in der Regel als völlig fremde Personen erscheinen, bei denen zu bleiben es keinerlei Anlaß hätte.

Adoptivkinder äußern in der Adoleszenz oft den Wunsch, ihre leiblichen Eltern „zumindest einmal zu sehen“. Die Adoptiveltern könnten das ohne Sorge gestatten. Sie würden ihr Kind dadurch nicht verlieren. Zu den Adoptionsbedingungen gehört allerdings heute meistens, daß die leiblichen Eltern oder die leibliche Mutter (des häufig unehelich geborenen Kindes) mit der Freigabe ihres Kindes zur Adoption jeden Anspruch auf das Kind fallen lassen, es nicht mehr besuchen dürfen und auch nicht einmal wissen oder erfahren können, wer es adoptiert hat. Diese Vorschrift, an die sich die Adoptionsstellen fast überall genau halten, macht eine Fühlungnahme des Adoptivkindes mit einem leiblichen Elternteil kaum mehr möglich.

Für die Eltern, die eigene Kinder hatten und ein Kind hinzuadoptieren, gilt in bezug auf das Adoptivkind alles ähnlich wie bereits beschrieben. Der Schock, daß sie selbst keine Kinder bekommen können, fällt natürlich weg. Auch für Eltern, die erst nach der Adoption eines Kindes auch eigene Kinder bekommen – was gar nicht so selten ist, wie man als Laie meinen könnte –, gilt das bereits Beschriebene. Diese Eltern glaubten allerdings zunächst, daß ihnen eigene Kinder versagt wären. Durch den Kontakt und die Erfahrungen mit dem Adoptivkind können aber psychologische Hemmungen, insbesondere eine unbewußte Angst vor einem Kind, aufgehoben werden. Solche Eltern behalten häufig eine besondere Dankbarkeit gegenüber dem adoptierten Kinde bei. Nur selten, nur im Falle, daß das adoptierte Kind sich etwa als konstitutionell schwer gestört erweist oder anderweitig sehr ungünstig entwickelt, kann es von den Eltern, sozusagen zum Schutz der eigenen leiblichen Kinder, doch noch vernachlässigt werden oder unter einem Vorwand in ein Heim abgeschoben werden.

Adoptionen von Kindern, die mehr als die ersten sechs Lebensmonate im Säuglingsheim verbracht haben, schaffen für alle Beteiligten umso mehr Schwierigkeiten, je älter die zu adoptierenden Kinder geworden sind. Adoptiveltern, aber auch Pflegeeltern können kaum mehr hoffen, Elternstelle bei einem Kind einzunehmen, das im Heim zwei, drei oder sechs Jahre alt geworden ist. Sie könnten nur durch einen enorm erhöhten Pflege- und Erziehungsaufwand einigermaßen wettzumachen trachten, was das Heim dem Kind ohne böse Absicht angetan hat. Dazu sind nur wenige Adoptiv- oder Pflegeeltern imstande. Die Heimbedingungen sind – da die Pflegeperson auf das einzelne von 20 oder 30 Krippenkinder nur wenig Zeit verwenden kann und die Pflegepersonen häufig wechseln – äußerst ungünstig für die Entwicklung des Kindes. – Nur wenn das Kind zwei, drei oder sechs Jahre immer bei den gleichen Pflegeeltern zugebracht hatte und die Pflegeeltern es gern hatten, ja wenn sie es von sich aus am liebsten gar nicht hergeben würden, aber aus irgendwelchen äußeren oder rechtlichen Gründen hergeben müssen, könnten Adoptiveltern sozusagen als Ersatzeltern für die vorherigen psychologischen Eltern, nämlich die Pflegeeltern, einspringen. Sie würden dann umso erfolgreicher in ihren Fürsorge- und Erziehungsbemühungen um das Kind sein, je ähnlicher den Pflegeeltern sie sich zumindest am Anfang verhalten.

Was für Adoptiveltern und Adoptivkinder gesagt wurde, gilt natürlich auch für Pflegekinder, die zwar äußerlich wie Adoptivkinder bei den Pflegeeltern leben, aber de jure nicht adoptiert sind. Wenn der Grund dafür nur ein äußerer oder juristischer ist, nicht eine besondere Reserve der Pflegeeltern, braucht praktisch kein Unterschied zwischen einer Pflegeelternschaft und einer Adoption zu bestehen. Im allgemeinen hat allerdings eine Pflegeelternschaft provisorischen Charakter. Die Behörden haben das Kind nur bis auf Widerruf bei den Pflegeeltern untergebracht. Eine Adoption dagegen hat etwas Endgültiges. Die Adoptiveltern sind rechtlich den leiblichen Eltern ehelicher Kinder gleichgestellt.

4. Andere Einflußfaktoren

Ähnliche Überlegungen, wie wir sie bereits für die besonderen Umstände von Personenverlusten beschrieben haben, gelten auch für präsente Personen, für die im Familienverband miteinander lebenden und aufwachsenden Personen. Die *Präsenz einer Person* in der Familie kann mitunter sehr Unterschiedliches bedeuten. Sie kann sich in gelegentlichen oder häufigen, in regelmäßigen oder unregelmäßigen Kontakten mit den Familienmitgliedern äußern. Die Kontakte können sich vorwiegend auf ein Familienmitglied, auf einige oder auf alle erstrecken. Sie können von kurzer oder langer, von variabler oder relativ konstanter Dauer sein. Es kann viel oder wenig dabei gesprochen werden. Es können gemeinsame Tätigkeiten und Arbeiten dabei überwiegen. Doch kann auch jedes Familienmitglied, obwohl sie alle unter ein und demselben Dache wohnen, mehr für sich allein leben und nur den eigenen, isolierten Beschäftigungen nachgehen.

Nach allgemeinen statistischen Überlegungen ist allerdings anzunehmen, daß sogenannte durchschnittliche Bedingungen in den Familien zahlenmäßig überwiegen. Wenn wir keine Details wissen, nehmen wir durchschnittliche Bedingungen als gegeben an und dürfen hoffen, daß wir damit weniger weit von der Wahrheit entfernt sind als mit der Annahme, daß besondere oder ungewöhnliche Bedingungen gegeben sind. Dort, wo wir erfahren haben, daß besondere oder ungewöhnliche Bedingungen vorliegen, müssen wir sie natürlich berücksichtigen.

Das trifft für alle Differenzierungen zu, die wir für die Beschreibung von Familienkonstellationen bereits besprochen haben: für Altersabstände zwischen Geschwistern, zwischen Eltern und Kindern und zwischen den Eltern selbst; für permanente und temporäre Personenverluste; schließlich eben auch für die besonderen Formen, in denen in einer Familie Personen überhaupt, aber auch spezifische Personen präsent und zugegen sind.

Es trifft aber noch für einige andere Aspekte der Familiensituation eines Menschen zu. Die *Wohnverhältnisse* tragen nicht unwesentlich zur Gestaltung des Familienlebens bei. Man darf allerdings auch annehmen, daß Familien sich im großen und ganzen jene Wohnverhältnisse zu schaffen oder anzustreben verstehen, die ihren Interessen am Kontakt miteinander entsprechen. – Zu den Wohnverhältnissen gehören auch *Wohnsitzwechsel*. Diese sind im allgemeinen leichter zu erfragen als die Wohnverhältnisse, besonders da es bei letzteren ja nicht nur auf die äußeren Bedingungen wie Wohnraumzahl, Wohnfläche, geographische Lage etc. ankommt, sondern auch darauf, was die jeweilige Familie daraus macht. Wohnsitzwechsel bedeuten jedenfalls den Verlust des bisherigen Wohnsitzes, aber mitunter auch Schulwechsel für die Kinder, Arbeitsplatz- und vielleicht sogar Berufswechsel für einen Elternteil.

Der *Freundes- und Bekanntenkreis* einer Familie trägt ebenfalls zum Wohlbefinden ihrer Mitglieder bei, obwohl auch hier gilt, daß sich eine Familie je nach ihren Interessen und ihrem Wohlbefinden ihren Freundes- und Bekanntenkreis zu schaffen vermag. Ein Wohnsitzwechsel kann eine völlige, teilweise oder gar keine Veränderung im Freundes- und Bekanntenkreis nach sich ziehen. Er kann unter anderem sogar den Zweck haben, den Freundes- und Bekanntenkreis zu verändern.

Schulbesuch und Schulwechsel sind für die Kinder, die *Berufsausübung, Arbeitsplatzwahl* und *Arbeitsplatzwechsel* für die Erwachsenen in der Familie, insbesondere für den Broterwerber, von Bedeutung. Ein Jugendlicher kann keinen oder nur einen oder aber viele Schulwechsel hinter sich haben und damit auch seinen Mitschülerkreis nie, einmal oder viele Male gewechselt haben. Mit jedem Wechsel aber verliert er mindestens einen Teil seiner alten Mitschüler und Freunde. Ähnliches gilt auch für den Broterwerber, wenn er seinen Arbeitsplatz wechselt, und für die Eltern überhaupt. Man darf annehmen, daß solche Veränderungen Auswirkungen auch im Familienleben selbst haben.

Schließlich können Familienmitglieder *Krankheiten* bekommen oder *Unfälle* erleiden und entweder zu Hause das Bett hüten oder ins Krankenhaus kommen. Abgesehen von den körperlichen Wirkungen solcher Krankheiten oder Unfälle stellen sie psychologisch Partialverluste oder temporäre Verluste sowohl für die übrigen Familienmitglieder wie vor allem auch für den Patienten selber dar. Ein Krankenhausaufenthalt bedeutet ja einen temporären Verlust der gesamten Familie für den Patienten, einen temporären Verlust eines Familienmitgliedes für die übrigen. Je nach der Länge solcher Leiden können der Betroffene oder auch andere Familienmitglieder mehr oder weniger beeinträchtigt werden.

Auch die *soziale Schicht* und die *ethnische Herkunft*, ebenso wie die *Religionszugehörigkeit* oder die *politische Affiliation* einer Familie beziehungsweise der Familienerhalter spielen im Familienleben eine Rolle. Dabei sind oft weniger die Zugehörigkeiten zu den jeweiligen Gruppen als das Verhältnis dieser Gruppen zur umgebenden Gemeinschaft gewichtig. Eine Familie, die in einer oder mehreren der genannten Hinsichten einer Minorität angehört, könnte auch andere familieninterne Probleme haben und in manchen oder allen ihrer Mitglieder andere Haltungen gegenüber ihrer sozialen Umgebung entwickeln als Familien, die anderen Minoritäten oder der Majorität angehören. Auch der Zeitpunkt des Zuzuges einer Familie in die jeweilige Stadt oder Gemeinde sowie die Vertrautheit mit der Landes- und sogar der örtlichen Umgangssprache vermag Einflüsse im Familienleben zu setzen, die aus den Wechselwirkungen der Familienmitglieder untereinander allein nicht abzuleiten sein könnten. Je demokratischer allerdings die Nation, das Land oder die Gemeinde, in der eine Familie lebt, und je zivilisierter und aufgeklärter die Mitbürger, desto geringfügiger werden die Einflüsse, und desto eher setzen sich die familieninternen Kräfte durch. Desto leichter wird dann auch der Vergleich verschiedener Familienkonstellationen und Familienbeziehungen und desto ähnlicher in ihren Wirkungen auf das Individuum sind dann gleiche Typen von Geschwisterpositionen und Familienstrukturen. Wissen wir außer der Personenzusammensetzung nichts Näheres über eine Familienkonstellation oder die besonderen Nuancen der Geschwisterposition einer Person, etwa weil wir sie nicht vor uns haben, oder aber weil wir ihren Angaben nicht trauen können – vielleicht lügt sie oder neigt zu neurotisch bedingten Entstellungen –, kennen wir also nur die Personenzusammensetzung in einer Familie, dann nehmen wir am besten in allen bereits besprochenen Aspekten der Familienkonstellation durchschnittliche Verhältnisse an. Wir gehen von etwa durchschnittlichen Altersabständen zwischen den Familienmitgliedern aus, von durchschnittlichen Wohnverhältnissen und Anzahlen von Wohnsitzwechseln. Wir nehmen an, daß in der Schule und im Beruf der jeweiligen Familienmitglieder nichts Ungewöhnliches passiert ist, daß keine seltenen oder langwierigen Krankheiten durchgemacht wurden, daß entweder keine Personenverluste vorliegen oder die angegebenen Personenverluste unter üblichen Umständen eintraten. Wir nehmen an, daß der Freundes- und Bekanntenkreis keine extremen Merkmale enthält und daß auch ethnische, religiöse, politische oder finanzielle Charakteristika der Familie nicht ungewöhnlich sind. Wenn wir das annehmen, machen wir in der Regel geringere Fehler bei der Einschätzung einer Familie, ihrer mutmaßlichen internen Beziehungen und der Rollen ihrer einzelnen Mitglieder als mit der spontanen Annahme, daß besondere oder ungewöhnliche Umstände vorliegen. Die Annahme durchschnittlicher Verhältnisse ist in solchen Fällen sogar besser als überhaupt keine Annahme und die anschließende Verweigerung einer Einschätzung der Familie. Sonst haben wir nämlich keine Idee, wie wir eine weitere Erkundung beginnen sollen, wen wir am besten zuerst zu befragen trachten oder wie dringlich eine Krisensituation in einer Familie zu verstehen sein könnte, von der wir zunächst nur gerüchteweise gehört haben.

Solche Einschätzungsversuche auf Grund der zunächst erhaltenen Daten können als heuristische Hypothesen über die Familien- und Lebenssituation eines Individuums oder einer ganzen Familie aufgefaßt werden. Sie sind nur tentativ. Wir werden uns durch neue Evidenz jederzeit belehren lassen. Wir werden dann besser wissen, wie besondere Umstände zu deuten sind oder in die bisherige hypothetische Rekonstruktion der psychischen Situation einer Familie oder eines einzelnen Familienmitgliedes hineinpassen. Ohne solche hypothetischen Rekonstruktionsversuche der mutmaßlichen Familiensituation werden wir auch in stundenlangen Gesprächen oder nach allen möglichen individual-diagnostischen Testverfahren nicht wissen, worauf denn der Betreffende überhaupt reagiert und in Antwort auf welche Lebenssituation er oder sie sich zu der Person entwickelt hat, als die er oder sie uns jetzt erscheint.

Noch anders gesagt: Wir können uns entweder dumm und borniert stellen und Aussagen, ja vielleicht sogar die bloßen Gedanken über eine Person verweigern, weil wir uns auf kein standardisiertes Testverfahren und mechanisches Deutungsschema dabei beziehen können. Oder wir können uns sozusagen im Verlauf des Informationsgewinnes über eine Person, insbesondere also über ihre Lebens- und Familiensituation, Gedanken machen, diese unter dem Eindruck zusätzlicher Informationen bestätigen oder auch revidieren, wir können mit dem Informationsgeber oder mit den Personen, über die er spricht, mitdenken, uns in deren jeweilige Situationen zu versetzen trachten und mitdenkend weiterfragen. Wenn wir unsere Informationen nicht überhaupt aus Akten beziehen, sondern von Menschen und im Gespräch, dann werden wir in der Regel sogar bemerken, daß diese Menschen unsere Fragen, unsere hypothetischen Rekonstruktionsversuche, unsere Verstehensversuche, unser Bemühen um Klarstellung der Lage zu schätzen wissen. Die meisten Gesprächspartner interpretieren es unwillkürlich als Anteilnahme, und eine solche kann es ja und sollte es wahrscheinlich sogar sein.

Es gibt noch andere Einflußfaktoren, die nicht übersehen werden dürfen. Die *körperliche Konstitution* eines Menschen, sein *Aussehen*, seine *Sehschärfe*, sein *Gedächtnis*, seine *Intelligenz*, sein *Temperament*, seine *Vitalität*, seine *Frustrationstoleranz* und andere Charakteristika haben ihre eindeutigen erblichen Komponenten. Nicht die Umwelt und daher auch nicht die Familienumwelt, sondern die Gene bestimmen einen nicht unerheblichen Teil der individuellen Ausprägung dieser Charakteristika, auch wenn die Umwelt einen gewissen Einfluß auf ihre Entwicklung nimmt.

In einer Familie sind beispielsweise die *Intelligenzen* ihrer Mitglieder einander ähnlich. Sie zeigen mittlere Korrelationen, etwa in der Höhe von $r = 0.50$ (Korrelationskoeffizienten können zwischen 0 und 1 variieren, wobei 0 überhaupt keinen und 1 einen perfekten, vollständigen Zusammenhang zwischen zwei Merkmalen bedeutet). Wenn die Kinder nicht bei ihren leiblichen Eltern aufgewachsen sind, korrelieren ihre Intelligenzen mit jenen der Eltern immer noch im Ausmaß von $r = 0.40$. Unter eineiigen Zwillingen dagegen erweisen sich Intelligenzen mit etwa $r = 0.90$ korreliert, und eineiige Zwillinge haben bekanntlich eine völlig gleiche genetische Ausstattung. Ihre angeborenen Intelligenzen müßten daher eigentlich mit $r = 1$ korrelieren (siehe auch Skodak und Skeels 1949, Newman, Freeman und Holzinger 1937, McNemar 1938).

Jedenfalls bekommen intelligente Eltern in der Regel auch eher intelligente Kinder, unintelligente Eltern analog eher unintelligente Kinder. Trotzdem treten natürlich Intelligenzvariationen unter den Kindern auf. Von drei Kindern intelligenter Eltern kann eines sehr intelligent und die anderen beiden können gut durchschnittlich intelligent sein, von drei Kindern unintelligenter Eltern kann eines knapp unterdurchschnittlich, eines deutlich unterdurchschnittlich intelligent und das dritte debil sein.

Diese Variationen aber sind unabhängig von der Geschwisterposition der Kinder. Man kann nicht sagen, daß ein älteres oder ein jüngeres oder ein mittleres Geschwister oder die Jungen oder die Mädchen in einer Geschwisterkonfiguration generell intelligenter oder weniger intelligent wären als die übrigen. Das gleiche gilt für alle anderen der genannten Merkmale, also für Sehschärfe, Gedächtnis, Temperament, Vitalität etc. Ihre Ausprägungsgrade sind an keine besondere Geschwisterposition geknüpft. Der genetische oder erbliche Anteil dieser Ausprägungsgrade wird innerhalb der Grenzen der Erbanlagen der Familie nach dem Zufall verteilt.

Das schließt nicht aus, daß auf den ersten Blick manche Geschwisterpositionen in manchen Hinsichten bevorzugt erscheinen. Mehr älteste Geschwister und Einzelkinder als andere Geschwisterpositionen scheinen beispielsweise das College und die Universität zu besuchen. Das gilt vor allem für männliche Jugendliche (Schachter 1963). Daraus kann aber nicht geschlossen werden, daß die Ältesten und Einzelkinder intelligenter wären. – Die Ältesten und Einzelkinder scheinen in der Schule auch bessere Noten zu bekommen als insbesondere mittlere und jüngste Geschwister. Mißt man allerdings ihre Intelligenzen mit standardisierten Testverfahren, dann ergeben sich keine Unterschiede in den verschiedenen Geschwisterpositionen. Mißt man dagegen die Intelligenzen von Jugendlichen, die im Durchschnitt gleich gute Noten haben, dann erhält man sogar ein konträres Ergebnis: Die Mittleren und Jüngsten scheinen plötzlich intelligenter zu sein als die Ältesten und Einzelkinder (siehe auch Toman 1973 b).

Die Folgerung: Es bestehen keine Intelligenzunterschiede zwischen Personen verschiedener Geschwisterpositionen, wohl aber zeigen sie Präferenzen für unterschiedliches soziales Verhalten. Älteste und auch Einzelkinder sind stärker mit Eltern und Lehrern identifiziert als Mittlere und Jüngste. Sie tun in höherem Maße als mittlere und jüngste Geschwister, was die Eltern und Lehrer erwarten. Infolgedessen werden Älteste und Einzelkinder vielleicht etwas besser benotet, als ihnen der bloßen Leistung nach zukäme. Mittlere und Jüngste hingegen, die sich weniger um die Absichten ihrer Eltern und Lehrer kümmern, ja manchmal geradezu Oppositionsstellungen beziehen, werden dadurch Kandidaten für etwas schlechtere Noten, als ihnen leistungsmäßig gebührte.

Ähnliches gilt für die anderen genannten Merkmale. Sie variieren in ihren angeborenen Ausprägungsgraden unabhängig voneinander und unabhängig von den Geschwisterpositionen, auch wenn durch unterschiedliche Motivationen und Erwartungen der Familienmitglieder, aber zum Teil auch durch physiologische Gegebenheiten gewisse schwache Zusammenhänge zwischen manifesten Ausprägungsgraden solcher Merkmale und Geschwisterpositionen entstehen können.

Beispielsweise sind das zweite und die späteren Kinder nicht selten von etwas kräftigerer *Konstitution* als das erstgeborene Kind. Sogar das Geburtsgewicht der später Geborenen ist oft ein wenig größer. Das hängt wahrscheinlich mit den intrauterinen physiologischen Erleichterungen zusammen, die sich bei der zweiten und allen folgenden Schwangerschaften der Mutter gegenüber der ersten Schwangerschaft ergeben.

Das *Temperament* wirkt bei jüngeren Geschwistern oft lebhafter als bei älteren Geschwistern. Erstere geben sich allgemein unbekümmerter und sorgloser, letztere übernehmen mehr Verantwortung und „fürchten" sich etwas mehr vor den Eltern und anderen Erwachsenen. – Die *Frustrationstoleranz* scheint bei älteren Geschwistern besser entwickelt zu sein als bei jüngeren. Sie haben früher im Leben gelernt, Freuden aufzuschieben oder gar auf sie zu verzichten, als die jüngeren Geschwister. Zum Teil mußten sie sogar zugunsten der jüngeren Geschwister aufschieben und verzichten. Diesen wiederum wird wegen ihres geringen Alters in der Regel weniger abverlangt und sie tendieren dazu, diese Attitüde auch noch zu Zeiten beizubehalten, da sie längst die gleichen Aufschubs- und Verzichtleistungen erbringen könnten wie ihre älteren Geschwister.

Ähnliche Unterschiede können auch zwischen Jungen und Mädchen in der Familie, mitunter sogar unbekümmert um ihre Geschwisterpositionen, beobachtet werden. In manchen Familien dürfen oder sollen Mädchen schwächer, freundlicher und weniger selbstdiszipliniert sein als die Jungen. Mädchen dürfen sich verwöhnen lassen. Jungen dürfen das nicht. Sie sollen lieber Kavaliere werden und Mädchen verwöhnen lernen. Jungen dürfen untereinander raufen, Mädchen nicht.

Alle diese manifesten Unterschiede sind aber das Ergebnis unterschiedlicher Positionen und Geschwisterrollen innerhalb der Familie. Würde man beispielsweise jemanden mit der genauen genetischen Ausstattung des Kindes, das als erstes geboren wurde, als zweites Kind zur Welt kommen lassen, und jemanden mit der genauen genetischen Ausstattung des Zweitgeborenen als das erste Kind, dann wäre zu erwarten, daß die Unterschiede etwa in der Körperkonstitution, im Temperament oder in der Frustrationstoleranz in der gleichen Richtung lägen wie beschrieben. Wieder würde der Erstgeborene körperlich ein wenig schwächer, im Temperament gedämpfter und frustrationstoleranter als der Zweitgeborene sein.

Ein solches Experiment ist natürlich in der Praxis nicht durchführbar. Naturexperimente dieser Art, wie sie etwa nach dem Verlust beider Eltern durch Aufteilung der verwaisten Kinder auf mehrere Pflegefamilien eintreten könnten, werden von vielen anderen Faktoren, insbesondere aber vom Personenverlust selbst wahrscheinlich gravierender beeinflußt als von einer möglicherweise neuen Geschwisterposition unter den Pflegegeschwistern.

Die *Morphologie* des Gesichtes und des Körpers, die ebenfalls erblich bedingt ist, kann Ähnlichkeiten mit bestimmten Familienmitgliedern, etwa mit dem Vater oder mit der Mutter, mit einem Onkel oder einem Großelternteil ergeben. Solche Ähnlichkeiten stellen weitere Anreize zur Entwicklung bestimmter Interaktions- und/oder Identifikationsbeziehungen dar. Ein Elternteil erkennt sich selbst in der äußeren Erscheinung eines seiner Kinder wieder und versucht, mehr als für die übrigen Kinder diesem Kinde ein Vorbild zu sein. Oder ein Elternteil glaubt, in einem der Kinder ein eigenes Geschwister oder einen eigenen Elternteil wiedergefunden zu haben und beginnt in der Folge, dem Kind gegenüber sich ähnlich wie seinerzeit dem eigenen Geschwister oder dem Elternteil gegenüber zu verhalten. Auch die Kinder können einem ihrer Geschwister wegen dessen Ähnlichkeit mit einem Elternteil mehr Autorität zubilligen, als ihm nach seiner Geschwisterposition sonst zukäme.

Alle diese *erblichen Merkmale* können die Rolle einer Person unter ihren Geschwistern und in der Familie beeinflussen. Wenn beispielsweise das älteste Geschwister debil ist, die jüngere Schwester und der noch jüngere Bruder aber sehr intelligent sind, wird über kurz oder lang eines der beiden jüngeren Geschwister, vermutlich die Schwester, die Führung unter den Geschwistern übernehmen und sich wie eine älteste Schwester von Brüdern entwickeln. Der tatsächlich älteste, aber debile Bruder wird bald wie ein jüngeres Geschwister behandelt werden. – Wenn ein jüngster Bruder körperlich sehr kräftig wird, seine beiden älteren Brüder dagegen klein und schmächtig blieben, wird der Jüngste seinen beiden älteren Geschwistern allmählich den Rang des Stärkeren und Mächtigeren abkaufen und sich zumindest in manchen Belangen zum Führer, Verantwortlichen und Beschützer der beiden anderen entwickeln.

Auch hier gehen wir bei Unkenntnis der Ausprägungsgrade dieser erblichen und konstitutionellen Merkmale in einer Familie am sichersten, wenn wir durchschnittliche Verhältnisse annehmen. Auch bei diesen Merkmalen, die vermutlich weitgehend voneinander unabhängig sind, werden wir mit solcher Einschätzung der Familie und der Rollen ihrer Mitglieder weniger leicht in die Irre gehen als bei der Annahme von besonderen, ungewöhnlichen oder extremen Verhältnissen. Auch hier müssen wir selbstverständlich, sobald uns über die Personenzusammensetzungen und Altersränge der Familienmitglieder hinaus besondere Umstände bekannt werden, prüfen, wie diese mit unseren bisherigen Einschätzungen zusammenstimmen oder welche Veränderungen derselben sie notwendig machen könnten.

Wenn man die Erfahrungen des Autors, seiner Mitarbeiter und seiner Schüler hier heranziehen darf, kann folgendes gesagt werden: Im Durchschnitt gelingen korrekte Einschätzungen von Familienkonstellationen und Geschwisterrollen auf Grund der bloßen Kenntnis der Personenzusammensetzungen, der Altersrangverhältnisse und der Personenverluste in vier von fünf Fällen. Aber auch der fünfte Fall konnte praktisch immer durch Berücksichtigung besonderer Ausprägungsgrade der Familienkonstellationsmerkmale, durch Informationen über Wohnsitz-, Schul- oder Berufswechsel von Familienmitgliedern, über Krankheiten einzelner Familienmitglieder oder über ungewöhnliche Ausprägungsgrade konstitutioneller (erblicher) Merkmale einzelner Familienmitglieder befriedigend geklärt werden.

5. Tierfamilien und Sonderformen menschlicher Familien

Bei Tierjungen gibt es praktisch keine Familien von der Art der gegenwärtigen Menschenfamilie. Die Jungen werden vielmehr als Drillinge, Fünflinge oder Zehnlinge geboren, und die intelligentesten und vitalsten setzen sich am besten durch. Die anderen haben das Nachsehen. In der menschlichen Familie hat der zuerst Geborene in fast allen Fällen einen Intelligenz- und Stärkevorteil, der sich im Verlauf der Kindheit nur langsam verringert. Lediglich für ein krankes oder schwach begabtes erstes Geschwister kann ein besonders gesundes und hochbegabtes zweites Geschwister noch im Laufe der Kindheit den Spieß umdrehen. Es kann in die Positionen des Führenden, des Verantwortlichen treten, obwohl es das jüngere Geschwister ist.

Jene Tiere übrigens, die nur jeweils ein Junges gebären und erst Jahre später wieder eines, wie etwa die Elefanten oder die Menschenaffen, bilden keine der menschlichen Familie ähnliche Tierfamilie. Das älteste halbwüchsige Geschwister übernimmt nur in ganz seltenen Fällen eine Ersatzmutterrolle. Meist läuft es mit den eher Gleichaltrigen in der Horde. Die natürlichen Väter bleiben in diesen Tierfamilien überhaupt im Hintergrund. Sie sind für die Jungen in der Regel nicht identifizierbar. Die Tiere wissen ja nicht einmal, daß das, was sie in den Brunftzeiten überkommt, später zu Kindern bzw. zu „ihren" Kindern führt. Lediglich bei gewissen monogam lebenden Tieren, insbesondere bei manchen Vogelarten, bleibt sozusagen der Vater bei der Aufzucht der Jungen zugegen, aber auch hier zerstreuen sich die Jungen des gleichen Wurfes oder Geleges meist lange vor dem nächsten Wurf oder dem nächsten Gelege.

Auch der Mensch hat nicht immer und überall monogam gelebt. Eltern sind nicht immer und überall mit der Ernährung und Erziehung ihrer Kinder bis zu deren Adoleszenz beschäftigt gewesen. Kinder wurden zu vielen Zeiten und jeweils von unterschiedlichen Personengruppen früh oder erst später in ihrem Leben in besondere Erziehungsstätten gegeben. Dort sollten Männer und Frauen oder Damen und Herren aus ihnen gemacht werden, in manchen Fällen mit dem Zweck, sie für die Rückkehr in ihre ursprüngliche Familie und für die Übernahme des elterlichen Erbes vorzubereiten.

Trotzdem sind während der letzten Jahrhunderte die Mehrzahl aller Menschen der zivilisierten Länder und der Industrienationen in Einfamilien aufgewachsen. Fast alle einigermaßen entwickelten Religionen sprachen sich für die Einfamilie und das Zusammenleben der beiden leiblichen Eltern mit den Kindern bis zu deren Adoleszenz aus. Daß es gelegentlich, wie etwa bei den Mohammedanern oder bei den Mormonen, Vielweiberei gab, fiel wahrscheinlich insgesamt so wenig ins Gewicht wie in Mitteleuropa der Umstand, daß hochgestellte Herren Mädchen aus armen Volksschichten mit „göttlichen" oder, schlichter gesagt, mit unehelichen Kindern beglückten. Nicht alle Mohammedaner hatten viele Frauen, und von den Mormonen heißt es, sie hätten zusätzliche Frauen weniger wegen der größeren Vielfalt der Liebeslust als aus Versorgungsgründen in die Familie aufgenommen. Auch die unverheirateten Frauen sollten in Familien unterkommen. Gar manche Mohammedaner, nämlich die armen, hatten auch schon im Mittelalter nur eine oder gar keine Frau. Dort aber, wo jemand tatsächlich viele Frauen in seinem Hause versammelte, gab es für die Kinder trotzdem eine Art von Familienleben. Die Kinder, die ein mohammedanischer Fürst mit seiner Lieblingsfrau hatte, bildeten die engere Familie, die Kinder der übrigen Frauen gewissermaßen die weitere Familie. Der Vater war für solche Kinder, die füreinander ja Geschwister und Halbgeschwister darstellten, psychologisch sicherlich weniger zugänglich als der Vater einer meist kleineren monogamen Familie für die Seinen, aber er war dafür mächtiger.

Er konnte mehr für seine Kinder tun, und seine Wünsche und Vorstellungen wurden von den jeweiligen Frauen und ihren Kindern vermutlich relativ sorgfältiger beachtet als die des Vaters einer monogamen Familie.

Sonderformen wie etwa die Tageskrippen für Kinder, deren Eltern berufstätig sind, die Anstaltserziehung vom frühesten Lebensalter oder von der Geburt an, aber auch die neuerlich in Experimenten auftauchende Großfamilie oder Familienkommune sind eigentlich als extreme Ausnahmen aufzufassen. In Rußland kehrte man in den dreißiger Jahren von der ideologisch begründeten frühen Anstaltserziehung der Kinder wieder zur Familienerziehung zurück. In Israel ist in den landwirtschaftlichen Kooperativen die Erziehung schon der Kleinstkinder in Kinderkrippen noch üblich, stellt aber nach der Meinung wissenschaftlicher Beobachter nur eine Notlösung dar. Dort haben aber die Eltern immerhin in den Abendstunden regelmäßig Kontakt mit ihren Kindern.

Von den Familienkommunen kann noch nichts Sicheres gesagt werden, wenn man davon absieht, daß die leiblichen Eltern in solchen Kommunen einerseits oft bittere (weil eigentlich erfolglose) Gegner der sie umgebenden Gesellschaft sind, andererseits ihre persönlichen äußeren und inneren Probleme oft noch kaum gelöst haben. Beides müßte sich nachteilig auf ihre Kinder auswirken, sofern überhaupt ausreichende Kontakte zwischen ihnen und ihren Kindern zustande kommen. Häufiger wandern diese Kinder bekümmert und unsicher von Kommunemitglied zu Kommunemitglied und suchen Festigkeit, Stabilität, suchen eine oder vielleicht zwei Personen, die sich dauerhaft für sie erwärmen können. So wurde beispielsweise berichtet, daß die Erwachsenen in solchen Kommunen im Bemühen um ihre eigene „Selbstverwirklichung" mitunter noch eine Stunde vor Beginn ihres Küchendienstes nicht sicher sind, ob sie Lust haben werden, den Küchendienst überhaupt anzutreten. Die Kinder aber wollen es im voraus wissen, und zwar so weit im voraus wie nur möglich. Sie wollen wissen, von wem das nächste Essen kommen wird. Sie wollen Regelungen. Sie wollen wissen, was sie heute, morgen und in Zukunft erwartet.

Auch die unvollständigen Familien, jene, in denen die Kinder nur bei einem Elternteil aufwachsen, in der Regel bei der leiblichen Mutter, sind eigentlich selten. Sie werden allerdings an manchen Orten durch merkwürdige institutionelle Belohnungssysteme ermuntert und gefördert. Obwohl die Lebensqualitätserwartungen solcher Kinder nachweislich stark unter dem Durchschnitt liegen und die Wahrscheinlichkeit, daß sie mit dem Gesetz in Konflikt kommen und in Gefängnissen landen werden, im Vergleich zu Kindern aus intakten Ehen wesentlich erhöht ist, steigern die Behörden in großen Städten diverser Industrienationen, insbesondere aber in den USA, weiterhin die Kinderrente solcher Mütter mit jedem neuen vaterlosen Kind. Da die Mütter aber das so gewonnene zusätzliche Haushaltsgeld oft lediglich ihren ephemären Liebhabern zukommen lassen, sind die Kinder nicht einmal die finanziellen Nutznießer dieser behördlichen Einrichtung, von ihrer psychologischen Situation ganz zu schweigen.

Wenn irgendein gesellschaftspolitischer Schluß aus der Familienforschung im allgemeinen, aber auch aus unseren Untersuchungen gezogen werden kann, dann ist es folgender: Nichts scheint für eine Familie psychologisch bedeutsamer, als daß ihre Kinder im großen und ganzen gewollte, von beiden leiblichen Eltern beabsichtigte Kinder sind. Es wird auch dann noch langwierig und schwer genug für solche Eltern, ihre Kinder aufzuziehen. – Für die Kinder wieder ist wahrscheinlich nichts bedeutsamer, als von Eltern aufgezogen zu werden, die sie gerne und beharrlich betreuen.

Das ist am sichersten von den leiblichen Eltern erreichbar. Diese sind in der Regel durch die Liebe zueinander, durch die Zeugung, die Schwangerschaft, die Geburt und die Bemutterung in den ersten Lebenswochen und -monaten des Kindes sinnlich und instinktiv an dieses gebunden worden. Auch Adoptiveltern können ähnliche, obschon etwas schwächere instinktive Bindungen an ein Kind erreichen, wenn sie es jung genug zu sich nehmen, am besten gleich nach der Geburt oder jedenfalls nicht später als im vierten oder fünften Lebensmonat.

Kinder, die als unbeabsichtigte Folgen von Liebesbeziehungen entstanden sind, oder vielleicht sogar als beabsichtigte Folgen, ohne daß aber von den leiblichen Eltern auf ihre realistischen Zukunftsaussichten eine Gedanke verschwendet wurde, Kinder also, die aus dem Schoße der Mutter gleich in den Schoß der umgebenden Gemeinde fallen sollen, bekommen damit eines der schwersten Handicaps für das Leben mit. Die Gemeinde will solche Kinder nicht. Sie verfügt über kein sinnliches, instinktives Interesse an ihnen. Was immer die verantwortlichen Gemeindevertreter trotzdem für diese Kinder tun, kann im Endeffekt nicht darüber hinwegtäuschen, daß sie auch für sie unwillkommene Kinder sind. Der beste Dienst, den nach praktisch allen bisherigen Erfahrungen die Gemeinde einem solchen Kind erweisen kann, ist, daß sie die leiblichen Eltern drängt, die Betreuung des Kindes zu übernehmen, oder ihm möglichst früh und sorgfältig Adoptiveltern beziehungsweise permanente Pflegeeltern sucht. Nur so kann diesen Kindern mit guter Wahrscheinlichkeit das elementare Gefühl des Willkommenseins und Geliebtwerdens vermittelt werden, ohne das sie in ihrer sozialen Entwicklung sehr leicht scheitern können.

Für die fernere Zukunft, vielleicht aber schon in fünfzig oder einhundert Jahren wird es wegen der Begrenzung der irdischen Naturschätze für die Regierungen der meisten Nationen wahrscheinlich die dringlichste Aufgabe sein, ihren Bevölkerungen die Familienplanung aufzuerlegen und die durchschnittliche Kinderzahl auf zwei bis drei Kinder pro Ehepaar zu beschränken. Sie werden dabei vor allem jene Individuen, wenn nötig mittels Sanktionen, entmutigen müssen, die keine ernsthafte und realistische Vorstellung haben, was aus ihren Kindern werden soll und werden kann; Individuen die weder die Fähigkeit noch die Mittel aufweisen können, ihre Kinder mindestens bis zu deren Adoleszenz ohne fremde Hilfe zu ernähren und zu betreuen.

6. Liebes- und Ehepartner

Es wurde bereits darauf hingewiesen, daß Tiere und Menschen neue Situationen unwillkürlich im Lichte ähnlicher vergangener Situationen auffassen. Dies ist den Menschen von ihrer Alltagserfahrung bekannt. Lerntheoretisch spricht man von Generalisierung oder Verallgemeinerung vergangener Erfahrungen auf gegenwärtige Situationen (z.B. Hull 1943, auch S. 12). Psychoanalytisch wird dieser Vorgang als Übertragung bezeichnet (Freud 1916/17; S. 12). Der Mensch überträgt vergangene Erfahrungen, Einstellungen und Haltungen auf gegenwärtige Situationen. Er versucht es zumindest.

Da die Familienkontexte die ältesten Lebenskontexte eines Menschen sind, da sie am regelmäßigsten, von frühester Lebenszeit an und am längsten von allen Kontexten wirksam waren, darf man annehmen, daß ihre Verallgemeinerungen oder Übertragungen auf neue soziale Situationen häufiger aufgetreten sind als jene von späteren Lebenskontexten eines Menschen und daß sie in höherem Maße die Wahrnehmung und die Gestaltung der jeweiligen gegenwärtigen Lebenskontexte mit beeinflußt haben können, als dies spätere Lebenskontexte vermögen. Da die späteren Lebenskontexte selber unter den Einwirkungen früherer Lebenskontexte gestanden haben können, ist es möglich, daß die ältesten Lebenskontexte nicht nur direkt, sondern auch indirekt über diese späteren Lebenskontexte Einflüsse auf die Wahrnehmung und Gestaltung gegenwärtiger Lebenskontexte und Lebenssituationen ausüben.

Diese Einflüsse und Wirkungen sind selbstverständlich nicht unausweichlich. An den Erwartungen, mit denen jemand in eine neue Situation tritt, wird von den Mitwirkenden in dieser Situation, also etwa von den anderen Personen, natürlich laufend korrigiert. Erfahrungen mit den Personen in solchen neuen Situationen kommen zu den mitgebrachten Erfahrungen hinzu und bestimmen zusammen die Erwartungen in wieder neuen Situationen. Lediglich in der Psychotherapie kann der Patient in der Regel keine direkten Erfahrungen über den Psychotherapeuten, sondern nur mehr oder weniger über sich selbst und die Personen seiner eigenen Alltagsvergangenheit und -gegenwart sammeln. Der Psychotherapeut reagiert und handelt nicht wie die Menschen im Alltag. Er kommentiert und interpretiert nur die Einfälle, Erinnerungen, Phantasien, Affekte und Motive des Patienten.

Auch in Alltagssituationen gilt allerdings, daß ein Mensch in neuen sozialen Situationen nicht nur andere Personen mit seinen Erwartungen überrascht, die teils zutreffend und teils unzutreffend sein können. Auch die anderen Personen haben ihre Erwartungen und tendieren außerdem dazu, den Neuankömmling nach dem, was er zuerst tut, einzustufen. Das bewirkt unter Umständen, daß er abgelehnt wird und gar keine Gelegenheit bekommt, die Gruppe kennenzulernen und seine Erwartungen zu korrigieren. Es kann aber auch sein, daß er auf Grund seines zuerst gezeigten Verhaltens akzeptiert und in der Folge von der Gruppe unwillkürlich und bewußt gedrängt wird, dieses Verhalten auch weiterhin beizubehalten.

In der Mehrzahl aller Fälle treten allerdings gegenseitige Korrekturen auf. Alle Beteiligten, der Neuankömmling und die Gruppe, zu der er stößt, machen neue Erfahrungen miteinander. Dabei beeinflussen die bereits vorhandenen Personen den Neuankömmling in der Regel stärker und bestimmen in höherem Maße seine Position in der Gruppe als umgekehrt. Dies gilt umso mehr, je länger die Gruppe bereits existiert und je häufiger und regelmäßiger sie zusammenkommt. Es gilt in eklatantem Maße für die Familie, in der der Neuankömmling, das Neugeborene, zunächst natürlich überhaupt noch keine Ahnung hat, in welchen sozialen Dauerkontext es da geraten ist. Die anderen Familienmitglieder richten sich auf das Neugeborene ein, noch lange bevor dieses merkt, worum es überhaupt geht. Die Positionen und Rollen in solchen Gruppen, insbesondere aber in der Familie, wählt der einzelne nicht selbst aus, sondern sie werden ihm von den anderen zum größten Teil in gegenseitiger Abstimmung untereinander zugeteilt. Es nimmt sich mitunter wie eine Verschwörung aus. Wenn der Neuankömmling diese Rolle oder Position verändern möchte, stößt er praktisch immer auf Widerstände. Diese können so stark sein, daß er sich im Verband der Gruppe überhaupt nicht ändern, daß er sich nur in der vorgegebenen Richtung entwickeln darf.

Wirkungen ontogenetisch älterer Kontexte auf rezentere Kontexte müssen besonders dort als wirksam angenommen werden, wo es sich um langfristig bestehende Situationen handelt, insbesondere um soziale Situationen, also um Situationen, in denen Beziehungen zu anderen Menschen entwickelt und gepflogen werden. Wenn es darum geht, eine neue Partnerschaft, Freundschaft oder Liebesbeziehung einzugehen, eine Beziehung also, die der Betreffende unter mehreren Alternativen selbst wählen kann, die in der Regel länger dauern soll und die er eigentätig mitgestalten darf, dann ist anzunehmen, daß frühere soziale Dauerkontexte der Beteiligten, insbesondere die am längsten und regelmäßigsten wirksamen, auch die Erwartungen und Vorstellungen von der gegenwärtigen neuen Beziehung mitbestimmen. Will man mit einer Person des anderen Geschlechtes zusammenleben, dann mögen zwar Kenntnisse der erzählenden oder dramatischen Literatur, Kenntnisse aus Filmen und Fernsehspielen, aus dem Tratsch der Nachbarschaft mit eingehen in die Gestaltungspläne der Beziehung, aber wie man eine solche Beziehung tatsächlich aushält, Tag für Tag und Stunde um Stunde, wie man unter dem gleichen Dach lebt, vom gleichen Tisch ißt und in den gleichen Räumen schläft, wie man sich die tägliche Arbeit teilt oder einander dabei ablöst, das kann man kaum aus der Literatur und dem Tratsch der Nachbarschaft, sondern eigentlich nur aus den eigenen Erfahrungen im dauernden Zusammenleben mit vertrauten Personen entnehmen. Hier werden die Erfahrungen mit bestimmten Typen von Realität gemacht, die auch in neuen Situationen wieder auftauchen. Aus der Literatur, dem Theater, der Filmindustrie oder dem Tratsch der Nachbarschaft können romantische oder Idealvorstellungen nur hinzugelernt werden. Diese allein erweisen sich aber in der Praxis als völlig unzureichend.

Den Kliniker (Psychologen, Psychiater, Sozialarbeiter oder Seelsorger) überrascht in seiner kasuistischen Erfahrung, in wie hohem Maße vor allem die tatsächlichen Erfahrungen mit ähnlichen Situationen bei der Gestaltung gegenwärtiger Situationen eine Rolle spielen. Auch dort, wo jemand meint, sich eine ganz neuartige Beziehung zu einer oder mehreren anderen Personen aufzubauen, ist das meiste doch ähnlich wie in früheren Situationen und nur ein oder der andere Aspekt der Situation ist variiert. Jemand, der beispielsweise als verwöhntes Einzelkind aufgewachsen ist und sich bei einer Gruppe von Jugendlichen mit dem bewußten Vorsatz einbürgern möchte, er werde altruistisch sein, sich nichts schenken lassen und den anderen helfen, könnte beispielsweise nur in einer Hinsicht tatsächlich altruistisch sein: er verschenkt Geld, das er von zu Hause in größeren Mengen als die anderen Jugendlichen erhält. Dafür will er gelobt und geliebt werden, will Gehör geschenkt bekommen, wann immer er es braucht, will bevorzugt werden, will sich eine führende Stellung oder zumindest das generelle Wohlwollen erkaufen und vielleicht unbewußt, vielleicht sogar mit Absicht Aversionen gegen jene seiner Kameraden entwickeln und verbreiten, die da nicht mitmachen. Anders gesagt: er will immer noch der Bevorzugte, das Lieblingskind der Gruppe sein, das er zu Hause war und möglicherweise immer noch ist.

6.1. Komplementarität von Geschwisterrollen

Auf eine Formel gebracht, heißt das oben Gesagte: Neue soziale Beziehungen sind unter sonst vergleichbaren Umständen umso erfolgreicher und dauerhafter, je ähnlicher sie früheren und frühesten (intrafamiliären) sozialen Beziehungen der Beteiligten sind.

Dieser Satz wurde auch das *Duplikations*-Theorem genannt

(Toman 1959, 1962, 1965, 1971). Es ist in dieser Form natürlich zunächst nicht sehr spezifisch. Die Dauer einer Beziehung festzustellen, wird kaum Schwierigkeiten machen. Der Erfolg einer Beziehung ist bereits mehrdeutiger, sofern man ihn nicht mit der Dauer der von den Partnern freiwillig fortgeführten Beziehung gleichsetzt. Wir könnten aber postulieren, daß beispielsweise eine Scheidung oder Trennung von Ehepartnern, Kinderlosigkeit oder eine geringe Kinderzahl, aber auch Schwierigkeiten der Kinder in ihrer sozialen Umgebung – sei es, daß sie psychologische Beratungsstellen frequentieren müssen oder in Institutionen für delinquente Jugendliche landen – mit großer Wahrscheinlichkeit Mißerfolge oder mangelnde Erfolge einer Beziehung bedeuten. Letzten Endes würde selbst der Erfolg der Kinder bei ihrer eigenen Eheschließung und Elternschaft noch den Erfolg der Beziehung ihrer Eltern zueinander indizieren. Man könnte sagen, daß eine heterosexuelle Dauerbeziehung wie etwa eine Ehe dann erfolgreich ist, wenn sie nicht getrennt wird, wenn sie zu Kindern führt und wenn diese Kinder wieder Ehen schließen und Kinder haben können.

Um eine gegenwärtige Liebes- oder Ehebeziehung zu beurteilen, wird man in der Regel allerdings nicht solange warten können. Nur wenn wir die Eltern dieser Partner und den Erfolg von deren Beziehung zueinander beurteilen wollten, könnten wir die Liebesbeziehung oder Ehe vielleicht als einen der Indikatoren dafür betrachten.

Im übrigen gibt es natürlich noch viele andere Indikatoren. Wir können die Betroffenen selbst, ihre Eltern und ihre Kinder befragen. Wir könnten uns berichten lassen, was die fraglichen Liebes- oder Ehepartner tun und wie sie ihr Leben miteinander gestaltet haben. Wir könnten ihre Phantasien, ihre Träume, ihre Briefe oder ihre Urlaubspläne eruieren. Wir könnten untersuchen, wieviel Zeit sie gemeinsam verbringen, wie viele Freunde sie gemeinsam haben, was die Freunde über sie sagen, usw. Aus all dem würde sich ein kompliziertes, aber unmittelbares Bild vom Erfolg einer Partnerbeziehung ergeben. Ob dieses allerdings mit den Erfolgen der Beziehungen anderer Menschen vergleichbar ist, ob manches vielleicht geschwindelt ist und die Partner uns etwas vorspielen, das würde uns auch dann in der Regel erst die Zukunft lehren, in der Hauptsache also vielleicht doch die Dauer der Ehe, das zeitliche Ausmaß des Beisammenseins der Partner und die Zufriedenheit ihrer Kinder, und letztere könnte mit größerer Sicherheit erst aus dem Ehe- und Familienschicksal ermittelt werden, das diese sich ihrerseits mit den eigenen Partnern schaffen.

Noch ein drittes Bestimmungsstück im Duplikations-Theorem muß geklärt werden: Die Ähnlichkeit von Beziehungen. Wann ist eine Beziehung einer anderen Beziehung ähnlich? Hier haben wir es etwas leichter, besonders wenn wir eine gegenwärtige Beziehung mit den Beziehungen in der ursprünglichen Familie vergleichen. Die ausführlich besprochenen Merkmale von Familienkonstellationen und Geschwisterkonfigurationen können uns dabei behilflich sein. Die Position jedes Partners einer Liebes- oder Ehebeziehung in seiner ursprünglichen Familie kann unter anderem mit Hilfe seines Altersranges unter seinen Geschwistern und der Geschlechterverteilung unter ihnen charakterisiert werden.

Der Mann kann beispielsweise der älteste Bruder von zwei Schwestern sein. Das würde implizieren, daß er gelernt hat, Mädchen zu führen, Verantwortung für sie zu übernehmen, sie zu beschützen und ihnen zu helfen. Je nachdem, welche Geschwisterposition die Frau hat, kann sie diese Rolle des Mannes leicht oder nur unter Schwierigkeiten akzeptieren. Keine Schwierigkeiten hätte sie vermutlich, wenn sie etwa die jüngste Schwester von Brüdern wäre. Als solche hätte sie wahrscheinlich gelernt, Jungen die Verantwortung und Führung zu überlassen und von ihnen beschützt und verwöhnt zu werden. Wir können für dieses Paar sagen, daß beide Partner einander im Altersrang ergänzen. Er ist ein Ältester und sie eine Jüngste. Außerdem sind beide von ihren ursprünglichen Familien her an das Zusammenleben mit einer altersnahen Person des anderen Geschlechts gewöhnt. Ihre gegenwärtige Beziehung ist ihren früheren Beziehungen ähnlich.

Wenn wir eine Person je nach ihrem Geschlecht mit b (für Bruder) oder mit s (für Schwester) symbolisieren und wenn wir ein Geschwister einer gegebenen Person auf die gleiche Weise symbolisieren, aber das Symbol in Klammern setzen, dann könnten wir den älteren Bruder einer Schwester als b(s) darstellen, die jüngere Schwester eines Bruders mit (b)s, und die Beziehung der beiden als b(s)/(b)s. Wenn der Mann zwei jüngere Schwestern und die Frau drei ältere Brüder hätte, würde die symbolische Darstellung b(ss)/(bbb)s lauten. In beiden Fällen könnten wir, da sich die Partner nach Altersrangerfahrung und nach Geschlechtserfahrung in ihrer ursprünglichen Familie ergänzen, von einer *komplementären Beziehung* sprechen.

Es gibt noch andere komplementäre Beziehungen von Geschwisterrollen, nämlich jene zwischen dem jüngeren Bruder von Schwestern und der älteren Schwester von Brüdern. Man würde hier annehmen, daß sie die Führende und Mütterliche, er der mütterlich Betreute ist, der sich auf seine Schwester verlassen und selbst tun kann, was er will. Auch hier ergänzen sich ihre Altersränge, sie ist die Älteste und er der Jüngste, und beide sind das Zusammenleben mit einer altersnahen Person des anderen Geschlechts von ihrer ursprünglichen Familie her gewöhnt.

Wenn jeder der beiden Partner nur ein Geschwister der genannten Art hätte, könnte dies so symbolisiert werden: (s)b/s(b). Wenn er mehrere Geschwister vom gleichen Typ hätte, würde dies etwa so dargestellt: (sss)b/s(b). Auch diese Beziehung ist komplementär zu nennen.

Es gibt nach den Geschwisterrollen der Partner auch *partiell-komplementäre Beziehungen,* die wir dem Sinne nach den komplementären Beziehungen zuzählen können. Unter partiell komplementären Beziehungen sind solche verstanden, in denen die Liebes- oder Ehepartner neben den füreinander passenden Geschwisterbeziehungen auch noch andere Geschwisterbeziehungen in ihren ursprünglichen Familien hatten. Ein ältester Bruder eines Bruders und einer Schwester, also b(bs), bringt in das Zusammenleben mit altersnahen Personen des anderen Geschlechtes eine Erfahrung im Zusammenleben mit einem jüngeren Bruder und mit einer jüngeren Schwester mit. Die Erfahrungen im Zusammenleben mit seinem Bruder sind für eine Liebes- oder Ehebeziehung offenbar irrelevant. Wenn er die mittlere Schwester eines älteren und eines jüngeren Bruders heiratet, also (b)s(b), dann könnte sie beide ihrer Erfahrungstypen im Zusammenleben mit ihrem Partner, einer altersnahen Person des anderen Geschlechtes, einsetzen: jene mit einem älteren und jene mit einem jüngeren Bruder. In der gegebenen Beziehung „paßt“ allerdings nur jene zum älteren Bruder. Die Erfahrungen aus ihrer Beziehung zu diesem kann sie leichter und besser verwenden als die Erfahrungen aus ihrer Beziehung zum jüngeren Bruder. Es ist sogar wahrscheinlich, daß ihr Liebes- oder Ehepartner in ihr die Rolle der älteren Schwester eines Bruders, die sie ja ebenfalls einzunehmen gelernt hat, unterdrückt und sie in der Rolle der jüngeren Schwester eines Bruders bestärkt.

Eine partiell-komplementäre Beziehung ist also eine Beziehung, in der ein oder beide Partner mehrere Geschwisterbeziehungen in ihren ursprünglichen Familien hatten, beide aber darunter mindestens eine, die unter Berücksichtigung von Altersrang und Geschlecht der Geschwister mit mindestens einer Geschwisterbeziehung des Partners formal identisch ist. In unserem Beispiel hat der Ehemann unter anderem eine jüngere Schwester und die Ehefrau unter anderem einen älteren Bruder. Symbolisch ausgedrückt, lautet die Beziehung: b(bs)/(b)s(b). Die füreinander komplementären unter den Geschwisterbeziehungen der Partner sind b(s)/(b)s.

Wir könnten annehmen, daß der Mensch in der Regel dazu neigt, jene von mehreren Arten vergangener Erfahrungen in einer neuen Situation zuerst einzusetzen, die am besten zu passen scheinen, die also aus der relativ ähnlichsten unter den vergangenen Situationen stammen. Wenn wir dies annehmen, dann liegt es auch nahe, komplementäre Beziehungen und partiell-komplementäre Beziehungen in eine einzige Gruppe oder einen einzigen Typus von Beziehungen zusammenzufassen. Wir dürfen vermuten, daß die Prognose für eine solche Liebes- oder Ehebeziehung günstiger ist als für andere Typen von Beziehungen. Komplementäre und partiell-komplementäre Beziehungen sollten im Durchschnitt und unter sonst vergleichbaren Bedingungen erfolgreicher und dauerhafter sein als alle anderen Typen von Beziehungen.

6.2. *Nicht-komplementäre Partnerbeziehungen*

Wenn jeder der Liebes- oder Ehepartner aus einer Familie mit nur zwei Kindern kommt, dann kann er, wie bereits ausgeführt (siehe Seite 15) je eine von vier Geschwisterpositionen innehaben. Da sich jeder dieser Typen mit jedem anderen dieser Typen verbinden kann, ergeben sich hier insgesamt vier mal vier oder 4^2 Kombinationsmöglichkeiten von Partnern. Zwei von diesen 16 Typen, nämlich die komplementären Beziehungen, haben wir schon besprochen. Das andere Extrem wären völlig unkomplementäre Beziehungen. Auch von diesen gibt es zwei Formen.

Wenn der ältere Bruder von Brüdern die Ehe mit einer ältesten Schwester von Schwestern eingeht, dann darf erwartet werden, daß beide beanspruchen, Führung und Verantwortung für den Partner zu übernehmen, und sich weder unterordnen noch helfen oder unterstützen lassen wollen. Da beide in ihren ursprünglichen Familien nur Geschwister vom gleichen Geschlecht hatten, sind sie außerdem nicht an das Zusammenleben mit altersnahen Personen des anderen Geschlechtes gewöhnt. Sie werden im allgemeinen nicht recht klug aus ihrem Partner. Wir können sagen, daß die beiden miteinander einen Rangkonflikt und einen Geschlechtskonflikt haben. Die Beziehung kann als völlig unkomplementär bezeichnet werden. Symbolisch ausgedrückt sieht eine solche Beziehung etwa folgendermaßen aus: b(b)/s(s), oder beispielsweise auch b(bb)/s(ssss). Im zweiten Falle handelt es sich um den ältesten Bruder von zwei jüngeren Brüdern und um die älteste Schwester von vier jüngeren Schwestern.

Ähnliches gilt für den Fall, daß der jüngste Bruder von Brüdern eine jüngste Schwester von Schwestern geheiratet hat. Beide müßten anlehnungsbedürftig sein, im anderen Führung und Verantwortungsbereitschaft suchen. Sie finden diese aber nicht. Beide sind außerdem aus ihren ursprünglichen Familien nur an das Zusammenleben mit altersnahen Personen des gleichen Geschlechtes gewöhnt. Sie wissen als Mann und Frau miteinander auf die Dauer nichts rechtes anzufangen. Auch diese beiden Partner haben einen Rang- und Geschlechtskonflikt. Beide sind Junioren. Beide kämen mit einer Person ihres eigenen Geschlechts in vieler Hinsicht besser aus als mit einer Person des anderen Geschlechtes. Wenn beide nur je ein Geschwister haben, dann würde diese Beziehung symbolisch so ausgedrückt: (b)b/(s)s. Doch auch die Beziehung (bbb)b/(ss)s wäre eine völlig unkomplementäre Beziehung. Auch der jüngste Bruder von drei Brüdern und die jüngste Schwester von zwei Schwestern haben miteinander sowohl *einen Rang- wie auch einen Geschlechtskonflikt.*

Wir sprechen von einem *Rangkonflikt,* wenn die Partner in ihren ursprünglichen Familien eine identische oder ähnliche Altersrangposition eingenommen hatten. Beide sind dann auf den Altersrang des Partners nicht eingestellt. Sie beanspruchen in ihrer Beziehung miteinander selbst diesen Altersrang.

Wir sprechen von einem *Geschlechtskonflikt* unter Liebes- und Ehepartnern dann, wenn ein Partner in seiner ursprünglichen Familie kein Geschwister vom anderen Geschlecht hatte. Dieser Partner müßte Schwierigkeiten haben, sich in der gegenwärtigen Beziehung und im täglichen Zusammenleben an das Geschlecht des Partners zu gewöhnen.

Ein Rangkonflikt betrifft immer beide Partner. Einen Geschlechtskonflikt dagegen kann theoretisch einer der Partner oder jeder von ihnen haben. Rang- oder Geschlechtskonflikte sind Formen nicht-komplementärer Partnerbeziehungen. Den extremen Fall, nämlich den eines kombinierten Rang- und Geschlechtskonfliktes bei beiden Partnern, haben wir besprochen. –

Es gibt aber noch drei Gruppen von nicht-komplementären Beziehungen, die zwischen den Extremen der vollkommen oder partiell-komplementären Beziehung einerseits und jenen Beziehungen andererseits liegen, in denen beide Partner einen vollen Rang- und Geschlechtskonflikt ihrer Geschwisterrollen haben.

Die nächst-mildere Form von Geschwisterrollenkonflikt (nach dem vollen Rang- und Geschlechtskonflikt) stellen jene Liebes- und Ehepaare dar, bei denen *jeder* der beiden Partner *einen Rangkonflikt*, aber *nur einer einen Geschlechtskonflikt* hat. Dazu gehört beispielsweise die Verbindung eines älteren Bruders einer Schwester mit der älteren Schwester einer Schwester, also b(s)/s(s), oder etwa die zwischen einem jüngeren Bruder eines Bruders und der jüngeren Schwester von zwei Brüdern, also (b)b/(bb)s. Im ersten Beispiel sind beide Partner nach ihren Altersrängen Senioren, im zweiten Beispiel sind beide Junioren. In beiden Fällen ist aber immerhin einer der Partner an das Zusammenleben mit einer Person des anderen Geschlechtes von seiner ursprünglichen Familie her gewöhnt. Wir dürfen nach dem Common Sense, aber auch nach dem Duplikationstheorem annehmen, daß dies für das Zusammenleben der Partner ein wenig günstiger ist als eine Situation, in der beide den gleichen Altersrang haben und beide nicht an das Zusammenleben mit einer altersnahen Person des anderen Geschlechtes gewöhnt sind.

Eine noch mildere Form von Geschwisterrollenkonflikt stellen jene Paare dar, bei denen entweder beide Partner einen Rangkonflikt, aber keinen Geschlechtskonflikt, oder beide Partner einen Geschlechtskonflikt, aber keinen Rangkonflikt haben. Ein Beispiel für einen *Rangkonflikt ohne Geschlechtskonflikt* wären etwa ein älterer Bruder einer Schwester und eine ältere Schwester eines Bruders, also b(s)/s(b), ein Beispiel für einen *Geschlechtskonflikt ohne Rangkonflikt* etwa ein jüngerer Bruder eines Bruders und eine ältere Schwester einer Schwester, also (b)b/s(s). Vom ersten Paar darf man annehmen, daß beide psychologische Seniorität zu beanspruchen und diese dem anderen nicht zuzugestehen tendieren, beim zweiten Paar, daß sie zwar keinen Autoritätsstreit haben, aber einander eher wie Personen vom jeweils eigenen Geschlecht zu behandeln geneigt sind. – Von den Aspekten Altersrang und Geschlecht des Partners ist beiden Paaren in gleicher Weise aus ihren ursprünglichen Familien nur einer vertraut.

Man würde im übrigen auch Partner, die nach ihren Geschwisterrollen einen Geschlechtskonflikt, aber auch einen partiellen Rangkonflikt haben, zu diesem Typus von Geschwisterrollenkonflikt zählen. Ein Beispiel wäre etwa der jüngere Bruder eines Bruders und die mittlere von insgesamt drei Schwestern, also (b)b/(s)s(s). Man darf ähnlich wie bei partiell-komplementären Beziehungen annehmen, daß die Partnerin sich in der gegenwärtigen Beziehung eher in ihrer Rolle als ältere Schwester aufgerufen fühlt als in ihrer Rolle als jüngere Schwester.

Die mildeste Form von Geschwisterrollenkonflikt wären Paare, die *keinen* (oder nur einen partiellen) *Rangkonflikt* miteinander haben und von denen *nur einer einen Geschlechtskonflikt* hat. Beispiele sind der jüngere Bruder einer Schwester und die ältere Schwester einer Schwester, also (s)b/s(s), oder der ältere Bruder eines Bruders und die jüngere Schwester eines Bruders, also b(b)/(b)s. In beiden Fällen ergänzen die Partner einander nach ihren Altersrangerfahrungen. Einer ist seinen Geschwistern ein Senior, der andere ein Junior gewesen. Mindestens einer ist außerdem auf das Zusammenleben mit einer Person des anderen Geschlechtes von zu Hause her vorbereitet. Nur einer der Partner ist es nicht, und zwar eben nur nach einem der beiden beachteten Aspekte, nämlich nach dem Geschlecht des Partners, nicht dagegen nach dem Altersrang. Es ist wahrscheinlich, daß jener Partner, der eine Erfahrung im Zusammenleben mit einer altersnahen Person des anderen Geschlechtes in die Partnerschaft einbringt, den anderen eher in der Gestaltung der heterosexuellen Beziehungen anleitet als dieser ihn.

Ein Beispiel für ein Paar, bei dem ebenfalls nur einer der Partner einen Geschlechtskonflikt hat, das aber nicht völlig ohne Rangkonflikt ist, sondern einen partiellen Rangkonflikt hat, wäre etwa der älteste Bruder einer Schwester, der mit der mittleren von insgesamt drei Schwestern verbunden ist, also b(s)/(s)s(s), oder der ältere Bruder eines Bruders, der mit der mittleren Schwester von zwei Brüdern verheiratet ist, also b(b)/(b)s(b). Im ersten Fall hat die Frau einen Geschlechtskonflikt, nicht dagegen der Mann. Dadurch, daß sie nicht nur die jüngere Schwester einer Schwester, sondern auch die ältere

Schwester einer Schwester ist, könnte es ihr schwerer fallen als einer jüngsten Schwester von Schwestern, die Juniorenrolle zu akzeptieren, in die sie ihr Mann, der älteste Bruder einer Schwester, unwillkürlich drängen würde. – Im zweiten Fall hat der Mann einen Geschlechtskonflikt, nicht dagegen die Frau. Diese wird zwar vermutlich eher die Erfahrungen mit ihrem älteren Bruder als jene mit ihrem jüngeren Bruder in der Beziehung zu ihrem Manne einsetzen, aber ihre anderen Erfahrungen spielen vielleicht doch auch manchmal hinein.

6.3. *Einzelkinder unter den Partnern*

In allen bisher angeführten Typen von Beziehungen hatten beide Partner eine Geschwisterposition in ihrer ursprünglichen Familie inne. Keiner war ein Einzelkind. Wir müssen nun noch jene Beziehungen kurz charakterisieren, in denen ein Partner oder beide Einzelkinder sind. Wir dürfen annehmen, daß das Einzelkind zu Hause in der Regel auf keine Beziehung zu einer altersnahen Person des gleichen oder des anderen Geschlechtes vorbereitet wurde. Es hat lediglich Erfahrungen über Beziehungen zum Vater und zur Mutter sammeln können. Da es nach dem Common Sense und dem Duplikationstheorem daher unbewußt auch in einer Liebes- und Ehebeziehung eher einen Vater oder eine Mutter als eine geschwisterähnliche Person sucht, müßten hier etwas größere Schwierigkeiten bei der Entwicklung einer Liebes- und Ehebeziehung erwartet werden, als es im Durchschnitt bei Partnern der Fall ist, von denen beide Geschwister hatten.

Relativ noch am günstigsten wäre eine Liebesbeziehung oder Ehe zu beurteilen, in der zwar einer der Partner ein Einzelkind ist, der andere aber ein Geschwister vom anderen Geschlecht als dem eigenen hatte, beispielsweise ein männliches Einzelkind und die ältere Schwester eines Bruders, also b/s(b), oder der jüngere Bruder einer Schwester und ein weibliches Einzelkind, also (s)b/s. Das Einzelkind gewinnt hier einen Partner, der in seiner ursprünglichen Familie Erfahrungen im Zusammenleben mit einer altersnahen Person des anderen Geschlechtes sammeln konnte. – Hierher würde man auch die Beziehung zwischen einem Einzelkind und einem Partner zählen, der in seiner ursprünglichen Familie sowohl Geschwister vom anderen wie auch vom eigenen Geschlecht hatte. Dieser Partner würde in eine Liebesbeziehung oder Ehe wahrscheinlich mehr seine Erfahrungen mit dem andersgeschlechtlichen Geschwister als jene mit dem gleichgeschlechtlichen Geschwister einbringen.

Weniger günstig wäre die Verbindung eines Einzelkindes mit einer Person, die nur Geschwister vom gleichen Geschlecht hatte, also etwa eines männlichen Einzelkindes mit der jüngsten von insgesamt drei Schwestern, also b/(ss)s, oder eines ältesten von insgesamt zwei Brüdern mit einem weiblichen Einzelkind, also b(b)/s. Wir dürfen annehmen, daß die Partner mit Geschwistern aus ihren ursprünglichen Familien zwar an das Zusammenleben mit altersnahen Personen, aber nicht mit solchen des anderen Geschlechtes gewöhnt sind. Ihr Beitrag zum Aufbau der Beziehung zu ihrem Einzelkind-Partner fußt auf weniger einschlägiger Erfahrung als bei Partnern von Einzelkindern, die Geschwister vom anderen Geschlecht als dem eigenen hatten.

Am ungünstigsten wäre die Verbindung von zwei Einzelkindern zu beurteilen. Keiner der Partner bringt eine Erfahrung im Zusammenleben mit einer altersnahen Person des anderen Geschlechtes mit in die Liebesbeziehung oder Ehe. Beide suchen im anderen eine Elternfigur, und beide würden vermutlich Schwierigkeiten haben, diese Rolle für den Partner tatsächlich einzunehmen.

Wir haben bereits darauf hingewiesen (S. 34), daß Einzelkinder sich von anderen Einzelkindern unter anderem nach den Geschwisterpositionen ihrer gleichgeschlechtlichen Elternteile voneinander unterscheiden. Diese Erfahrungen können Einzelkindern in ihren Ehen zu Hilfe kommen. Hatte ein männliches Einzelkind einen Vater, der selbst der älteste Bruder war, dann wird das Einzelkind eher eine elterliche oder Seniorenrolle gegenüber dem Partner einnehmen können als im Falle, daß sein Vater ein jüngster Bruder oder selbst ein Einzelkind war. Auch die Einflüsse von Personenverlusten und anderen Erschwernissen des Lebens können ein Einzelkind mehr als andere Einzelkinder vorzeitig gezwungen haben, selber eine Art von Elternposition, eine Führungs- und Verantwortungsrolle, mitunter auch gegenüber dem verbleibenden Elternteil, auf jeden Fall aber in eigenen Angelegenheiten einzunehmen. Dort, wo ihm früher der nunmehr verlorene Elternteil helfend beistand, mußte es später allein mit den Dingen fertig werden. Auch in einer Liebesbeziehung oder Ehe kann ein solches Einzelkind dadurch bereiter werden, Verantwortung, Fürsorge und Entsagung zugunsten des Partners auf sich zu nehmen. Ob es ihm allerdings tatsächlich gelingt, hängt unter anderem von der Schwere des Verlustes ab. Sehr schwere (d. h. vor allem sehr frühe)

Verluste eines Familienmitgliedes können den Betroffenen so stark beeinträchtigen, daß er oft selber bis ins Erwachsenenalter hilfs- und anlehnungsbedürftig bleibt.

6.4. *Komplementarität versus Nicht-Komplementarität von Geschwisterrollen*

Unsere Diagnosen oder Prognosen von günstigen oder weniger günstigen Liebes- und Ehebeziehungen implizieren im Durchschnitt unter anderem längere oder kürzere Dauer der Beziehung sowie eine relativ größere oder kleinere Zahl aus ihr hervorgehender Kinder, letzten Endes sogar eine stärkere oder geringere Fähigkeit dieser Kinder, ihrerseits im späteren Leben dauerhafte und erfolgreiche Liebes- und Ehebeziehungen einzugehen (siehe auch S. 82). Als günstig wurde dabei Komplementarität und partielle Komplementarität der Geschwisterrollen der Partner bezeichnet. Weniger günstig sind alle nicht-komplementären Beziehungen, also Beziehungen, in denen die Partner Altersrang- und/oder Geschlechtskonflikte ihrer Geschwisterrollen miteinander haben. Noch weniger günstig wären Liebesbeziehungen und Ehen zwischen Partnern, von denen einer oder beide Einzelkinder waren. Tabelle 1 gibt noch einmal eine Übersicht.

Tabelle 1: Komplementaritätsgrade der Geschwisterrollen von Ehepartnern für verschiedene Typen von Partnerbeziehungen

(In sämtlichen Tabellen steht b für Bruder, s für Schwester. Die Geschwister einer Person stehen in Klammern. Der schräge Strich bedeutet Liaison oder Ehe.)

Komplementaritätsgrade 1 bis 3	Grundtypen	andere Beispiele
1a. Beide Partner haben weder einen Rang- noch einen Geschlechtskonflikt miteinander.	b(s) / (b)s (s)b / s(b)	b(ss) / (b)s (ss)b / s(bbb)
1b. Jeder Partner hat mindestens eine Geschwisterbeziehung, die mit mindestens einer Geschwisterbeziehung des Partners weder einen Rang- noch einen Geschlechtskonflikt aufweist.		b(sb) / (b)s (s)b(s) / s(bbs) (bs)b(s) / (b)s(bs)

Komplementaritätsgrade 1 bis 3	Grundtypen	andere Beispiele
2a. Beide Partner haben keinen (oder nur einen partiellen) Rangkonflikt und nur einer der Partner hat einen Geschlechtskonflikt	b(s) / (s)s (s)b / s(s) b(b) / (b)s (b)b/s(b)	b(ss) / (s)s (b)b / s(bbb) b(s) / (s)s(s) b(b) / (b)s(b)
2b. Beide Partner haben entweder einen vollen (oder partiellen) Rangkonflikt, aber keinen Geschlechtskonflikt, oder einen Geschlechtskonflikt, aber keinen (oder nur einen partiellen) Rangkonflikt	b(s) / s(b) (s)b / (b)s b(b) / (s)s (b)b / s(s)	(ss)b / (bbb)s (b)b(s) / s(bb) (b)b(b) / s(ss) (b)b(b)/(s)s(ss)
2c. Beide Partner haben einen vollen Rangkonflikt und einer der Partner hat einen Geschlechtskonflikt	b(s) / s(s) (s)b / (s)s b(b) / s(b) (b)b / (b)s	(ss)b / (ss)s b(bb) / s(bbb)
2d. Beide Partner haben einen vollen Rang- und Geschlechtskonflikt	b(b) / s(s) (b)b / (s)s	b(bb) / s(s) (bb)b / s(sss)
3a. Ein Partner ist Einzelkind, der andere Partner hat mindestens ein Geschwister vom anderen Geschlecht als er selbst	b(s) / s b / s(b) (s)b / s b / (b)s	(s)b(sb) / s b / s(bbb) (s)b(s) / s b / (b)s(s)
3b. Ein Partner ist Einzelkind, der andere Partner hat nur (ein oder mehr) Geschwister vom gleichen Geschlecht wie er selbst	b(b) / s b / s(s) (b)b / s b / (s)s	b(bb) / s b / (s)s(s)
3c. Beide Partner sind Einzelkinder	b / s	

Man könnte argumentieren, daß nicht die Komplementarität, sondern im Gegenteil gerade die Identität der Geschwisterrollen unter Liebes- und Ehepartnern den Erfolg und die Dauer der Beziehung begünstigt. Beispielsweise könnten ein jüngster Bruder von Schwestern und eine jüngste Schwester von Brüdern einander gut verstehen, weil beide wissen, wie jemandem zumute ist, der als einziger vom anderen Geschlecht und als jüngster unter altersnahen Personen zu leben gelernt hat. Ein ältester Bruder von Brüdern könnte mit der ältesten Schwester von Schwestern deswegen gut auskommen, weil beide ähnliche Probleme unter ihren Geschwistern hatten und sie ähnlich lösten. Beide mußten Führung und Verantwortung für die jüngeren Geschwister beisteuern, zu deren Gunsten Verzichte leisten, und beide hatten wenig Gelegenheit, den Kontakt mit altersnahen Personen des anderen Geschlechtes zu üben. Ein Partner, der etwas vom Leben mit dem anderen Geschlecht versteht, wäre vielleicht beiden wegen seiner Überlegenheit eher unangenehm. Schließlich kann sich möglicherweise auch ein Einzelkind in ein anderes Einzelkind besser einfühlen als in eine Person jeder anderen Geschwisterposition.

Das mag alles stimmen. Es ist zu erwarten, daß Personen mit ähnlicher oder identischer Rollenerfahrung keine Schwierigkeiten haben, sich miteinander zu identifizieren. Eine Beziehung der *Identifikation* mit der anderen Person impliziert allerdings, daß die Partner füreinander einspringen können, daß einer auch in der Abwesenheit des anderen ähnlich wie dieser fühlen und handeln würde. Eine Beziehung der Identifikation impliziert dagegen nicht, daß die beiden Partner besonders gut miteinander auskommen, sich in der Gegenwart des anderen meistens oder immer wohlfühlen, daß sie miteinander kooperieren und sich zwanglos ergänzen.

Im Gegensatz dazu steht die *interaktive Beziehung* zwischen Partnern, in der einer sozusagen von Natur aus und gerne etwas anderes tut als der andere. Die Partner haben verschiedene Interessen und Tätigkeitspräferenzen. Einer ordnet gerne an, der andere führt gerne aus. Einer malt sich die Folgen der gemeinsamen Handlungen aus, den anderen erfreut die Durchführung dieser Handlungen. Einer betätigt sich gerne „draußen in der Welt", der andere im Hause und in der Familie. Letzterer gestaltet das Familienleben mehr oder weniger nach seinem Ermessen, während der erstere hier eher der Gefolgsmann ist. Einer macht gerne die schwere, grobe Arbeit, der andere die Feinarbeit, einer bastelt gerne, der andere kocht lieber; einer nimmt sich der Kinder mehr auf den Familienausflügen an, der andere mehr zu Hause. Einer ist für die emotionalen Probleme der Kinder, der andere mehr für ihre schulischen und intellektuellen Interessen zuständig. Einer kümmert sich um die Familienfinanzen, das Prestige der Familie und die späteren Berufsmöglichkeiten der Kinder, der andere mehr um das psychische Wohlbefinden der Kinder und ihre Alltagsnöte.

Man kann nicht ohne weiteres sagen, daß eines besser ist als das andere, daß also die Ähnlichkeit der Partner oder eher ihre Unähnlichkeit und Komplementarität vorteilhafter sind für ihr dauerhaftes und erfolgreiches Zusammenleben. Ein Paar könnte in der einen, ein anderes Paar in der anderen Version glücklich und zufrieden miteinander sein. In der Regel leben aber jene Personen, deren Beziehung zueinander in relativ höherem Maße auf Identifikation als auf Interaktion beruht, eher nebeneinander her und merkbar getrennt voneinander als jene, bei denen die Interaktion und die Komplementarität ihrer Rollen überwiegen. Ehepartner können dann ohne Gefahr für ihre Beziehung einander ähnlich sein, wenn beide ihre getrennten Karrieren verfolgen oder sich jedenfalls in voneinander unabhängigen Bereichen bewegen und betätigen, wenn sie einander Spielraum für ihr Privatleben und ihre jeweils eigenen Freundeskreise lassen, wenn sie sich die Kindererziehung teilen, etwa in der Form, daß der Ehemann den Sohn (oder mehrere Söhne) und die Ehefrau die Tochter (bzw. mehrere Töchter) erzieht – wobei sie allerdings unversehens oft auch eine gewisse Trennung der Geschlechter unter ihren Kindern bewirken –, oder in der Form, daß sie beide die Erziehung an eine dritte Person delegieren.

In einer solchen Identifikationsbeziehung schätzt man den Partner umso mehr, je mehr man sich selbst in ihm wiedererkennt. In einer interaktiven Beziehung schätzt man den Partner umso mehr, je weniger von sich selbst, je mehr anderes und Andersartiges man in ihm erkennt, als man selbst hat. Nach Freud (1916/17) würde die Identifikationsbeziehung als eine eher narzißtische Beziehung gelten, die interaktive Beziehung eher als eine Objektbeziehung, und nach psychoanalytischen Vorstellungen ist die Objektbeziehung eine reifere Beziehung und für die Partner dauerhafter und intensiver befriedigend als die narzißtische Beziehung. Dabei soll jedoch gleich eingeräumt werden, daß es wahrscheinlich keine von narzißtischen oder Identifikationsaspekten völlig freie Objektbeziehung gibt, aber auch keine völlig narzißtischen, nur auf Identifikation mit dem Partner beruhenden Beziehungen.

In unserer Zeit wird mancherorts die Gleichheit der Menschen proklamiert, und zwar nicht nur vor dem Gesetz, wo sie an sich selbstverständlich sein müßte, sondern auch in ihrer biologischen und psychologischen Natur. Letzteres ist wahrscheinlich eine modische oder ideologische Übertreibung. Viele Verschiedenheiten der Menschen sind naturgegeben, andere vielleicht gesellschaftsbedingt, aber darum nicht notwendigerweise nachteilig für die Betroffenen. Es ist natürlich, daß der Rechtsanwalt dem Installateur bei seinen Rechtsproblemen, der Installateur dem Rechtsanwalt bei dessen Installationsproblemen hilft, daß der eine Lehrer lieber mit kleinen und der andere lieber mit großen Kindern oder jungen Erwachsenen zu tun hat, daß ein Mensch lieber in den Außendienst geht, ein anderer lieber im Büro bleibt. Es scheint den meisten Beobachtern der Welt natürlich, daß der Mann unter sonst vergleichbaren Umständen die schwere, die Frau eher die leichtere körperliche Arbeit macht oder daß der Mann die Familie nach außen verteidigt, während der Frau mehr der innere Zusammenhalt obliegt. In der überwiegenden Mehrzahl aller Liebes- und Ehepaare ist der Mann nicht nur älter als die Frau (S. 11), sondern auch größer, kräftiger, rationaler in seinem Sachverständnis, gröber in seinem Sozialverständnis, die Frau zierlicher, im allgemeinen schöner, mehr gefühlsorientiert und psychologisch verständiger. Der Mann ist eher Wissenschaftler oder Techniker, die Frau eher Künstlerin, der Mann eher Jäger, die Frau eher Gärtnerin, der Mann zeigt mehr Geduld bei sachlichen und technischen Problemen, die Frau bei sozialen, psychologischen oder medizinischen Problemen.

Es geht sicher auch anders. In manchen Familien vertauschen die Eltern ihre Rollen ohne Schaden für die Familie und die Kinder. Schwierigkeiten ergeben sich noch am ehesten bei der unmittelbaren und unwillkürlichen Bewertung dieser Familie und ihrer Kinder durch die Nachbarschaft. Der Mehrzahl der benachbarten oder befreundeten Personen und Familien fällt es schwer, sich mit solch einem Rollentausch abzufinden. Zu beachten ist aber, daß die Partner selbst bei vertauschten Rollen einander immer noch ergänzen. Sie leben und handeln komplementär zueinander. Es spielt in diesem Beispiel eben ein Mann die Hausfrau und Mutter und eine Frau die Brotverdienerin und die Vertreterin der Familie nach außen.

Dagegen sind jene Liebes- und Ehepartner, von denen einer so sein möchte wie der andere oder den anderen so haben möchte, wie er selber ist, Paare also, bei denen der Mann eine „Männin“ (Rilke), die Frau einen weiblichen Mann haben möchte oder beide jeweils eine eher geschlechtsfreie Persönlichkeit, deren anatomischer Geschlechtsunterschied von sekundärer oder überhaupt keiner Bedeutung ist – solche Liebes- und Ehepaare sind auch heute noch die Ausnahme. Sie lieben im anderen sich selbst, dulden keine Abweichungen des anderen von diesem Leitbild oder verdrängen solche Abweichungen, und sie gehen oft wieder auseinander, noch ehe sie Kinder bekommen haben. Es wurde aber bereits angedeutet (S. 56), daß es in einem solchen Falle historisch und gesellschaftlich meist belanglos ist, was solche Partner tun. Sie wirken meist nur für wenige andere Menschen wirklich beispielgebend, kommen mit eventuellen Werbereden nicht ernsthaft an und haben vor allem niemanden, den sie von klein auf ganz nach ihrem eigenen Vorbild beeinflussen können. Sie haben eben keine eigenen Kinder. Hätten sie Kinder, würden diese allerdings vermutlich unglücklich werden, weil solche Eltern auch ihnen nicht als jemand Andersartigem, als einem Menschen mit eigenen Interessen, Wünschen und Vorstellungen gegenübertreten könnten. Nach den elterlichen Vorstellungen müßten die Kinder ihren Eltern nachgeraten, und zwar am besten ganz von selbst, ohne daß die Eltern sich viel mit ihnen abzugeben bräuchten. Sie sollten möglichst bereits als Erwachsene geboren werden.

Homosexuelle Liebesbeziehungen haben häufig diesen Charakter. Doch selbst dort, wo ein homosexueller Liebespartner die Rolle einer Person des anderen Geschlechtes einnimmt, hat die Beziehung eigentlich nur relativ kurzfristige und subjektive Bedeutung. In der Mehrzahl der Fälle löst sich eine solche Beziehung vorzeitig auf, oder sie dauert zwar, versandet aber mit dem Älterwerden der Partner. Auf jeden Fall bleibt sie, wenn alles mit rechten Dingen zugeht, ohne die wichtigste langfristige und objektive Folge einer heterosexuellen Beziehung: sie bleibt ohne eigene Kinder.

6.5. *Statistische Tests der Komplementarität von Geschwisterrollen*

Obwohl klinisch-psychologische und psychotherapeutische Daten unsere oben dargelegte Auffassung von günstigen und ungünstigen Liebes- und Ehepartnerbeziehungen im Prinzip bestätigen, lag uns daran, über solche kasuistische oder anekdotische Evidenz hinaus systematisch und statistisch zu prüfen, ob Nicht-Komplementarität der Geschwisterrollen von Partnern tatsächlich die Dauer und den Erfolg einer Liebes- und Ehebeziehung im Durchschnitt verringert.

Eines der negativen Kriterien für den Erfolg einer Liebes- und Ehebeziehung wäre eine Ehescheidung. Nach dem Ermessen eines oder beider Partner war die Ehe für sie offenbar so wenig befriedigend, daß sie beschlossen, sich zu trennen. Wenn Komplementarität oder Nicht-Komplementarität ihrer jeweiligen Geschwisterrollen dabei eine Rolle spielte, dann müßten unter den geschiedenen Ehepaaren weniger Fälle von Komplementarität und mehr Fälle von Nicht-Komplementarität der Geschwisterrollen auftreten als in einer Vergleichsgruppe von intakten Ehen.

Um dies zu testen, wurden alle geschiedenen Ehepaare in einem Teil der Stadt Boston befragt, die ausfindig gemacht werden konnten, sich für die Untersuchung zur Verfügung stellten und unter denen sich außerdem keine Einzelkinder befanden. Letzteres geschah, um den Vergleich mit intakten Ehen nicht zu komplizieren. Einzelkinder haben ja sozusagen überhaupt keine Geschwisterposition.

Es wurden 16 solche Ehepaare gefunden. Diesen geschiedenen Ehepaaren wurden 16 intakte Ehepaare gegenübergestellt, die sich nach Alter, sozialer Herkunft und ökonomischem Status statistisch nicht von den geschiedenen Ehepaaren unterschieden. Die intakten Ehen mußten außerdem mindestens 10 Jahre gedauert und zu mindestens zwei Kindern geführt haben. Die Eheschließungen der geschiedenen Ehepaare lagen zum Teil weniger als 10 Jahre zurück. Außerdem waren sieben von ihnen kinderlos geblieben. Tabelle 2 zeigt die Ergebnisse

Tabelle 2: Komplementarität der Geschwisterrollen von Ehepartnern in Beziehung zur Ehescheidungshäufigkeit

Die Geschwisterrollen der Ehepartner zeigen	Anzahl von geschiedenen Ehen	intakten Ehen
volle oder partielle Komplementarität	1	12
Rang- und/oder Geschlechtskonflikte	15	4

$\chi^2 = 12.0; \quad p < 0.001$

Wir erkennen, daß unter den 16 intakten Ehen 12 Paare nach ihren Geschwisterrollen komplementär oder partiell-komplementär waren, unter den geschiedenen Ehen dagegen nur ein einziges Paar. Ein Chi-Quadrat-Test der beobachteten Frequenzen erbrachte eine Zufallswahrscheinlichkeit einer solchen Frequenzverteilung von weniger als 1 Promill ($p < 0.001$). Es kann sich also um kein Zufallsergebnis handeln. Die Partner geschiedener Ehen hatten signifikant häufiger Rang- und/oder Geschlechtskonflikte ihrer Geschwisterrollen als die Partner intakter Ehen.

In einem solchen Feldexperiment mit parallelisierten Gruppen könnten sich Selektionsfehler zugunsten des theoretisch erwarteten Ergebnisses eingeschlichen haben, obwohl sich der Verfasser keiner solchen Fehler bewußt ist. Daher wurde das Feldexperiment an einem größeren Datenmaterial wiederholt. 2300 Schüler und Schülerinnen Nürnbergs und Zürichs waren nach einfachen, objektiven Merkmalen ihrer Familienkonstellationen und Familienschicksale befragt worden (siehe auch S. 133ff.). Zu den erhobenen Merkmalen gehörten auch die Geschwisterkonfigurationen der Schüler und Schülerinnen sowie jener ihrer Eltern. – Unter den 2300 Familien waren 108 Fälle von geschiedenen Eltern. Es konnten somit die Häufigkeiten des Auftretens verschiedener Komplementaritätsgrade der Geschwisterrollen der Eltern für die geschiedenen Elternpaare und für die Gesamtstichprobe, die als repräsentativ für die Familien der Bevölkerung aufgefaßt werden darf, ermittelt werden. Wieder war angenommen worden, daß Fälle voller oder partieller Komplementarität seltener unter den geschiedenen Elternpaaren als unter den Elternpaaren

Tabelle 3: Komplementarität der Geschwisterrollen von Ehepartnern in Beziehung zur Ehescheidungshäufigkeit

Die Geschwisterrollen der Ehepartner zeigen	Anzahl der geschiedenen Ehen	Erwartungswerte in der Bevölkerung
volle oder partielle Komplementarität	18	32
Rang- und/oder Geschlechtskonflikte	52	49
Einzelkinder unter den Ehepartnern	38	27

$$\chi^2 = 10.8; \quad p < 0.01$$

der Bevölkerung auftreten, Beziehungen mit Rang- und/oder Geschlechtskonflikten der Geschwisterrollen oder Beziehungen mit Einzelkindern unter den Ehepartnern häufiger. Tabelle 3 zeigt die Ergebnisse.

Wir sehen neuerlich, daß komplementäre und partiell-komplementäre Geschwisterrollen der Partner unter geschiedenen Ehen signifikant seltener sind, als nach dem Zufall zu erwarten wäre. Rang- und/oder Geschlechtskonflikte bzw. Einzelkinder sind unter den geschiedenen Ehepartnern überzufällig häufig. Eine solche Verteilung der Fälle ist nur mit weniger als 1 Prozent Wahrscheinlichkeit zu erwarten ($p < 0.01$).

Die Unterschiede sind allerdings nicht so eklatant wie beim ersten Experiment (Tabelle 2). Zur Begründung darf erwähnt werden, daß nach der Natur der zweiten, großen Erhebung an den 2300 Familien unter den geschiedenen Ehen nur solche mit Kindern waren. Der Zugang zu den Familien war ja über die Schulen gewonnen worden. In der ersten, kleinen Erhebung an 16 geschiedenen und 16 intakten Ehen hatten dagegen sieben von den geschiedenen Ehepaaren keine Kinder aus diesen Ehen gehabt. Wären bei der großen Erhebung auch kinderlose Ehepaare untersucht worden, dann hätte sich der Unterschied in der Häufigkeit komplementärer und partiell-komplementärer Geschwisterrollen geschiedener Ehepartner im Vergleich zu Ehepartnern der Bevölkerung vielleicht vergrößert.

Tabelle 4: Komplementarität der Geschwisterrollen geschiedener Ehepartner in Beziehung zur Dauer der Ehe

Die jeweiligen Erwartungswerte stehen in den Klammern.

Die Geschwisterrollen der Ehepartner zeigen	Anzahl der geschiedenen Ehepaare, die weniger als 10 Jahre verheiratet waren	10 Jahre oder mehr verheiratet waren
volle oder partielle Komplementarität	2(7)	13(8)
Rang- und/oder Geschlechtskonflikte	22(20)	20(23)
Einzelkinder unter den Ehepartnern	17(14)	14(16)

$X^2 = 8.2; \quad p < 0.05$

Man kann die geschiedenen Ehen gesondert betrachten und prüfen, ob jene Ehepartner, die sich zwar letzten Endes scheiden ließen, aber es relativ lange miteinander aushielten, beispielsweise 10 Jahre oder länger, relativ häufiger komplementäre oder partiell-komplementäre Geschwisterrollen hatten als jene Ehepartner, die sich bereits nach weniger als 10 Jahren Ehe scheiden ließen. Tabelle 4 zeigt die Ergebnisse.

Wie ersichtlich, waren jene letztlich geschiedenen Ehepaare, die relativ lange verheiratet geblieben waren, signifikant häufiger in ihren Geschwisterrollen zueinander komplementär oder partiell-komplementär. Jene Ehepaare, deren Scheidung voneinander relativ bald erfolgte, hatten signifikant seltener komplementäre oder partiell-komplementäre Geschwisterrollen. Beziehungen mit Rang- und/oder Geschlechtskonflikten und Einzelkinder als Ehepartner waren dagegen unter ihnen häufiger vertreten. Eine solche Verteilung der Fälle wäre nach dem Zufall nur mit einer Wahrscheinlichkeit von weniger als 5 Prozent zu erwarten ($p < 0.05$).

In der Gesamtstichprobe von 2300 Familien befanden sich auch unverheiratete, bzw. nicht zusammenlebende Eltern. Man geht vermutlich nicht fehl in der Annahme, daß eine solche Beziehung leiblicher Eltern, die nie zur Ehe oder zum dauernden Zusammenleben führte, ebenfalls einen Mißerfolg der Beziehung darstellt. Wieder fragten wir, ob unter diesen nicht zustande gekommenen Ehen komplementäre oder partiell-komplementäre Geschwisterrollen der Partner seltener waren als unter den Elternpaaren der Bevölkerung. Tabelle 5 gibt darüber Aufschluß.

Tabelle 5: Komplementarität der Geschwisterrollen von unverheirateten leiblichen Eltern unehelich geborener Kinder

Die Geschwisterrollen der leiblichen Eltern zeigen	Anzahl der Elternpaare	Erwartungswerte in der Bevölkerung
volle oder partielle Komplementarität	5	9
Rang- und/oder Geschlechtskonflikte	6	13
Einzelkinder unter den leiblichen Eltern	18	7

$\chi^2 = 22.9$; $p < 0.001$

Hier fällt auf, daß nicht nur komplementäre und partiell-komplementäre Partnerbeziehungen, sondern auch solche mit Rang- und/oder Geschlechtskonflikten seltener als in der Bevölkerung, dafür aber Einzelkinder unter den Elternpaaren besonders häufig vertreten sind. Eine solche Verteilung der Fälle ist nach dem Zufall mit weniger als 1 Promill Wahrscheinlichkeit zu erwarten ($p < 0.001$).

Partielle Komplementarität der Geschwisterrollen müßte theoretisch umso häufiger sein, je größer die Geschwisterzahlen der Partner sind. Das leuchtet ein, weil es ja bei wachsender Geschwisterzahl umso wahrscheinlicher für eine gegebene Person wird, Geschwister beiderlei Geschlechts zu haben und, wenn es sich um eine Person in mittlerer Geschwisterposition handelt, sowohl ältere wie jüngere Geschwister beiderlei Geschlechts. Eine dieser vielen verschiedenen Geschwisterbeziehungen würde dann auf jeden Fall für den gewählten Partner passen. Umgekehrt sind Rang- und/oder Geschlechtskonflikte der Partner relativ umso wahrscheinlicher, je kleiner die Geschwisterkonfigurationen, aus denen sie jeweils stammen.

Es könnte sein, daß alle bisher berichteten Komplementaritätstests der Geschwisterrollen von Ehepartnern primär nicht deswegen unsere theoretischen Erwartungen bestätigten, weil die Komplementarität der Geschwisterrollen, sondern vielmehr weil die Geschwisterzahl der Partner den Erfolg und die Dauer ihrer Beziehung beeinflußt. Die Partner kommen gut miteinander aus, weil sie in großen Familien aufgewachsen sind. Sie kommen schlecht miteinander aus, weil sie aus kleinen Familien stammen oder überhaupt Einzelkinder waren. Komplementarität der Geschwisterrollen könnte lediglich eine sekundäre Folge der größeren Geschwisterzahl sein und von dieser der Erfolg und die Dauer der Beziehung der Partner abhängen.

Unter diesen Umständen liegt es nahe, die Geschwisterzahl der Partner „konstant zu halten" und zu prüfen, ob auch dann die Partner geschiedener Ehen seltener komplementäre und partiell-komplementäre Geschwisterrollen haben als die Ehepartner in der Bevölkerung. Um die Geschwisterzahl konstant zu halten, wurden jene Paare unter den 108 geschiedenen Ehepartnern ausgelesen, welche zusammen vier oder fünf Geschwister hatten, also etwa Ehepartner, von denen einer zwei und der andere drei Geschwister hatte, oder einer ein und der andere drei, oder beide zwei, oder einer ein und der andere vier Geschwister. Dies ergab insgesamt 31 geschiedene Paare.

Ihre Verteilung nach Komplementarität oder Nicht-Komplementarität ihrer Geschwisterrollen gibt Tabelle 6 wieder.

Tabelle 6: Komplementarität der Geschwisterrollen bei „Konstanthaltung" der Geschwisterzahl der Ehepartner

Die Geschwisterrollen der Ehepartner zeigen	Anzahl der Ehepaare	Erwartungswerte in der Bevölkerung
volle oder partielle Komplementarität	5	11
Rang- und/oder Geschlechtskonflikte	26	20

$$\chi^2 = 5.1; \quad p < 0.05$$

Wieder zeigten die geschiedenen Ehepaare signifikant geringere Häufigkeiten von komplementären oder partiell-komplementären Geschwisterrollen als die Bevölkerung. Die vorliegende Verteilung der Fälle kann nach dem Zufall nur mit weniger als 5% Wahrscheinlichkeit erwartet werden. Obwohl die Geschwisterzahl der Partner als Einflußfaktor auf den Erfolg und die Dauer einer Ehe nicht ausgeschlossen werden kann, ist sicher auch die Komplementarität der Geschwisterrollen der Ehepartner ein solcher Einflußfaktor.

Besonders eindrucksvoll war ein Vergleich der Ehescheidungshäufigkeit unter jenen der 2300 Elternpaare der Untersuchung, deren Geschwisterrollen vollkommen komplementär waren, in denen die Paare also entweder älteste Brüder von Schwestern und jüngste Schwestern von Brüdern waren, oder jüngste Brüder von Schwestern und älteste Schwestern von Brüdern. Unter dieser Gruppe gab es keine einzige Ehescheidung. Dagegen waren 16% aller Elternpaare, deren Geschwisterrollen einen vollen Rang- und Geschlechtskonflikt aufwiesen, geschieden. Zu diesen Paaren gehören älteste Brüder von Brüdern, die mit ältesten Schwestern von Schwestern verheiratet waren, und jüngste Brüder von Brüdern, die mit jüngsten Schwestern von Schwestern verheiratet waren.

Faßt man Elternpaare mit komplementären und partiell-komplementären Geschwisterrollen zusammen, dann ergibt sich für diese Gruppe eine empirische Scheidungshäufigkeit von 3%. Die Wahrscheinlichkeit, daß ein Paar mit totalem Rang- und Geschlechtskonflikt der Geschwisterrollen sich scheiden läßt, ist somit mindestens fünfmal größer als bei einem Paar mit komplementären oder partiell-komplementären Geschwisterrollen. Die Scheidungshäufigkeit der Ehepartner in der Gesamtstichprobe der Bevölkerung war rund 5%. – Vergleicht man auch noch die Ehedauer bis zur Scheidung für die geschiedenen Ehepaare dieser beiden Gruppen, dann zeigt jene der Eltern mit komplementären oder partiell-komplementären Geschwisterbeziehungen eine durchschnittliche Ehedauer von 16 Jahren, die Gruppe mit totalem Rang- und Geschlechtskonflikt ihrer Geschwisterrollen nur eine mittlere Dauer von neun Jahren.

Verlassen wir das Mißerfolgskriterium „Scheidung der Ehepartner" und prüfen wir, ob in der Gesamtstichprobe der Bevölkerung ein anderes Erfolgskriterium einer Ehe, nämlich Kinder, unterschiedliche Einflüsse von Komplementarität und Nicht-Komplementarität der Geschwisterrollen der Ehepartner erkennen lassen. Wir würden annehmen, daß Eltern mit komplementären oder partiell-komplementären Beziehungen glücklicher und zufriedener miteinander sind und daher unter sonst vergleichbaren Umständen auch mehr Kinder haben als Eltern mit Rang- und/oder Geschlechtskonflikten ihrer Geschwisterrollen oder Eltern, von denen einer oder beide Einzelkinder waren. Tabelle 7 zeigt die Ergebnisse.

Die theoretischen Erwartungen werden tatsächlich bestätigt. Eltern haben signifikant mehr Kinder, als nach dem Durchschnitt der Bevölkerung zu erwarten wäre, wenn ihre eigenen Geschwisterrollen komplementär oder partiell-komplementär sind, und signifikant weniger

Tabelle 7: Komplementarität der Geschwisterrollen von Ehepartnern in Beziehung zur Kinderzahl

Die jeweiligen Erwartungswerte stehen in Klammern.

Die Geschwisterrollen der Ehepartner zeigen	Anzahl der Kinder 1	2 bis 4	5 und mehr
volle oder partielle Komplementarität	110 (146)	501 (482)	71 (53)
Rang- und/oder Geschlechtskonflikte	205 (222)	749 (732)	80 (81)
Einzelkinder unter den Ehepartnern	182 (129)	388 (424)	30 (47)

$\chi^2 = 48.4$; $p < 0.001$

Kinder, als nach dem Durchschnitt der Bevölkerung zu erwarten wäre, wenn einer von ihnen oder beide Einzelkinder sind. Die beobachteten Häufigkeiten der Fälle in Tabelle 6 könnten nach dem Zufall allein nur mit weniger als 1 Promill Wahrscheinlichkeit erwartet werden ($p < 0.001$). Im Durchschnitt haben Eltern mit komplementären oder partiell-komplementären Geschwisterrollen etwa ein halbes Kind mehr, Eltern, von denen einer oder beide Einzelkinder waren, etwa ein halbes Kind weniger als der Durchschnitt der Bevölkerung.

Es erhob sich noch die Frage, ob denn die Bevölkerung überhaupt das Duplikationstheorem unwissentlich befolgt und in höherem Maße komplementäre und partiell-komplementäre Partnerbeziehungen eingeht, als nach dem Zufall zu erwarten wäre. Dies konnte für die Gesamtstichprobe nicht bestätigt werden. Dagegen konnte gezeigt werden, daß Eheschließungen unter Partnern, die zum Zeitpunkt der Verehelichung das Durchschnittsalter für Eheschließungen erreicht oder überschritten hatten (27 Jahre beim Mann und 24 Jahre bei der Frau), signifikant häufiger, als nach dem Zufall zu erwarten gewesen wäre, komplementäre oder partiell-komplementäre Geschwisterrollen hatten. Umgekehrt blieben die Häufigkeiten komplementärer oder partiell-komplementärer Geschwisterrollen bei jenen Elternpaaren, die früher als der Durchschnitt geheiratet hatten, signifikant unter den Erwartungswerten der Gesamtstichprobe. Die beobachteten Häufigkeiten wären nach dem Zufall nur mit einer Wahrscheinlichkeit von weniger als 1 Promill zu erwarten gewesen ($p < 0.001$).

Das bedeutet, daß das Duplikationstheorem im allgemeinen bis zu einem gewissen Grade doch beachtet und befolgt wird, und zwar umso eher, je älter die Ehepartner bei ihrer Eheschließung sind. Vielleicht darf hier angenommen werden, daß diese Partner sich die Sache reiflicher und besser überlegt haben, daß sie über mehr Erfahrungen verfügen und auch mehr Menschen kennengelernt haben, die für eine Ehe in Betracht gezogen werden konnten, als Personen, die schon früher heirateten. Sie wählen jedenfalls überzufällig häufig Partner mit komplementären oder partiell-komplementären Geschwisterrollen.

Aus diesen statistischen Daten kann selbstverständlich nicht geschlossen werden, daß das Duplikationstheorem allein oder auch nur zum größeren Teil den Verlauf einer Ehe und Familiengründung beschreibt. Mit Sicherheit kann nur gesagt werden, daß es fortan mit in Betracht gezogen werden müßte. Es gilt unter anderem. Es gilt *auch.* Komplementarität der Geschwisterrollen von Liebes- und Ehepartnern ist einer der Faktoren, die den Erfolg und die Dauer ihrer Beziehung beeinflussen.

Im übrigen konnte auch noch gezeigt werden, daß Ehepartner mit komplementären Geschwisterrollen ihr erstes Kind etwas früher (nach der Eheschließung) bekommen als Ehepartner mit nicht-komplementären Geschwisterrollen. Außerdem scheinen Verluste, welche die Ehepartner in ihren ursprünglichen Familien erlitten haben, nicht nur zu bewirken, daß die Betreffenden im Durchschnitt erst ein bis drei Jahre später heiraten als der Durchschnitt der Bevölkerung, sondern auch, daß sie ihre Partner ungünstiger wählen. Komplementäre oder partiell komplementäre Geschwisterrollen finden sich unter ihnen seltener als im Durchschnitt der Bevölkerung. – Die Eltern von Kindern und Jugendlichen, welche psychologische Beratungsstellen aufsuchten, aber auch von jugendlichen Strafgefangenen waren, soweit feststellbar, nicht nur in erhöhtem Maße von frühen Personenverlusten in ihren ursprünglichen Familien betroffen gewesen, sondern auch nicht-komplementäre Geschwisterrollen der Elternpaare waren bei ihnen signifikant häufiger als in der Bevölkerung (Toman, Preiser, Gasch und Plattig 1967). Bei den neurotischen Kindern und Jugendlichen, jenen also, welche psychologische Beratungsstellen frequentierten, waren unter den Eltern überzufällig häufig auch Einzelkinder.

Auf andere Untersuchungen, in denen die Komplementarität oder Nicht-Komplementarität der Geschwisterrollen der Eltern unterschiedliche Verhaltenswirkungen zeigten, wird in einem eigenen Kapitel eingegangen (S. 264ff.). Hier soll nur noch zusammengefaßt werden, daß praktisch alle empirischen Tests des Duplikationstheorems zugunsten dieses Theorems ausgingen. Komplementäre Geschwisterrollen von Liebes- und Ehepartnern begünstigen die Beziehung, nicht-komplementäre Geschwisterrollen der Partner einschließlich jener von Einzelkindern erschweren die Beziehung. Die entsprechenden Feldexperimente bezogen sich dabei stets auf harte, objektive Daten, die durch keine Selbsteinschätzungen der befragten Personen oder Einschätzungen durch die Untersucher hätten verfälscht werden können.

Es sei aber daran erinnert, daß die nicht-komplementären Partnerbeziehungen einschließlich jener, an denen Einzelkinder beteiligt sind, nicht automatisch zum Schiffbruch führen. Selbst in der Gruppe von

Ehepartnern mit dem ungünstigsten Komplementaritätsgrad, nämlich mit totalem Rang- und Geschlechtskonflikt ihrer Geschwisterrollen, lassen sich nur 16% scheiden; 84% von ihnen halten es dagegen miteinander aus und bleiben beisammen. Es kann also nicht bestritten werden, daß alle Arten von Paarungen der Geschwisterrollen der Partner eine Dauer- und Erfolgschance haben. Die Wahrscheinlichkeit des Scheiterns ist bei manchen Typen dieser Beziehungen zwar erheblich größer als bei anderen. Bei denjenigen, die sich trotz dieser erhöhten Wahrscheinlichkeit nicht trennen – und das ist, wie gesagt, auch dann die Mehrzahl –, darf aber angenommen werden, daß sie ihr Familienleben je nach den Geschwisterpositionen der Partner und deren Komplementaritätsgraden unterschiedlich zu gestalten tendieren. Darauf kommen wir bei der ausführlicheren Charakterisierung der einzelnen Geschwisterpositionen und der einzelnen Elternpaartypen noch zurück.

7. Freundschaften

Für Freundschaften unter gleichgeschlechtlichen Personen gelten ähnliche Komplementaritätskriterien wie für Freundschaften unter verschieden-geschlechtlichen Personen. Bei letzteren stellt, wie bei Liebesbeziehungen und Ehen, die Existenz eines anders-geschlechtlichen Geschwisters vom gleichen Altersrang wie der Partner unter sonst vergleichbaren Bedingungen relativ die beste Vorbedingung für eine erfolgreiche und dauerhafte Beziehung dar.

Bei Freundschaften unter Personen des gleichen Geschlechtes ist die Existenz eines gleichgeschlechtlichen Geschwisters vom gleichen Altersrang wie der Freundschaftspartner die günstigere Vorbedingung. Ein ältester Bruder von Brüdern müßte sich beispielsweise besser mit einem jüngsten Bruder von Brüdern verstehen, eine jüngste Schwester von Schwestern besser mit einer ältesten Schwester von Schwestern als mit Personen, die andere Geschwisterpositionen innehatten. In beiden Beispielen haben die Partner weder einen Altersrang- noch einen Geschlechtskonflikt. Einer ist jeweils ein Senior, der andere ein Junior unter seinen Geschwistern gewesen, und beide sind an das Zusammenleben mit einer altersnahen Person des gleichen Geschlechtes von daheim her gewöhnt.

Andersgeschlechtliche Geschwister bereiten weniger gut auf gleichgeschlechtliche Freundschaften vor. Die Betreffenden würden in der Regel den Kontakt mit altersnahen Personen des anderen Geschlechtes vorziehen. Sie hätten in gleichgeschlechtlichen Freundschaften einen Geschlechtskonflikt. – Wenn jemand Geschwister des gleichen und des anderen Geschlechtes hat, tendiert er im allgemeinen dazu, seine Erfahrungen mit den gleichgeschlechtlichen Geschwistern im Kontakt mit Freunden und Bekannten des gleichen Geschlechtes einzusetzen, seine Erfahrungen mit den anders-geschlechtlichen Geschwistern dagegen im Kontakt mit altersnahen Personen des anderen Geschlechts. Einen Rangkonflikt, aber keinen Geschlechtskonflikt hätten beispielsweise zwei älteste Schwestern, die miteinander befreundet sind. Einen Rang- und Geschlechtskonflikt hätte die älteste Schwester von Brüdern, die mit einer anderen ältesten Schwester von Brüdern befreundet ist.

Wir können auch hier die verschiedenen Typen von gleichgeschlechtlichen Freundschaftsbeziehungen nach Komplementaritätsgraden der Geschwisterrollen der Partner ordnen. Betrachten wir nur Personen mit je einem Geschwister, dann kann der ältere Bruder eines Bruders, der jüngere Bruder eines Bruders, der ältere Bruder einer Schwester und der jüngere Bruder einer Schwester sich mit einem Freund der drei anderen Geschwisterpositionen, aber auch mit jemandem von genau seiner eigenen Geschwisterposition verbinden. Das ergibt insgesamt 16 Freundschaftspaare, von denen aber nur 10 voneinander verschieden sind. Weitere sechs sind nur die symmetrischen Beziehungen von bereits in den 10 Beziehungen enthaltenen Typen. So ist beispielsweise die Beziehung zwischen dem älteren Bruder eines Bruders und dem jüngeren Bruder eines Bruders formal dasselbe wie die Beziehung des jüngeren Bruders eines Bruders mit einem älteren Bruder eines Bruders. – Diese geringere Vielfalt von Beziehungstypen gleichgeschlechtlicher Freundschaften ist vielleicht mit ein Grund dafür, daß Freundschaften zwischen Personen verschiedenen Geschlechts höher bewertet werden. Selbstverständlich trägt zu einer solchen Höherbewertung auch der Umstand bei, daß es bei intimeren Freundschaften zwischen Personen verschiedenen Geschlechts auch zu Ehen und zu Kindern kommen und damit die Gesellschaft erhalten bleiben kann.

Für Freundschaften unter Mädchen und Frauen gilt das Analoge. Die ältere oder die jüngere Schwester eines Bruders oder einer Schwester kann mit einem Mädchen jedes dieser vier Geschwisterpositionen befreundet sein. Das ergibt ebenfalls 10 verschiedene Typen von Beziehungen, wenn beide Freundschaftspartner aus Zwei-Kinder-Familien stammen und nur nach den Altersrängen in ihren ursprünglichen Geschwisterkonfigurationen und nach dem Geschlecht ihres jeweiligen Geschwisters charakterisiert werden.

In Anlehnung an Tabelle 1 (S. 91 f.) gibt Tabelle 8 die Grundtypen von solchen gleichgeschlechtlichen Freundschaftsbeziehungen für Männer und für Frauen getrennt wieder. Zusätzliche, kompliziertere Beispiele von Beziehungen könnten in Analogie zu den heterosexuellen Beziehungstypen von Tabelle 1 demonstriert werden, sind aber hier ausgelassen. Es sei lediglich daran erinnert, daß Freundschaften, bei denen die Partner in ihren ursprünglichen Familien mehrere Geschwisterbeziehungen vom gleichen Typ hatten (z.B. ältester Bruder von mehreren Schwestern und jüngster Bruder von mehreren Brüdern), so aufzufassen sind wie der jeweilige Grundtyp (ältester Bruder einer Schwester und jüngster Bruder eines Bruders). Die Beziehung b(bb)/(bbb)b wäre analog eine ebenso komplementäre Freundschaft wie b(b)/(b)b. – Ferner sei daran erinnert, daß für partiell-komplementäre, gleichgeschlechtliche Freundschaften gewährleistet sein muß, daß jeder der Partner unter seinen Geschwisterbeziehungen mindestens eine aufweist, die mit mindestens einer Geschwisterbeziehung seines Freundes weder einen Rang- noch einen Geschlechtskonflikt hat.

Tabelle 8: Komplementaritätsgrade der Geschwisterrollen von Partnern gleichgeschlechtlicher Freundschaften für verschiedene Grundtypen von Freundschaftsbeziehungen

Der Schrägstrich steht hier für Freundschaft.

Komplementaritätsgrade 1 bis 3	Freundschaften unter Männern	Freundschaften unter Frauen
1a. Beide Partner haben weder einen Rang- noch einen Geschlechtskonflikt miteinander	b(b) / (b)b	s(s) / (s)s

1b. Jeder Partner hat mindestens eine Geschwisterbeziehung, die mit mindestens einer Geschwisterbeziehung des Partners weder einen Rang- noch einen Geschlechtskonflikt hat, z. B.	b(bs)/(b)b(b)	(b)s(s)/(bss)s
2a. Beide Partner haben keinen (oder nur einen partiellen) Rangkonflikt und nur einer der Partner hat einen Geschlechtskonflikt	b(b)/(s)b (b)b/b(s)	s(s)/(b)s (s)s/s(b)
2b. Beide Partner haben entweder einen vollen (oder partiellen) Rangkonflikt, aber keinen Geschlechtskonflikt, oder einen Geschlechtskonflikt, aber keinen (oder nur einen partiellen) Rangkonflikt	b(b)/b(b) (b)b/(b)b(b) b(s)/(s)b	s(s)/s(s) (s)s/(s)s s(b)/(b)s(b)
2c. Beide Partner haben einen vollen Rangkonflikt und einer der Partner hat einen Geschlechtskonflikt	b(b)/b(s) (b)b/(s)b	s(s)/s(b) (s)s/(b)s
2d. Beide Partner haben einen vollen Rang- und Geschlechtskonflikt	b(s)/b(s) (s)b/(s)b	s(b)/s(b) (b)s/(b)s
3a. Ein Partner ist Einzelkind, der andere Partner hat mindestens ein Geschwister vom gleichen Geschlecht wie er selbst	b(b)/b (b)b/b	s(s)/s (s)s/s
3b. Ein Partner ist Einzelkind, der andere Partner hat nur Geschwister vom anderen Geschlecht als er selbst	b(s)/b (s)b/b	s(b)/s (b)s/s
3c. Beide Partner sind Einzelkinder	b/b	s/s

Auch Tabelle 8 ist nach abnehmender Komplementarität der Geschwisterrollen geordnet, wobei die Ähnlichkeit eines Freundschaftspartners mit einem Geschwister der eigenen Familie analog wie bei heterosexuellen Freundschaften (Tabelle 1) nach immer mehr Aspekten abnimmt.

Daß auch für Freundschaften zwischen zwei Personen des gleichen Geschlechts das Duplikationstheorem nicht irrelevant ist, daß also Freunde oder Freundinnen dann länger im Kontakt miteinander bleiben und zufriedener miteinander sind, wenn ihre Geschwisterrollen komplementär sind, konnte empirisch nachgewiesen werden. Freundschaften, in denen die Partner ähnliche oder identische Geschwisterpositionen innehatten, endeten früher als Freundschaften, deren Geschwisterrollen zueinander komplementär waren (Kassel 1962, Schott 1966, Toman 1972 b, Toman, Gasch, Schmidt 1972).

Ehen gehen die Mehrzahl aller Ehepartner nur einmal ein, Liebesbeziehungen vielleicht mit mehreren Personen, aber dann meist nicht zur gleichen Zeit. Freundschaften dagegen kann eine Person in größerer Zahl gleichzeitig unterhalten. Dieser Umstand macht es auch schwieriger, die Freundschaft einer Person mit der Freundschaft einer anderen Person zu vergleichen. Wir wissen nicht, aus welchem Pool von tatsächlich unterhaltenen Freundschaften sie stammt und welche Funktion sie in diesem Pool hat.

Es empfiehlt sich daher beim Studium von Freundschaften, möglichst nach allen Freunden und Freundinnen zu fragen, die ein Mensch gerade unterhält und/oder früher unterhalten hat. Der Betreffende kennt im Durchschnitt von 80% der mit ihm befreundeten Personen die Geschwisterposition. Von 50% der befreundeten Personen ist ihm ein Elternteil (häufiger die Mutter als der Vater), in 50% der Fälle mindestens ein Geschwister persönlich bekannt. Ein Mensch zählt im Durchschnitt auf Befragung etwa 15 Freundschaften auf, die er hatte und/oder noch hat. In einem freien Explorationsgespräch erwähnt er etwa fünf Freundschaften, von denen drei vom gleichen und zwei vom anderen Geschlecht als der Befragte sind.

Unter den von Männern aufgezählten Freundschaften waren Personen mit komplementären Altersrängen etwas häufiger, als nach dem Zufall zu erwarten wäre. Männer mit Schwestern unter ihren Geschwistern nannten außerdem relativ mehr Freundinnen als Freunde im Vergleich zu Männern, die nur Brüder hatten. Absolut genommen, nannten alle befragten Personen im Durchschnitt mehr

Personen vom gleichen als vom anderen Geschlecht. Beide Tendenzen, eine Präferenz von Freunden und Freundinnen mit komplementärem Altersrang und vom gleichen Geschlecht wie ein eigenes Geschwister, erwiesen sich als statistisch signifikant (Toman 1972, Toman, Gasch, Schmidt 1972). Auch hier gilt das Duplikationstheorem (siehe neuerdings Toman, Hörwick, Möckel 1986, 1989, Toman 1988 b, 1989.

Das Sortiment oder System von Freunden und Freundinnen, das sich ein Mensch zu einem gegebenen Zeitpunkt seiner Entwicklung aufgebaut hat und dann weiter unterhält, ist aber auch ein Indikator für jene Präferenzen, die er aus seiner ursprünglichen Familie mitgebracht hat. Wenn jemand ein mittleres Geschwister ist, sagen wir (bs)b(sb), also der mittlere Bruder von ältern und jüngeren Brüdern wie auch Schwestern, zeigen die Geschwisterpositionen seiner Freundinnen und seiner Freunde an, welchen Geschwisterbeziehungen in seiner ursprünglichen Familie er den Vorzug gegeben hat. Befinden sich unter seinen männlichen Freunden etwa vier älteste und ein mittlerer Bruder, aber kein einziger jüngster, dann darf in der Regel gedeutet werden, daß er lieber die Rolle des jüngeren als jene des älteren Bruders von Brüdern einnimmt. Wenn an Freundinnen dagegen eine älteste Schwester, drei mittlere Schwestern, zwei jüngste Schwestern und ein Einzelkind von ihm genannt werden, dann darf man annehmen, daß er gegenüber Mädchen etwa genau so gerne der Führende wie der Geführte, der Verantwortliche wie der Umsorgte ist. Das Verhältnis zu seiner älteren und zu seiner jüngeren Schwester könnte ungefähr gleich gut sein. Außerdem scheint er Beziehungen zu Mädchen überhaupt mehr zu schätzen als Beziehungen zu Männern.

In ähnlicher Weise könnten etwa die weiblichen Freundschaften eines weiblichen Einzelkindes vorwiegend jüngere Geschwister sein. Dies würde die Vermutung nahelegen, daß die betreffende Person gegenüber altersnahen Personen ihres Geschlechts nicht ungern die Rolle einer Ältesten einnimmt. Wenn sich herausstellte, daß ihre Mutter eine älteste Schwester von Schwestern ist, wäre das ein plausibler Grund. Die befragte Person hat durch Identifikation mit der Mutter zum Teil auch deren Geschwisterrolle einzunehmen gelernt. – Würde sich dagegen herausstellen, daß die Mutter der befragten Person selbst eine jüngste Schwester von Schwestern ist, dann müßten andere Erklärungen gesucht werden. Es wäre denkbar, daß die Tochter selbst, das Einzelkind also, von der Mutter unbewußt dazu angehalten wurde, ihr gegenüber die Rolle einer älteren Schwester zu spielen, vielleicht einer Vertrauten und Ratgeberin für ihre Gefühlsangelegenheiten. Ein Kind kann das natürlich zunächst nicht, aber durch Beharrlichkeit der Mutter einerseits und durch eine gewisse erhöhte Präsenz einer älteren Schwester der Mutter im Hause der Familie andererseits könnte das Kind diese Rolle einzunehmen gelernt haben. Wir könnten auch sagen, die Mutter hat das Kind unbewußt genötigt, sich eher mit ihrer älteren Schwester als mit ihr selbst zu identifizieren. Eine solche Entwicklung würde vermutlich begünstigt worden sein, wenn die Beziehung zwischen Vater und Mutter nie übermäßig glücklich war.

Ein ältester Bruder eines jüngeren Bruders und einer noch jüngeren Schwester könnte sowohl unter seinen Freunden wie unter seinen Freundinnen älteste Geschwister bevorzugen. Dies widerspräche den unmittelbaren Erwartungen. Erfährt man aber, daß sowohl der Vater wie die Mutter älteste Geschwister waren, und zwar beide in monosexuellen Geschwisterkonfigurationen (der Vater hatte nur Brüder, die Mutter nur Schwestern), dann wäre das Verhalten des Befragten bei der Wahl seiner Freundschaften etwas besser verständlich. Es könnte sein, daß Vater und Mutter Schwierigkeiten hatten, sich an das Zusammenleben als Mann und Frau zu gewöhnen und in einem Verhältnis des Wettbewerbes der Geschlechter verblieben. Bei einem solchen Rang- und Geschlechtskonflikt der Eltern könnten diese dazu tendiert haben, die Kinder des eigenen Geschlechtes an sich zu ziehen und zusammen mit ihnen Stellung gegen den Ehepartner und die Kinder des anderen Geschlechtes zu beziehen. Vielleicht auf Grund einer konstitutionellen Unterlegenheit des ältesten Sohnes gegenüber seinem Bruder, aber vielleicht auch aus dem unbewußten Bedürfnis des Vaters, seinen ersten Sohn in Analogie zu den Geschwistern seiner eigenen ursprünglichen Familie zu behandeln und eine Freundschaftsbeziehung anzustreben, in der der Sohn die Rolle des Jüngeren und Abhängigen einzunehmen hat, könnte der älteste Sohn zu Hause in seiner Seniorenrolle unter den Geschwistern verunsichert oder sogar in eine Juniorenrolle gedrängt worden sein. Daher könnte dann seine Präferenz für älteste Brüder unter seinen Freunden stammen. – Die Mutter wieder könnte ihn deswegen, weil er keine Autoritäts- und Führungsansprüche stellte, dem zweiten Sohn gegenüber vorgezogen haben. Der zweite gehörte sozusagen dem Vater, und diesem gestattete der Vater vielleicht sogar, sich mit ihm zu identifizieren und selbst eine Autoritätsposition und Seniorenrolle zu beziehen. Wenn der älteste Sohn aber durch seine Bereitwilligkeit zur Unterordnung und Abhängigkeit sich die besondere Gunst der Mutter erwarb, wäre das möglicherweise der Grund, warum er auch unter Freundinnen älteste Schwestern bevorzugt.

Jeder Mensch baut sich im Verlaufe seiner Entwicklung ein individuelles Freundschaftssystem auf. Dieses ist zuerst eine Ergänzung der ursprünglichen Familie, gewinnt bis zur Gründung einer eigenen Familie zunehmend an Bedeutung und stellt nach Beginn eines eigenen Familienlebens eine mehr oder weniger wichtige Ergänzung dazu dar. Manche können sich ein Familienleben nur im Kontext und in enger Wechselwirkung mit einem mehr oder weniger großen Bekannten- und Freundeskreis vorstellen, für andere sind die außerfamiliären Beziehungen und Kontakte weniger wichtig.

Dafür gibt es unter anderem Gründe, die in den Familienkonstellationen der ursprünglichen Familien der Ehepartner liegen, aber auch in der Verträglichkeit der Ehepartner miteinander und in der Kinderkonfiguration, die sie sich selbst unter Mitwirkung des Schicksals bescheren. Eltern mit Rang- und Geschlechtskonflikt bleiben beispielsweise mehr auf ihre Bekannten- und Freundeskreise angewiesen, die sie zum Teil sogar in relativer Trennung voneinander unterhalten. Eltern mit voller oder partieller Komplementarität finden mehr Vergnügen aneinander und haben weniger Bedürfnis, große Freundeskreise mit hineinzuziehen. Eltern, die aus großen Familien stammen, haben wiederum mehr Bedürfnis als Eltern, die nur ein oder gar kein Geschwister hatten, die Großfamilie ihrer Kindheit und Jugend in der Form eines regeren gesellschaftlichen Lebens fortzusetzen. Eltern schließlich, die in ihren Kindern das bekommen, was sie sich bewußt und unbewußt vorgestellt haben, neigen eher dazu, „daheim zu bleiben", als Eltern, die zu viele oder zu wenige Kinder oder Kinder des „falschen" Geschlechts oder „in der falschen Reihenfolge" bekommen zu haben glauben.

Ganz generell lassen sich individuelle Freundschaftssysteme, also eben die Freunde und Freundinnen, die jemand im Laufe seines Lebens gehabt hat und zum Teil noch hat, nach einer Reihe von einfachen, objektiven Merkmalen beschreiben. Zu diesen Merkmalen gehören die Anzahl und die Dauer der einzelnen Freundschaften, Alter und Geschlecht der befreundeten Personen, Kontaktfrequenzen und jeweilige oder durchschnittliche Kontaktdauern; ferner der Grad der

Vertrautheit des Betreffenden mit den Familienverhältnissen der befreundeten Personen, die Fähigkeit des Betreffenden, auch über geographische Distanzen und Trennungen hinweg Freundschaften aufrecht zu erhalten, aber auch das Ausmaß, in dem die mit dem Betreffenden befreundeten Personen voneinander wissen und einander kennen (siehe auch Toman 1968, 1973b, Toman, Gasch, Schmidt 1972, Toman, Hörwick, Möckel 1986; Merkle 1979).

Im allgemeinen kann ein solches individuelles Freundschaftssystem als je reifer und für den Betreffenden sowohl befriedigender wie auch leistungsfähiger betrachtet werden, je mehr Freundschaften es umfaßt, aber auch je verschiedenartiger die Freunde nach Alter (und Geschlecht), nach Bekanntschaftsdauer, Kontaktfrequenz und jeweiliger Kontaktdauer, nach dem Grad der Vertrautheit mit ihren Familienverhältnissen oder nach der Vertrautheit der befreundeten Personen untereinander sind. Wenn jemand keine Freunde von einem früheren Wohnsitz behält, wenn sie alle nur eine Altersstufe haben, alle vom gleichen Geschlecht sind, wenn ihre Familienverhältnisse in allen Fällen unbekannt sind und die befreundeten Personen sich untereinander alle oder aber überhaupt nicht kennen, haben wir es wahrscheinlich mit einem primitiveren Freundschaftssystem zu tun, vielleicht auch mit einer unglücklichen Persönlichkeit, die sich kein besseres individuelles Freundschaftssystem aufbauen konnte. Wenn jemand viele Freundschaften beiderlei Geschlechts hat, die sich nach Alter, Bekanntschaftsdauer, Kontaktfrequenz, Vertrautheit mit ihren Familienverhältnissen vielfach voneinander unterscheiden, wenn größere Gruppen dieser befreundeten Personen auch einander kennen, ja wenn sogar die Freundschaftskreise der betreffenden Person und ihres Ehepartners sich schon vor der Ehe teilweise überlappt haben, wenn die Ehepartner nicht nur des anderen Familien, sondern auch deren Bekanntenkreise persönlich kennengelernt haben und die Kontakte mindestens teilweise weiter pflegen, haben wir es mit höher entwickelten Freundschaftssystemen zu tun.

Solche individuellen Freundschaftssysteme sind zum Teil schichtspezifisch. Die gehobenen Schichten kennen einander besser und nehmen vielseitiger an den Schicksalen ihrer Bekannten und Freunde teil als die Unterschichten. Innerhalb einer gegebenen Bevölkerungsschicht allerdings bedeuten strukturelle Unterschiede dieser individuellen Freundschaftssysteme in der Regel auch Unterschiede der betreffenden Personen, ihrer Familienkontexte und Lebensläufe.

8. Eltern-Kind-Beziehungen

Geschwister entwickeln untereinander Beziehungen, deren Haupttypen wir bereits charakterisiert haben (S. 16 ff.). Zwischen Kindern einer Geschwisterkonfiguration bestehen $\binom{n}{2}$ Dualbeziehungen. Jeder Elternteil entwickelt außerdem zu jedem Kind seine eigene, spezifische Beziehung. Das macht insgesamt für jeden Elternteil n Beziehungen, zusammen also 2n Beziehungen. Die Zahl der Beziehungen, die zwischen allen Familienmitgliedern überhaupt bestehen können, wäre $\binom{n+2}{2}$, bei zwei Eltern und drei Kindern beispielsweise $\binom{5}{2}$, und das ergibt insgesamt zehn Beziehungen. Davon bestehen 2n Beziehungen, hier also sechs Beziehungen, jeweils zwischen einem Elternteil und einem Kind, drei zwischen jeweils zwei Kindern und eine zwischen den Eltern. Bei größeren Kinderzahlen, also etwa bei sechs Kindern, bestehen im Vergleich dazu $\binom{6}{2}$ Beziehungen, also 15 Beziehungen zwischen den Kindern, 12 zwischen Eltern und Kindern und wiederum eine zwischen den Eltern selbst. Die Gesamtzahl aller Dualbeziehungen muß $\binom{8}{2}$ sein, also insgesamt 28, und 15 + 12 + 1 ergibt ja 28.

Fragt man, auf welche Erfahrungen sich Eltern beziehen können, wenn sie Kinder bekommen, und sieht man von der Erziehungslektüre ab, die zwar oft gar nicht schlecht ist, aber erfahrungsgemäß doch immer unzureichend gegenüber der Wirklichkeit, dann stellt sich heraus, daß vor allem jene Erfahrungen zählen, die die Eltern selbst als Kinder machen konnten. Ihr ursprüngliches Familienleben belehrte die meisten von ihnen am unmittelbarsten über den Umgang mit Kindern.

Da war einmal der Umgang der Eltern mit ihnen. Sie erinnern sich, wie ihnen unter der Behandlung der Eltern zumute war. Sie wissen aber teilweise auch, was in den Eltern vorging und was diese von ihnen wollten. Ein wesentlicher Teil des Erziehungsprozesses im Elternhaus besteht ja im Erfassen und in der Übernahme der elterlichen Verhaltensformen und Wünsche. Dieser Prozeß heißt *Identifikation* mit den Eltern, auch *Introjektion* der elterlichen Wünsche in die eigene Person, oder auch *Sozialisation*. Identifikationen, Introjektionen und Sozialisationsakte erfolgen selbstverständlich auch außerhalb der Familie, aber in der Familie beginnen sie (siehe Freud 1916/1917, Wurzbacher 1968, auch Toman 1954, 1968, 1978).

Da war andererseits der Umgang mit den Geschwistern. Je nach der eigenen Geschwisterposition sah die betreffende Person, wie andere Geschwister nachkamen oder wie einige oder alle anderen Geschwister sozusagen immer schon da waren. Die betreffende Person war im letzten Falle selbst ein jüngstes Geschwister. – Die Geschwister können vom anderen Geschlecht als man selbst, vom gleichen Geschlecht oder ein Gemisch aus beiden Geschlechtern gewesen sein. Die Beziehungen zu ihnen waren von den Wünschen und vom Verhalten der Eltern mitbestimmt, aber ein Teil dieser Beziehungen entwickelte sich auch aus dem unmittelbaren Kontakt der Geschwister untereinander.

In gewissem Sinne unterscheiden sich Eltern von anderen Eltern weniger als Geschwisterkonfigurationen von anderen Geschwisterkonfigurationen. Unter den Eltern sind immer beide Geschlechter zu gleichen Teilen vertreten, was man nicht von allen Geschwisterkonfigurationen behaupten kann. Meistens besorgt der Vater den Lebensunterhalt und die Mutter den Haushalt und die Kinder. Im Durchschnitt ist der Vater drei Jahre älter als die Mutter, größer, körperlich kräftiger, die Mutter zierlicher, hübscher, geduldiger etc. (siehe auch S. 95). Auch für die Kinder ist der Unterschied zu den Eltern durch den großen Altersabstand und jene Funktionen, die die Eltern für alle Kinder in ähnlicher Weise ausüben müssen, größer als der zu den Geschwistern.

Daher darf angenommen werden, daß die Kinder, wenn sie selbst einmal Eltern geworden sind, durch Identifikation mit ihren Eltern auch für die eigenen Kinder zum Teil ähnliche Züge annehmen wie andere Eltern für ihre Kinder. Das gilt zumindest für die direkte Auseinandersetzung des einzelnen Kindes mit seinen Eltern. Daß es je nach Elternpaar bzw. unter anderem je nach der Verträglichkeit oder Unverträglichkeit ihrer Geschwisterrollen doch auch generelle Unterschiede zwischen verschiedenen Elternpaaren gibt, soll uns später noch beschäftigen.

Dagegen sind Erfahrungen, die man als Kind in seiner Geschwisterkonfiguration gemacht hat, je nach der eigenen Geschwisterposition nicht nur von den Erfahrungen von Kindern in anderen Familien, sondern sogar von den Erfahrungen der eigenen Geschwister verschieden. Dabei nimmt nicht wunder, daß jeder seine eigene Position im allgemeinen am stärksten und nachhaltigsten erlebt, die Positionen der Geschwister nur indirekt, nur durch Identifikation oder durch gelegentliche Vorstellungen von dem, was im anderen vorgehen könnte. Wenn es heißt, daß jeder sich selbst am besten kennt, dann würde das unter anderem bedeuten, daß jeder seine eigene Geschwisterposition am besten kennt.

Im übrigen geht es hier nicht darum, wie man Kinder als Neugeborene oder als Säuglinge behandelt. Dieser Teil der Kinderpflege ist für die Eltern nur beim ersten Kind neu und meist gar nicht so schwer zu erlernen. Viel mehr Schwierigkeiten macht ihnen der Umstand, daß eine weitere, wenn auch zunächst noch ganz kleine Person fortan da ist, da bleibt und zu allen möglichen und unmöglichen Zeiten Aufmerksamkeit und Hilfe beansprucht; oder der Umstand, daß mit dem zweiten Kind nicht nur vieles sich in bereits vertrauterer Weise wiederholt, sondern daß auch das erste Kind darauf reagiert, allmählich auch das zweite Kind auf das erste, und daß sich die gesamte Familiensituation verändert. Das gilt erst recht für weitere Kinder. Es gilt aber auch für die Beziehungen, welche die Eltern ja zu allen ihren Kindern und zu den Verhältnissen der Kinder untereinander entwickeln müssen. Schließlich gilt es besonders, wenn eine Kinderkonfiguration endgültig geworden ist, wenn also zumindest nach dem Ratschluß der Eltern keine weiteren Kinder mehr zu erwarten sind. Die Kinder wachsen ja heran. Ihre Beziehungen zueinander und zu den Eltern differenzieren und stabilisieren sich. Die Kinder eignen sich in zunehmendem Maße jene Rollen an, die ihnen die Eltern und die übrigen Geschwister zuteilen und an deren Einhaltung meist alle Familienmitglieder, nicht nur der jeweilige Rolleninhaber, ein Interesse haben. Hier müssen auch die Eltern sozusagen noch alles lernen, und eben hier kommen ihnen die langfristigen, die Dauererfahrungen in ihren ursprünglichen Familien zu Hilfe. Hier setzen sie ein, was sie durch Identifikation mit ihren Eltern erfahren zu haben glauben, aber auch, was sie im Umgang mit ihren Geschwistern erlebt, erreicht und erduldet haben.

Kommt es nun darauf an, sich vorzustellen, was in einem eigenen Kind vorgeht, und sich mit der Lage dieses Kindes zu identifizieren, wird dies aus psychologischen und logischen Gründen wahrscheinlich einem Elternteil am leichtesten mit jenem Kind gelingen, das unter seinen Geschwistern die gleiche Position hat wie der Elternteil unter dem seinen.

Ein Vater, der ein ältester Bruder von Brüdern war, kann sich beispielsweise mit seinem ältesten Sohn besser identifizieren als mit einem mittleren oder jüngsten Sohn. Ist sein ältester allerdings zugleich der einzige Sohn und sind die übrigen Kinder Mädchen, mag dem Vater die Identifikation mit ihm ein wenig schwerer fallen. Er selbst war ja vermutlich Führer und Vorbild für seine Geschwister, nämlich seine Brüder, aber sein Sohn kann nur Führer und Beschützer, nicht unmittelbares Vorbild für die Schwestern sein. Er muß sie wie Mädchen behandeln, vielleicht kulanter, freundlicher und rücksichtsvoller, als der Vater seine Brüder behandelt hatte, und das versteht der Vater nicht ganz. – Wenn ein solcher Vater überhaupt nur Töchter hat, wird er sich zwar leichter mit der ältesten als mit den übrigen Töchtern identifizieren können, aber mit Töchtern natürlich überhaupt nur schwächer und schwerer, als er es mit Söhnen vermag. Den Töchtern wird vielmehr die Mutter zum Vorbild werden, der Vater dagegen eher zum Freund und begehrten Partner, um dessen Gunst man mit den anderen Geschwistern im Konkurrenzkampf steht.

Ähnliches trifft etwa für eine Mutter zu, die die jüngste Schwester von Brüdern ist. Sie könnte sich am besten mit der jüngsten Tochter identifizieren, besonders, wenn ihre übrigen Kinder Söhne sind. Hat sie nur Töchter, dann müßte sie etwas mehr Schwierigkeiten haben, das Verhalten ihrer jüngsten Tochter gegenüber den älteren, etwa ihren Wetteifer und ihre Oppositionsneigung zu verstehen. Hat diese Mutter nur Söhne, dann wird ihr immer noch die Lage des jüngsten vertrauter sein als die ihrer anderen Kinder, im übrigen wird sich aber eher ein direktes oder Interaktionsverhältnis als ein Identifikationsverhältnis zwischen der Mutter und ihren Söhnen entwickeln. In einem solchen Interaktionsverhältnis, um das allerdings alle Söhne miteinander im Wettbewerb stehen, würde ihr der älteste wahrscheinlich lieber sein als die anderen.

Für die *Identifikation eines Elternteils mit seinen Kindern* kann daher formuliert werden, daß sie am ehesten mit jenem Kinde erfolgt, das nach Geschlecht, nach Altersrang unter den Geschwistern und nach der Geschlechtererfahrung mit den Geschwistern dem betreffenden Elternteil am ähnlichsten ist. Mit jenem Kind kann sich der Elternteil am besten identifizieren, und auch dieses Kind kann sich infolgedessen meist besser als alle seine Geschwister mit diesem Elternteil identifizieren. Es kann vor allem in der Handhabung seiner Geschwisterbeziehungen mehr von dem betreffenden Elternteil lernen als die übrigen Kinder. Die bewußten und unbewußten elterlichen Lehren sind am unmittelbarsten anwendbar. Die Situation, aus denen der Elternteil seine Lehren bezog, und die Situation dieses Kindes sind die ähnlichsten. Auch der Elternteil wird, wenn er eines seiner Kinder überhaupt bevorzugt behandelt, in der Regelung und Ordnung der Beziehungen der Geschwister untereinander am ehesten zugunsten jenes Kindes eingreifen, das eine identische Geschwistersituation hat wie er selbst oder die relativ ähnlichste.

Eine Zusammenstellung für die gegenseitigen Identifikationsmöglichkeiten zwischen Elternteil und gleichgeschlechtlichem Kind geben Tabelle 9a und 9b. Je ähnlicher die Geschwisterpositionen von Vater und Sohn bzw. von Mutter und Tochter einander sind, desto geringer die Schwierigkeiten, sich miteinander zu identifizieren. In Tabelle 9a und 9b steigen die Identifikationskonflikte von Zeile zu Zeile, also von oben nach unten.

Wenn es darum geht, mit den eigenen Kindern in *Wechselwirkung*

Tabelle 9a und 9b: Identifikationsmöglichkeiten und Identifikationskonflikte zwischen Elternteil und gleichgeschlechtlichem Kind unter Berücksichtigung der Haupttypen ihrer Geschwisterpositionen

9a.	Die Geschwisterposition des Vaters ist			
Die Geschwisterposition des Sohnes	b(b)	(b)b	b(s)	(s)b
ist identisch	b(b)	(b)b	b(s)	(s)b
hat einen Geschlechtskonflikt	b(s)	(s)b	b(b)	(b)b
hat einen Rangkonflikt	(b)b	b(b)	(s)b	b(s)
hat einen Rang- und Geschlechtskonflikt	(s)b	b(s)	(b)b	b(b)

9b.	Die Geschwisterposition der Mutter ist			
Die Geschwisterposition der Tochter	s(s)	(s)s	s(b)	(b)s
ist identisch	s(s)	(s)s	s(b)	(b)s
hat einen Geschlechtskonflikt	s(b)	(b)s	s(s)	(s)s
hat einen Rangkonflikt	(s)s	s(s)	(b)s	s(b)
hat einen Rang- und Geschlechtskonflikt	(b)s	s(b)	(s)s	s(s)

zu treten, Hilfe zu verlangen oder zu geben, Kooperation und ergänzende Arbeitsteilung zu erreichen, kurz gesagt, nicht nebeneinander herzuleben, sondern *miteinander etwas anzufangen zu wissen*, müßte ein Vater, der selbst der älteste Bruder von Schwestern war, mit seiner jüngsten Tochter und einzigen Schwester von Brüdern besonders gut auskommen. Hat er nur Töchter, dann wird es ebenfalls eher die jüngste oder vielleicht noch eine mittlere als die älteste sein, mit der er gerne etwas gemeinsam macht oder die er sich zu seiner „Assistentin", Helferin oder Kameradin heranbildet. Wenn er nur Söhne hat, müßte ihm der Kontakt mit seinen Kindern etwas schwerer fallen, aber relativ am leichtesten immer noch mit seinem jüngsten Sohn.

Eine Mutter, die selbst die jüngste Schwester von Brüdern war, kann analog am leichtesten mit dem ältesten Sohn zusammensein und auskommen. Dies gilt besonders, wenn dieser nur Schwestern hat. Sollte er nur Brüder haben, würde die Mutter ihn immer noch im direkten Umgang diesen vorziehen. Hat diese Mutter nur Töchter, wäre es ihr relativ am schwersten, eine Interaktionsbeziehung mit ihnen zu pflegen. Eine solche käme eher zwischen dem Vater und den Töchtern zustande; dabei befänden sie sich allerdings alle im Wettstreit um seine Gunst. Entweder würde eine den Hauptteil dieser Gunst erhalten, oder, bei gleichmäßiger Verteilung, jede nur einen relativ kleinen Anteil. Wenn die Mutter mit einer der Töchter eine *Interaktions- oder Ergänzungsbeziehung* entwickeln kann, dann am ehesten noch mit der ältesten. – Umgekehrt fällt es den auf diese Weise bevorzugten Kindern leichter als ihren Geschwistern, mit dem andersgeschlechtlichen Elternteil gut auszukommen.

Allgemeiner gesagt: Ein *Elternteil bevorzugt im direkten Kontakt* auf Dauer jenes Kind, das unter den übrigen eine Geschwisterposition innehat, die mit der Position eines elterlichen Geschwisters identisch oder ihr relativ am ähnlichsten ist. Anders formuliert: ein Elternteil kann mit jenem seiner Kinder am besten zusammensein und -arbeiten, dessen Geschwisterposition seiner eigenen relativ am meisten komplementär ist. Im günstigsten Falle hat der Elternteil mit diesem Kind weder einen Rang- noch einen Geschlechtskonflikt der Geschwisterrollen.

Obwohl hier eigentlich die Tabelle 1 heranzuziehen ist, auf der die unterschiedlichen Komplementaritätsgrade der Geschwisterrollen für verschiedene Typen von Liebes- oder Ehepartnerbeziehungen angegeben sind – man muß sich statt Mann-Frau nur Vater-Tochter bzw. Mutter-Sohn denken –, seien in vereinfachter Form noch einmal die Komplementaritätsgrade für Elternteil und andersgeschlechtliches Kind nach den Kombinationen der Haupttypen von Geschwisterpositionen dargelegt. Tabelle 10 zeigt diese Gliederungen.

Es sei noch darauf hingewiesen, daß geringe Komplementarität ähnliche oder identische Geschwisterpositionen der Partner bedeutet

Tabelle 10 a und 10 b: Interaktionsmöglichkeiten und Interaktionskonflikte zwischen Elternteil und andersgeschlechtlichem Kind unter Berücksichtigung der Haupttypen ihrer Geschwisterpositionen

10 a.	Die Geschwisterposition des Vaters ist			
Die Geschwisterposition der Tochter ist dazu	b(s)	(s)b	b(b)	(b)b
komplementär	(b)s	s(b)		
im teilweisen Geschlechtskonflikt	(s)s	s(s)	(b)s	s(b)
im Rangkonflikt ohne Geschlechtskonflikt, oder im Geschlechtskonflikt ohne Rangkonflikt	s(b)	(b)s	(s)s	s(s)
im Rangkonflikt und teilweisen Geschlechtskonflikt	s(s)	(s)s	s(b)	(b)s
in vollem Rang- und Geschlechtskonflikt			s(s)	(s)s

10 b.	Die Geschwisterposition der Mutter ist			
Die Geschwisterposition des Sohnes ist dazu	s(b)	(b)s	s(s)	(s)s
komplementär	(s)b	b(s)		
im teilweisen Geschlechtskonflikt	(b)b	b(b)	(s)b	b(s)
im Rangkonflikt ohne Geschlechtskonflikt, oder im Geschlechtskonflikt ohne Rangkonflikt	b(s)	(s)b	(b)b	b(b)
im Rangkonflikt und teilweisen Geschlechtskonflikt	b(b)	(b)b	b(s)	(s)b
in vollem Rang- und Geschlechtskonflikt			b(b)	(b)b

und daß eine Beziehung der Identifikation zwischen zwei Partnern im allgemeinen, zwischen Elternteil und andersgeschlechtlichem Kind im besonderen, als umso wahrscheinlicher gelten darf, je geringer die Komplementarität ihrer Geschwisterrollen. Das impliziert aber, daß solche Partner einander verstehen und füreinander eintreten können, einander jedoch kaum oder gar nicht zu ergänzen vermögen. Jeder kann dasselbe. Sie können jeweils in „Wachablösung" hintereinander, bestenfalls nebeneinander, aber nicht miteinander sein oder arbeiten.

Umgekehrt darf für jede Identifikationsbeziehung angenommen werden, daß zunehmende Identifikationskonflikte auch zunehmende Komplementarität der Geschwisterrollen der Identifikationspartner bedeuten. Im Falle der Identifikationsbeziehung zwischen Elternteil und gleichgeschlechtlichem Kind (siehe Tabelle 9) impliziert dies, daß solche Partner eher miteinander als nebeneinander oder in gegenseitiger Stellvertretung leben können. Sie sollten einander gleichen. Statt dessen ergänzen sie einander. Sie sind sich nicht im Wege, da einer kann, was der andere nicht kann.

Selbstverständlich spielt auch die Komplementarität oder Nichtkomplementarität der Geschwisterrollen der Eltern selber bei ihren Beziehungen zu ihren Kindern mit. Wenn die Eltern einander komplementäre Geschwisterrollen haben und auch unter ihren Kindern sich solche mit Geschwisterpositionen befinden, die den ihren komplementär sind, dann ist die betreffende Familienkonstellation als besonders günstig zu bezeichnen.

Ein Beispiel wäre etwa ein Vater, der der älteste Bruder von zwei Schwestern ist, eine Mutter, die einen älteren Bruder hat, und eine Kinderkonfiguration Junge-Mädchen. Symbolisch ausgedrückt, lautet das folgendermaßen: b(ss)/bs/(b)s. Dabei wird der Vater links, die Mutter rechts geschrieben und die Kinder in der Mitte zwischen den beiden schrägen Strichen. Diese Konstellation ist deswegen so günstig, weil jeder Elternteil sowohl für die direkte oder Interaktionsbeziehung wie für die Identifikationsbeziehung genau das Richtige an Kindern bekommen hat. Elternteil und gleichgeschlechtliches Kind haben identische Geschwisterrollen. Der Vater kann sich mit dem Sohn, die Mutter mit der Tochter identifizieren. – Ferner sind die jeweiligen Geschwisterrollen von Elternteil und andersgeschlechtlichem Kind vollkommen komplementär. Die Kinder können auch ihre Beziehung zueinander ungestört nach den eigenen unmittelbaren

Erfahrungen miteinander und nach den indirekten oder Beobachtungserfahrungen mit der Beziehung der Eltern zueinander entwikkeln. Auch hier stimmt alles überein. Kein Elternteil hindert sie auf Grund einer unpassenden eigenen Geschwisterrolle.

Die Situation wäre anders, wenn das gleiche Elternpaar zuerst eine Tochter und dann einen Sohn bekommen hätte, also b(ss)/sb/(b)s. Der Vater und der Sohn sowie die Mutter und die Tochter haben einen gewissen Identifikationskonflikt miteinander. Sowohl beide Elternteile wie auch die Kinder hatten und haben zwar ein Geschwister vom anderen Geschlecht. Der Vater ist aber gewöhnt, Mädchen gegenüber den Senior zu spielen, der Sohn dagegen nimmt seiner Schwester gegenüber eine Juniorenrolle ein. Er will von sich aus eher betreut und befürsorgt sein. Er war und ist ja der Jüngere und anfangs auch der Kleinere. Der Vater ist mit der Haltung seines Sohnes gegenüber Mädchen nicht zufrieden, und der Sohn weiß nicht recht, was der Vater von ihm will. – Ähnlich ergeht es der Mutter und der Tochter. Die Tochter tendiert dazu, Verantwortung gegenüber ihrem Bruder zu übernehmen und ihn zu betreuen, und die Mutter scheint nicht recht zu verstehen, wie sich die Tochter das herausnehmen kann.

Auch in der Wechselwirkungsbeziehung zwischen Vater und Tochter und zwischen Mutter und Sohn herrscht ein gewisser Konflikt. Der Vater mag nicht, daß die Tochter Verantwortung für Männer übernehmen und die Männer bemuttern will. Die Tochter versteht nicht, warum sich der Vater nicht so behandeln läßt wir ihr kleiner Bruder. Die Mutter möchte umsorgt und fürsorglich behandelt werden und wundert sich, wieso ihr Sohn trotz des Vorbildes seines Vaters so wenig Anstalten trifft, dies ihr gegenüber zu tun. Der Sohn wieder begreift nicht recht, was sie von ihm erwartet.

Hätte das gleiche Ehepaar drei Kinder, und zwar einen Sohn, eine Tochter und einen weiteren Sohn, also b(ss)/bsb/(b)s, dann könnten wir bereits voraussagen, welches der Kinder vermutlich diesen Eltern ihrer Meinung nach Schwierigkeiten bereiten wird: der jüngere Sohn. Ohne ihn wären Eltern und Kinder miteinander in Harmonie. Alle Identifikations- und Wechselwirkungsbeziehungen zwischen Eltern und Kindern sind konfliktfrei, die Beziehung der Kinder das Abbild der Beziehung der Eltern. Der jüngste Sohn dagegen hat sowohl einen Identifikationskonflikt mit seinem Vater als auch einen Interaktionskonflikt mit seiner Mutter. Wir haben seine Situation teilweise oben bereits beschrieben. Er kann kein Senior gegenüber Mädchen sein, was Vater und Mutter unwillkürlich verlangen und wie es sein älterer Bruder ist. Auch in die konfliktlose Beziehung seiner beiden Geschwister zueinander kann er nicht eindringen. Mit dem, was er zu bieten hat, nämlich Abhängigkeit von ihrer Fürsorge, spannt er seiner Schwester den großen Bruder kaum aus.

Würden diese Eltern statt dessen eine Tochter, dann einen Sohn und dann eine Tochter haben, also b(ss)/sbs/(b)s, dann wäre die älteste Tochter wahrscheinlich das Problemkind. Sie würde gerne bemuttern, aber der Vater läßt es nicht zu und ermuntert den Sohn, es auch seinerseits nicht zuzulassen. Sie würde sich gern mit der Mutter identifizieren, aber die Mutter verhält sich gegenüber Jungen und Männern ganz anders. Dagegen finden der Junge, sofern er sich auf seine Beziehung zur jüngeren Schwester konzentriert, und die jüngere Schwester konfliktfreie Identifikationsmöglichkeiten mit ihrem gleichgeschlechtlichen Elternteil wie auch ebenso konfliktfreie Interaktionsbeziehungen mit ihrem andersgeschlechtlichen Elternteil.

Eltern, die selbst Einzelkinder sind, haben Schwierigkeiten, sich in die Geschwistersituation irgendeines ihrer Kinder einzudenken. Nicht selten scheuen sich solche Eltern überhaupt, mehr als ein Kind zu haben. Eltern, die selbst aus großen Geschwisterkonfigurationen kommen und nur ein einziges Kind haben, fällt es meist ähnlich schwer, sich mit dem Einzelkind zu identifizieren, es sei denn, sie selbst seien die ältesten Geschwister gewesen. Dann nämlich können sie die Erfahrungen verwerten, die sie machten, ehe ihre Geschwister zur Welt kamen. Das geht allerdings meistens nur, wenn ein Altersabstand von mindestens drei oder vier Jahren zum nächstjüngeren Geschwister besteht. Ansonsten ist auch die Einzelkinderfahrung eines ältesten Geschwisters zu kurz und zu wenig artikuliert geblieben.

Eltern, die aus monosexuellen Geschwisterkonfigurationen stammen, haben Schwierigkeiten, sich an Kinderkonfigurationen zu gewöhnen, in denen beide Geschlechter vorkommen oder nur das andere Geschlecht. Ähnliche Schwierigkeiten bestehen zwischen Eltern, die selbst aus gemischtgeschlechtlichen Geschwisterkonfigurationen stammen, aber monosexuelle Kinderkonfigurationen haben, also Kinder von nur einem Geschlecht. Eltern, die beide die Ältesten sind, haben Mühe, die Jüngeren unter ihren Kindern zu verstehen, Eltern, die beide die Jüngsten waren, geben ihren ältesten Kindern einige Rätsel auf. Solche Eltern sind anlehnungsbedürftig, machen nicht selten ihr erstes Kind zu ihrem Vertrauten und Berater und bemerken nicht, daß es für eine solche Rolle von ihnen kein Vorbild bekommt, dieses Vorbild aber bräuchte. Manchmal wird ein Onkel oder eine Tante, also eines der Geschwister der Eltern, und zwar ein ältestes, das Vorbild.

Da jeder Elternteil eine bestimmte von $n2^{n-1}$ möglichen Geschwisterpositionen unter seinen Geschwistern eingenommen haben kann, da diese Möglichkeiten in der Kombination beider Eltern sich multiplizieren und da auch für ein gegebenes Kind dieser Eltern gilt, daß es eine von $n2^{n-1}$ Positionen unter seinen Geschwistern einnehmen kann, bekommen wir, wenn beispielsweise jeder Elternteil aus einer Drei-Kinder-Familie stammt ($n = 3$) und wenn diese Eltern selbst drei Kinder haben, $(3 \cdot 2^{3-1}) (3 \cdot 2^{3-1}) (3 \cdot 2^{3-1}) = (3 \cdot 2^{3-1})^3 = 1728$ verschiedene Kombinationsmöglichkeiten von elterlichen Geschwisterrollen und den Geschwisterrollen ihrer Kinder. Gilt $n = 2$, und zwar auch wieder für beide Eltern und für ihre Kinder, ergeben sich immerhin noch 64 verschiedene Kombinationsmöglichkeiten von Geschwisterrollen der Eltern und Kinder. Wenn sie ungleiche Geschwisterzahlen haben, dann muß n_1, n_2 und n_3 für n eingesetzt werden.

Diese Kombinationsmöglichkeiten würden auch dann unübersichtlich werden, wenn wir nur Eltern aus Zwei-Kinder-Familien vor uns hätten, die ihrerseits nur zwei Kinder zeugten. Wir wollen daher so verfahren, daß wir die Merkmale der 8 (bzw. 10) Grundtypen von Geschwisterpositionen in einem eigenen Abschnitt schildern und im Anschluß daran die 16 (bzw. 19) Haupttypen von Elternpaaren sowie deren unterschiedliche Wirkungen auf ihre Kinder und die Familie als Ganzes beschreiben. Die Interaktionen mit den verschiedenen möglichen Kinderkonfigurationen können dabei nur mehr generell behandelt werden. Kompliziertere als die Grundtypen von Elternbeziehungen und die Wechselwirkungen zwischen solchen Ehepaaren und spezifischen Kinderkonfigurationen müßte der Leser unter Anlehnung an die hier beschriebenen Regeln und Prinzipien, doch unter Zuhilfenahme seiner eigenen kombinatorischen Fähigkeiten, zu analysieren und zu verstehen versuchen.

9. Verwandte

Wir haben Familien bisher so beschrieben, als lebten sie ohne direkte Einwirkung von seiten der Verwandten dahin. Nur die indirekten Wirkungen von Brüdern und Schwestern der Eltern, die sich letzten Endes in den besonderen Geschwisterrollen der Eltern manifestieren, und von Großeltern, sofern diese in der frühen Kindheit, in der späteren Kindheit oder in der frühen Jugend der Eltern durch Tod oder Trennung verloren wurden, nahmen wir zunächst zur Kenntnis. In vielen Familien tauchen aber die Großeltern auch leibhaftig auf und wirken unmittelbar, obschon eher sporadisch im Familiengeschehen mit. Auch Onkel und Tanten nehmen selbst und, sofern sie Kinder haben, mit ihren Kindern am Familiengeschehen teil. Die unverheirateten Onkel und Tanten sind Brüder und Schwestern der Eltern, und von den verheirateten Onkel und Tanten ist mindestens einer der jeweiligen Ehepartner ebenfalls ein Bruder oder eine Schwester des Vaters oder der Mutter. Ihre Kinder sind die Vettern und Kusinen, also etwas den Brüdern und Schwestern entfernt Ähnliches. Der Unterschied zu wirklichen Brüdern und Schwestern liegt allerdings in der erheblich geringeren Präsenz dieser Personen im Familienverband. In den meisten Fällen leben sie nicht im gleichen Haus, nicht in der gleichen Wohnung wie die leiblichen Eltern und Geschwister einer Person.

Solche Verwandten, also Großeltern, Onkel und Tanten sowie Vettern und Kusinen, werden aber unter bestimmten Bedingungen, anders gesagt, von bestimmten Familienkonstellationen eher als von anderen in das Leben der Kernfamilie einbezogen. Einzelkinder oder jüngste Geschwister unter den Eltern ziehen beispielsweise in höherem Maße als Eltern mit anderen Geschwisterpositionen einen Großelternteil ins Haus, in der Regel die Großmutter. Diese soll nicht nur an den Kindern, sondern auch an einem Elternteil ein wenig Elternstelle vertreten.

Auch Onkel und Tanten werden von manchen Familien zu ähnlichen Zwecken stärker in die Familie einbezogen. Sie stehen, wenn sie älteste Schwestern oder älteste Brüder sind, ihren Eltern gewordenen jüngeren Geschwistern bei. Manche unverheirateten Onkel, insbesondere aber Tanten, bleiben zu diesem Zweck oft überhaupt in der Familie, ja mitunter verzichten sie auf eine eigene Heirat wegen dieser für die Familie eines Geschwisters übernommenen Aufgabe. Das kann besonders dann passieren, wenn beide Eltern jüngste Geschwister sind. Ein ältestes Geschwister eines dieser beiden Elternteile wird in einen solchen Familienverband mitunter als der ersehnte und unentbehrliche Senior und elterliche Berater aufgenommen. – Auch Onkel und Tanten, die jüngste Geschwister sind, finden manchmal einen Platz in einer Kernfamilie. Dies ist überzufällig wahrscheinlich, wenn beide Elternteile älteste Geschwister sind und einen Junior zur Milderung ihrer Autoritätskonflikte bräuchten. Wenn es in der Familie eines Elternteils besonders viele Geschwister von einem Geschlecht gegeben hat, wenn also beispielsweise ein Vater drei Schwestern oder eine Mutter vier Brüder hatte, bleibt diesem Elternteil nicht selten eines seiner Geschwister für die selbst gegründete Familie erhalten. Ein solcher Gang der Dinge wäre jedenfalls psychologisch nicht unnatürlich, auch wenn manchmal rationale Argumente dagegen geltend gemacht oder solche Verbindungen ausdrücklich verhindert werden.

Eltern, die aus großen Geschwisterkonfigurationen stammen, kommen eigentlich in einer „simplen“ Einehe etwas zu kurz. Die Ehe ist weniger als das, was sie von zu Hause gewöhnt waren. Sie umfaßt weniger Personen. Das soll nicht heißen, daß für solche Personen die Polygamie und/oder Polyandrie, also die Vielmännerei und/oder Vielweiberei gesetzlich zugelassen werden sollte, wohl aber, daß keine psychologischen Bedenken gegen partielle Mitwirkungen von Geschwistern der Eltern im Familienverband bestehen. Psychologisch mögen dann die Kinder einer Familie zwei Mütter oder zwei Väter haben, mitunter beides. Wenn diese elterlichen Personen im Einverständnis miteinander agieren, sich gegenseitig ergänzen und wenn sie nicht eines Tages abrupt verloren gehen, sind im allgemeinen keine ungünstigen Wirkungen auf die Kinder zu erwarten. Auch der Einbezug von Vettern und Kusinen kann eher helfen als schaden, besonders wenn eine der auf diese Weise zusammentretenden Familien oder beide unausgewogene Kinderkonfigurationen haben, also die einen etwa nur Mädchen und die anderen nur Jungen, oder die einen zwei Kinder mit einem großen Altersabstand voneinander und die anderen drei Kinder, die altersmäßig dazwischen passen würden.

In noch anderer Hinsicht sind Onkel und Tanten sowie deren Kinder von Interesse. Sie helfen das Personenmilieu und die Familienatmosphäre charakterisieren, aus dem die Eltern der gegebenen Familie stammen. Wenn beispielsweise ein Elternteil einer Zwei-Kinder-Familie vier Geschwister hat, von denen nur ein einziges verheiratet ist, das außerdem keine Kinder hat, darf man annehmen, daß entweder ganz besondere historische, geographische oder wirtschaftliche Umstände vorliegen, oder daß das Milieu in der ursprünglichen Familie dieses Elternteils nicht günstig war. Warum sonst hätten drei der vier Geschwister nicht den „Mut" zur Heirat aufgebracht und das vierte Geschwister immerhin keinen „Mut" zu eigenen Kindern? Wenn man nichts anderes über die ursprüngliche Familie dieses einen Elternteiles weiß, wenn man ihn aber mit dem Elternteil einer anderen Zwei-Kinder-Familie vergleichen soll, der ebenfalls vier Geschwister hat, von denen alle verheiratet sind und mindestens drei Kinder haben, könnte man mit relativer Sicherheit vermuten, daß bei gleichen historischen, geographischen und wirtschaftlichen Umständen der zuletzt genannte Elternteil aus einem günstigeren und harmonischeren Familienmilieu kommt.

Wir haben gesagt, daß der Erfolg einer Beziehung zwischen Ehepartnern sich letzten Endes in der Fähigkeit der Kinder dieser Ehepartner manifestiert, ihrerseits Ehen einzugehen und Kinder zu haben (S. 82, 91). Das bedeutet hier, daß der Erfolg der Ehe der Großeltern letzten Endes ausgewiesen ist durch die Fähigkeit der Eltern, ihrerseits eine erfolgreiche Ehe einzugehen und Kinder zu haben. Das soll nicht heißen, daß wir an der Ehe der Großeltern per se interessiert sind. Wir wollen lediglich wissen, was die Eltern von ihren Großeltern her psychologisch mit in ihre Ehe gebracht haben und was für ein Milieu sie selbst ihren Kindern bieten könnten. Dazu hilft uns ein Blick auf die Ehen- und Kinderzahlen unter den Geschwistern der Eltern. Wir lernen, von welcher Population von Eheschließungen innerhalb eines Geschwisterverbandes die Ehe der gegebenen Familie eine Stichprobe ist.

Wir können z.B. bei der erstgenannten Familie im Vergleich zum Ehegründungsschicksal der Geschwister des fraglichen Elternteils vermuten, daß dieser Elternteil relativ noch am günstigsten unter allen seinen Geschwistern bedient war. Er hat ja geheiratet und sogar Kinder bekommen. Insgesamt aber muß das ursprüngliche Familienmilieu dieses Elternteils eher ungünstig gewesen sein. Ob dazu Konflikte der Geschwisterrollen der Großeltern oder Personenverluste, welche die Großeltern erlitten, oder andere schwierige Lebensbedingungen beigetragen haben, wissen wir nicht. Es wäre vor allem interessant zu erfahren, warum eines der Kinder, eben der fragliche Elternteil, eine Familie zu gründen vermochte, aber auch, wieso die Mehrzahl der anderen Geschwister dabei scheiterte oder es gar nicht versuchte.

Bei der zweitgenannten Familie sind alle Geschwister des fraglichen Elternteils muntere Familienoberhäupter geworden. Der fragliche Elternteil bleibt sogar um mindestens ein Kind unter dem Kinderdurchschnitt seiner Geschwister zurück. Er hat ja nur zwei Kinder. Wir würden hier vermuten, daß ein eher günstiges (großelterliches) Ausgangsmilieu vorlag. Wie nun das Übertreffen der Geschwister in der Familiengründung beim erstgenannten Beispiel und das leichte Zurückbleiben in der Familiengründung hinter den Geschwistern in der zweiten Familie zu interpretieren ist, wie das eher ungünstige Ausgangsmilieu im ersten und das eher günstige Ausgangsmilieu im zweiten Fall damit in Beziehung zu bringen wäre, könnten uns erst weitere Details klären helfen, die wir erfragen müßten.

Kompliziert wird die Sache noch durch den jeweils anderen Elternteil. Auch dieser hatte ja in der Regel Geschwister, und auch diese vermochten Familien zu gründen oder nicht. Man könnte, um vergleichbare Werte zu bekommen, die Kinderzahl aller Geschwister beider Elternteile einschließlich der Eltern selbst ermitteln und prüfen, ob die gegebene Familie mit ihrer Kinderzahl über oder unter dem Durchschnitt der Geschwister liegt. Man könnte aber auch die Mittelung für jeden Elternteil getrennt vornehmen und prüfen, wer von den beiden Elternteilen denn nach dem Durchschnitt der Kinderfreudigkeit der Geschwister stärker zur „Erreichung" der gegebenen Kinderzahl beigetragen hat. Man könnte schließlich auch noch die Kinderzahlen der Eltern und ihrer Geschwister mit jener Kinderzahl vergleichen, zu der sie selbst gehörten, und etwas wie eine Zu- oder Abnahme der Kinderfreudigkeit von einer Generation zur nächsten dabei beobachten.

Diese Zahlen sind im individuellen Fall allerdings nur bei deutlichen Unterschieden oder Abweichungen von Durchschnitts- oder Erwartungswerten interpretierbar. Praktisch genügt es oft, für die Geschwister der Eltern festzustellen, ob sie verheiratet sind und ob sie überhaupt Kinder haben, zumindest eines. Wenn wir bei der symbolischen Darstellung einer Familienkonstellation den Ehestand eines Geschwisters durch eine Unterstreichung des Symbols für dieses

Geschwister, ein oder mehrere Kinder dieses Geschwisters durch eine darunter gesetzte zweite Unterstreichung kennzeichnen, dann bedeutet $\mathrm{b}(\underline{\mathrm{s}}\mathrm{b})/\mathrm{sssb}/(\underline{\underline{\mathrm{b}}})\mathrm{s}(\underline{\underline{\mathrm{bs}}})$ folgendes: der Vater (der Ausdruck links vom ersten schrägen Strich) ist der älteste Bruder einer Schwester und eines Bruders. Seine Schwester ist verheiratet, hat aber keine Kinder. Sein Bruder ist unverheiratet. Die Mutter (der Ausdruck rechts vom zweiten schrägen Strich) hat einen älteren Bruder, einen jüngeren Bruder und eine noch jüngere Schwester. Alle Geschwister der Mutter sind verheiratet und haben Kinder (mindestens eines). Vater und Mutter haben zusammen vier Kinder (der Ausdruck zwischen den beiden schrägen Strichen), drei Mädchen und einen Jungen. Der Junge ist das jüngste Kind.

Wir könnten aus dieser Konfiguration folgern, daß unter der Annahme durchschnittlicher Verhältnisse die Mutter aus einer kinderfreudigeren Familie kommt. Das Milieu ihrer ursprünglichen Familie war vermutlich günstiger als in der Familie des Vaters. Wäre der Vater um vieles jünger als die Mutter, dann könnte man sagen, seine Geschwister hätten noch keine Zeit gefunden, sich zu verheiraten. Im Durchschnitt ist er aber drei Jahre älter als die Mutter. Da die Abstände der Kinder voneinander in Ermangelung einer konkreten Information darüber am besten als durchschnittlich, also mit drei bis vier Jahren angenommen werden, hat die Ehe vermutlich schon 10 bis 13 Jahre gedauert (siehe auch S. 11). Der Vater könnte etwa 38 Jahre alt sein (Durchschnittsalter bei Heirat plus Ehedauer), seine Schwester vielleicht 34, sein Bruder 30. Auch der Bruder wäre mit ziemlicher Wahrscheinlichkeit also über das durchschnittliche Heiratsalter der Männer bereits hinaus. Zeit zum Heiraten bzw. zum Zeugen eines Kindes hätten beide Geschwister mit großer Wahrscheinlichkeit gehabt. Daß sie es trotzdem nicht taten, rechtfertigt eben den Schluß geringerer Kinderfreudigkeit in der Familie des Vaters.

Im übrigen bräuchten wir einige oder auch nur eine einzige Altersangabe über die Personen und könnten mit noch größerem Vertrauen unsere Vermutung aufrechterhalten oder abändern. Selbst wenn wir lediglich wüßten, daß die beiden älteren Töchter verheiratet sind und die zweitälteste bereits Kinder hat, ergibt sich ein ganz anderes Altersbild für die gesamte Familienkonstellation. Symbolisch könnten wir das so darstellen: $\mathrm{b}(\underline{\mathrm{s}}\mathrm{b})/\mathrm{s}\underline{\underline{\mathrm{s}}}\mathrm{sb}/(\underline{\underline{\mathrm{b}}})\mathrm{s}(\underline{\underline{\mathrm{bs}}})$. Da unter der Annahme durchschnittlicher Verhältnisse die zweite Tochter mindestens etwa 28

Jahre alt ist (durchschnittliches Heiratsalter des Mädchens 24 Jahre, durchschnittliche Zeit bis zur Ankunft des ersten Kindes ein bis zwei Jahre; da angegeben wurde, daß sie Kinder hat, dürfen wir annehmen, mindestens zwei, und vermutlich keine Zwillinge. Wenn das zweite gerade erst geboren wurde, wäre das erste unter durchschnittlichen Verhältnissen etwa drei oder vier Jahre alt; (macht $24+1+3=28$ Jahre). Nimmt man an, daß die älteste Tochter drei Jahre älter ist als die zweitälteste und der Vater weitere 28 oder 29 Jahre älter, dann ergibt sich für den Vater nunmehr ein mutmaßliches Alter von 59 oder 60 Jahren.

Über ihre Großeltern können befragte Personen in der Regel nur mehr dürftige Angaben machen. Sie wissen meist nichts über deren Geschwisterpositionen oder deren Eltern. Von den eigenen Eltern dagegen kennen sie in der Regel die Geschwisterpositionen sowie die ungefähren Schicksale der Geschwister der Eltern. Angaben darüber, ob die Großeltern noch leben bzw., wenn sie schon gestorben sind, wann das ungefähr war, sind allerdings von fast allen befragten Personen zu erhalten. Solche Angaben sind insofern bedeutsam, als wir dadurch von eventuellen frühen oder sehr frühen Personenverlusten erfahren können, welche die Eltern erlitten haben.

Wenn wir nur einen sehr frühen Personenverlust (der von ihm Betroffene war zur Zeit des Verlustes sechs Jahre oder jünger), einen frühen Personenverlust (der vom Verlust Betroffene war damals zwischen 7 und 14 Jahre alt) und einen Personenverlust überhaupt unterscheiden wollen (der Betroffene war bereits 15 Jahre oder älter; von einem solchen Personenverlust darf angenommen werden, daß er nicht mehr unentrinnbar traumatisch wirkt), dann könnten wir dies symbolisch in der folgenden Form tun: Zwei Punkte über jenem Zeichen, das die verlorene Person symbolisiert, bedeutet sehr früher Personenverlust oder Personenverlust in der frühen Kindheit. Ein Punkt bedeutet früher Personenverlust oder Personenverlust in der frühen Jugend, ein Kreuz bedeutet nur Verlust der so bezeichneten Person überhaupt, aber kein früher Verlust für die betroffene Person.

Wenn der älteste Bruder einer Schwester und eines Bruders beispielsweise in der Zeit bis zu seinem sechsten Lebensjahr den Bruder verloren hat, dann würde dies geschrieben: b(s$\ddot{b}$). Hätte er diesen Bruder erst, als er selbst schon zwölf Jahre alt war, verloren, dann hieße es b(s$\dot{b}$), hätte er ihn noch später verloren: b(sb^{+}). Die Altersgrenzen beziehen sich, wie gesagt, nicht auf das Alter der verlorenen Person, sondern auf das Alter der von diesem Verlust betroffenen Person. Im letzten Beispiel war also der älteste Bruder einer Schwester und eines Bruders mindestens 15 Jahre alt, als er seinen jüngeren Bruder verlor.

Wenn wir von Großeltern keine Geschwisterpositionen wissen, aber sie dennoch symbolisch kennzeichnen wollen, empfiehlt es sich, v für den Großvater und m für die Großmutter zu schreiben. Wenn wir in dem weiter oben angegebenen Beispiel einer Familienkonstellation mit vier Kindern auch noch die Großeltern eintragen und erfahren haben, daß der Vater seinen Vater in der frühen Kindheit verlor, der Vater der Mutter dagegen vor einem Jahr, also erst kürzlich, verstorben ist, und daß der Vater seinen jüngeren Bruder ebenfalls verlor, und zwar in früher Jugend, dann sieht das folgendermaßen aus:
v̇̇/m//b(sḃ)/sssb/(b)s(bs)//v†/m.

Daraus können wir aber auch gleich weitere Folgerungen ziehen. Der erst vor kurzem erlebte Verlust ihres Vaters ist für die Mutter vielleicht schmerzhaft, aber nicht mehr traumatisch gewesen. Für den Vater dagegen fiel der Verlust des Vaters in die frühe Kindheit und muß als sehr traumatisch bezeichnet werden. Da der Vater in seiner frühen Jugend auch noch einen Bruder verloren hat, darf man annehmen, daß diese traumatischen Bedingungen das Familienmilieu, die Familienstimmung, bedrückt haben. Zu den finanziellen Schwierigkeiten, in welche die Familie durch den Vaterverlust geraten sein mag, kamen vor allem die psychologischen Schwierigkeiten. Die Kinder wuchsen ohne Kontakt mit dem Vater heran. Der jüngste Bruder war vermutlich gerade erst geboren, als der Vater starb. Die Mutter mußte auch Vaterstelle an den Kindern vertreten. Vielleicht mußte sie tagsüber arbeiten und die Kinder in ein Tagesheim geben.

Wir haben hier an einem Fall illustriert, wie man mit Familiendaten umgeht und was man sich bei ihrem Studium alles denken kann. Diese Denk- oder Interpretationsmöglichkeiten dürfen nicht mit der Wahrheit verwechselt werden. Die Wahrheit kennen wir nicht. Ihr hoffen wir uns durch unsere Fragen, Erkundigungen oder durch bloßes Zuhören zu nähern. Um aber die richtigen Fragen zu stellen oder auch nur richtig zuzuhören, müssen wir die wahrscheinlicheren von den unwahrscheinlicheren Möglichkeiten laufend sondieren.

10. Das Datenmaterial

Das bisher Berichtete, aber auch der Inhalt der kommenden Kapitel fußt auf empirischen Daten, die in verschiedener Weise und an verschiedenen Personengruppen gewonnen werden konnten. Die erste Gruppe bestand aus Personen, die sich in den Jahren 1951–1961 in psychotherapeutischer Behandlung befanden (51 Fälle) oder zur diagnostischen Beurteilung gekommen waren (58 Fälle). Eine andere Gruppe bildeten Personen, die in Beratungsstellen oder psychiatrischen Kliniken (45 Fälle) oder unter den Bekannten des Verfassers nach systematischen Gesichtspunkten ausgesucht wurden (135 Fälle). Wieder eine andere Gruppe befand sich in psychotherapeutischer Beratung und Behandlung bei Personen, deren Tätigkeit der Verfasser als Lehrtherapeut beaufsichtigte (118 Fälle). Das macht zusammen 272 Fälle.

Darüber hinaus kamen dem Verfasser schätzungsweise tausend weitere Fälle indirekt und unvollständig, obschon meist immer noch recht ausführlich zur Kenntnis: Jene Personen, die im Leben der bereits Genannten eine Rolle spielten und manchmal durch ungewöhnliche Handlungen, Schicksale, Berufe, soziale Beziehungen oder Äußerungen aufgefallen waren.

Diese Stichproben können selbstverständlich nicht als statistisch repräsentativ aufgefaßt werden, besonders da jeweils etwa ein Viertel aus Wien und drei Viertel aus Boston stammten. Da aber vor allem die Zusammenhänge von Merkmalen interessierten, die in verschiedenen Ausprägungsgraden an jeder der untersuchten Personen aufgetreten waren, kam es auf die Repräsentativität der Stichproben weniger an – zumindest unter der Voraussetzung, daß die beobachteten Zusammenhänge in allen Stichproben ähnlich waren. Dies traf auch in überraschendem Ausmaß zu. Bestimmte Merkmale der Geschwisterposition und der Familienkonstellation einer Person waren durchweg überzufällig häufig mit bestimmten sozialen Verhaltensmerkmalen gekoppelt. Bestimmten Geschwisterpositionen schienen sogar bestimmte Persönlichkeitsmerkmale, Interessen, Einstellungen und Haltungen gegenüber einer Reihe von Wirklichkeitsbereichen zu entsprechen. Bestimmte Geschwisterkonstellationen der Eltern korrelierten mit Merkmalen der Familienatmosphäre sowie mit ausgeprägten Präferenzen der Eltern für bestimmte Kinder. Ließ man sich von verschiedenen Personen ihre Geschwister beschreiben, dann dominierten über alle befragten Personen hinweg bei bestimmten Geschwisterpositionen in der Regel ganz bestimmte Verhaltens- und Persönlichkeitsmerkmale. Sogar die Umkehrung funktionierte. Gab man Personen soziale Verhaltensbeschreibungen und Charakterzüge von verschiedenen Personentypen mit der Bitte, jene Verhaltens- und Charakterporträts auszusuchen, die auf ihre einzelnen Geschwister paßten, dann wählten sie mit weit überzufälliger Wahrscheinlichkeit die erwarteten Typen von Geschwisterpositionen aus diesen Verhaltens- und Charakterporträts (siehe auch Löhr 1966). In zahlreichen experimentellen Studien, in denen besondere Aspekte des Sozialverhaltens untersucht wurden (Leistungsmotivation, Anspruchsniveau, Frustrationstoleranz, Führungsrollen unter Kindern und Jugendlichen, Empfänglichkeit für Gruppendruck, Aggressivität in Gedanken und in der Realität, Selbsteinschätzung, Einschätzung von Eltern, Geschwistern, Vorgesetzten und Kollegen etc.), wurden im wesentlichen die bereits gefundenen und beschriebenen sozialen Verhaltensmerkmale und Charakterzüge der verschiedenen Geschwisterpositionen bestätigt. Über diese und andere Untersuchungen wird in einem anderen Kapitel kurz referiert (siehe S. 10, 260 ff., 269 ff.).

Um auch die Verteilungen und Streuungen von Familienkonstellationsmerkmalen zu prüfen und kritische Feldexperimente durchzuführen (die bereits berichtet wurden; siehe S. 96 ff.), befragten meine Mitarbeiter und ich mit finanzieller Hilfe der Deutschen Forschungsgemeinschaft große Stichproben der Bevölkerung. Es wurden 540 Familien in Zürich, 1530 Familien in Nürnberg und 230 Familien aus der Umgebung von Nürnberg untersucht. Eine zusätzliche Stichprobe von 620 Volksschülern der einfacheren Bevölkerung Nürnbergs sowie die Familien von 180 Kindern, die psychologische Beratungsstellen aufgesucht oder anderweitige Erziehungshilfen gebraucht hatten, und die Familien von 150 jugendlichen Strafgefangenen rundeten die Gesamterhebung ab. Ein detaillierter Bericht dieser Untersuchung liegt einerseits als unveröffentlichter Forschungsbericht (Toman, Preiser, Gasch, Plattig, 1967), andererseits als ein Tabellenwerk in Buchform vor (Toman und Preiser 1973). Die wichtigsten Ergebnisse der beschreibenden Statistik habe ich hier bereits verschiedentlich referiert. Den Feldexperimenten, die an harten Daten der Wirklichkeit vorgenommen worden sind, ist der Abschnitt 6.5 gewidmet. Diese Daten betrafen das tatsächliche Verhalten von Personen in ihren ursprünglichen und in ihren neugegründeten Familien. Alle untersuchten Verhaltensereignisse hatten bereits stattgefunden. Einstellungen der befragten Personen zu diesen Ereignissen konnten die Ereignisse selbst nicht mehr beeinflussen. Auch die Untersucher konnten keine unbewußten Selektions- oder Deutungsfehler mehr begehen, wie das bei psychologischen Untersuchungen sonst leicht passieren kann und gelegentlich nachweislich passiert ist.

II. Anwendung und Praxis

11. Haupttypen von Geschwisterpositionen

Im folgenden sollen die Haupttypen von Geschwisterpositionen nach ihren Verhaltens-, Einstellungs- und Interessenpräferenzen charakterisiert werden. Anschließend werden dann die Elternpaartypen nach ihrem Verhältnis zueinander und nach dem Verhältnis zu ihren Kindern beschrieben.

Geschwisterpositionen können als Rollen aufgefaßt werden, welche eine Person auch außerhalb der Familie zumindest anfänglich, oft aber auch auf Dauer und mit Vorliebe einnimmt. Es wurde bereits erwähnt, daß diese Rollen in den regelmäßigen und dauerhaften Sozialkontakten außerhalb der Familie modifiziert werden können und daß in neuen Situationen nicht nur die ursprünglichen Rollen im Familienverband, sondern auch diese Modifikationen zur Geltung kommen können (siehe S. 78 f.). Die elementarsten sozialen Verhaltenspräferenzen, Interessen und Einstellungen bleiben allerdings häufig erhalten. Sie sind zwar nicht immer an der Oberfläche. Wenn man aber beachtet, wie denn eine Person ihr Leben tatsächlich einrichtet, was sie konkret im Alltag gern tut, wie sie ihr Verhältnis zu Bekannten, zu Kollegen, zu Freunden und Freundinnen, zu Liebes- und Ehepartnern, zu den eigenen Eltern und den eigenen Kindern, aber auch zu elternähnlichen und kinderähnlichen Personen überhaupt gestaltet sehen möchte, was sie tut, wenn sie die freie Wahl hat, und wann sie sich relativ am glücklichsten und zufriedensten fühlt, kann man die ursprünglichen Charakteristika und sozialen Präferenzen meistens deutlich erkennen. Die betreffende Person weiß oft gar nicht, daß sie diese Verhaltenscharakteristika und Präferenzen im sozialen Kontakt mit anderen Personen hat. Die anderen allerdings erkennen sie und nehmen in ihren Kontakten und Auseinandersetzungen mit dem Betreffenden unwillkürlich und oft unbewußt darauf Bezug. Der Leser sollte daher nicht unbedingt erwarten, daß er sich selber im Porträt seiner entsprechenden Geschwisterposition sofort erkennt. Wenn ihm andere sagen, daß das Porträt trotzdem auf ihn zutrifft, soll er ihnen zugestehen, daß sie vielleicht recht haben könnten, und sich selbst ein wenig länger und genauer beobachten. Die Porträts schildern ja eher, was einer im Alltag wirklich und immer wieder tut, nicht, was er zu tun glaubt, und auch nicht, wie er darüber hinaus noch gerne sein möchte.

Häufiger werden die Inhaber bestimmter Geschwisterpositionen sich jedoch in wesentlichen Zügen dieser Porträts erkennen. Wenn allerdings sowohl das eigene Urteil wie das Urteil der Freunde und Bekannten über Sie, meine Leser, dem hier gebotenen Porträt widerspricht, und zwar obwohl sie keine mittlere oder gemischte Geschwisterposition, sondern eine „reine" Geschwisterposition haben, dann prüfen Sie, ob nicht entweder durch die Geschwisterposition eines Elternteils, durch besonders große oder besonders geringe Altersabstände zu den Geschwistern oder durch besondere Lebensumstände wie Ortswechsel der gesamten Familie, Trennungen von der Familie oder Personenverluste in der Familie einiges anders gekommen sein könnte, als unter durchschnittlichen Verhältnissen erwartet werden darf. Auch wenn gar nicht Sie selbst zur Debatte stehen, sondern eine bekannte oder befreundete Person oder auch jemand, mit dem Sie beruflich zu tun haben, können Sie in einem möglichst zwanglosen Gespräch Erkundigungen über die Geschwisterpositionen der Eltern dieser Person oder über besondere Umstände in der Familie einholen. Es könnten auch Faktoren vorliegen, deren Einfluß stärker ist als die Personenzusammensetzungen in den Familien und ihre Wirkungen auf den einzelnen. Die Wohnverhältnisse der Familie, Krankheiten des Betreffenden, angeborene äußere Ähnlichkeiten mit bestimmten Familienmitgliedern, aber auch Besonderheiten der körperlichen Konstitution oder der Begabung des Betreffenden könnten wirksam geworden sein (vgl. S. 65 ff.).

Es könnte auch sein, daß jemand in einem außerfamiliären sozialen Kontext nicht die eigene Geschwisterrolle spielt, sondern die eines seiner Geschwister. Eine Person, der daheim in der Wechselwirkung mit den Geschwistern die eigene Rolle mehr oder weniger aufgezwungen wird, kann in einem neuen Kontext, etwa in der Schule oder in einem Freundeskreis, sich zumindest nach einer unwillkürlichen und teils unbewußten Sichtung der Situation auf eine Rolle besinnen, die jemand anderer als sie selbst in ihrer ursprünglichen Familie innehatte. Der jüngere Bruder eines Bruders kann beispielsweise bemerken, daß er in der neuen Gruppe, etwa im Kindergarten oder in der Grundschule, mehr Erfolg bei den anderen hat, wenn er sich so benimmt, wie er es an seinem großen Bruder zu Hause sah und erlebte. Dabei hat er den Vorteil, daß er unter den meist gleichaltrigen Mitschülern durch die Identifikation mit seinem großen Bruder einen gewissen Altersvorteil bekommt. Sein großer Bruder ist ja bei durchschnittlichen Verhältnissen drei bis vier Jahre älter als er. Der große Bruder kann und weiß viel mehr als er selbst und seine Mitschüler. Der Nachteil ist natürlich, daß eine durch Identifikation gelernte Rolle meist weniger konsistent und für die Außenstehenden weniger überzeugend ist als die Rolle, die einem in der Familie sozusagen auf den Leib geschrieben wurde. In der Regel bedarf es auch eines besonders günstigen Milieus in der neuen Gruppe oder eines Mangels an „Führern" unter ihren Mitgliedern, der unter anderem darauf beruhen kann, daß sich in der Gruppe kein ältestes Geschwister befindet.

Es besteht aber auch die Möglichkeit, daß jemand in einem neuen sozialen Kontext, etwa im Kindergarten oder in der Schule, Kontakt nicht nur mit Kindern jenes Geschlechts sucht, auf das er durch seine Geschwister vorbereitet ist, sondern auch und manchmal sogar vorwiegend mit den anderen Kindern. Der älteste Bruder von Brüdern könnte sich beispielsweise weniger für die Jungen in der Schulgruppe begeistern als für ein oder mehrere Mädchen. Oder eine jüngere Schwester von Brüdern könnte sich statt an Jungen an Mädchen anschließen. Ein Einzelkind, das auf den Kontakt mit altersnahen oder geschwisterähnlichen Personen überhaupt nicht vorbereitet ist, könnte sich nach einem anfänglichen Schock über die vielen anderen Kinder allmählich als besonders aufgeschlossen, kontaktfreudig und beliebt erweisen.

Sowohl der genannte Identifikationseffekt wie der Kontakteffekt konnte in mehrmonatigen Beobachtungsproben in verschiedenen Kindergartenklassen nachgewiesen werden (Toman 1973 b). Älteste Geschwister nahmen zwar im Kindergarten zunächst Führungsrollen ein, manche von ihnen traten diese aber nach einigen Monaten oder im zweiten Jahr unter anderem an jüngste Geschwister ab. Kinder aus monosexuellen Geschwisterkonfigurationen suchten nach einer Weile auch Kontakt mit Kindern vom anderen Geschlecht, Kinder, die nur Geschwister vom anderen Geschlecht hatten, Kontakt mit Kindern vom gleichen Geschlecht. Beide Effekte erwiesen sich allerdings als abhängig vom sozialen Milieu, das Lehrer und die Schule kreieren. Sie scheinen in einer toleranten Atmosphäre nachweisbar. In einem konventionellen oder strikteren Milieu dagegen bleiben die Kinder eher bei den sozialen Präferenzen, auf die sie von zu Hause vorbereitet sind (Sutton-Smith und Rosenberg 1970, Toman 1973 b).

Auch aus der Beziehung zu den Eltern sind manche Abweichungen von jener Rolle im sozialen Dauerverhalten ableitbar, die der gegebenen Geschwisterposition eines Menschen im Durchschnitt entsprechen würde. Für Personen in gemischten und mittleren Geschwisterpositionen gibt es natürlich grundsätzlich mehrere Möglichkeiten, wenn sie in neue soziale Kontexte eintreten. Es wurde bereits angedeutet, daß bei ihnen unter anderem aus den Rollen, die sie in neuen sozialen Kontexten einnehmen, erschlossen werden kann, welche von zwei oder mehr Typen von Geschwisterbeziehungen sie lieber praktizieren und offenbar höher schätzen als andere (S. 111). Es wurde aber auch erwähnt, nach welchen Gesichtspunkten aus der Kenntnis der Geschwisterkonfiguration einer Person (einschließlich der Altersabstände) und der Kenntnis der Geschwisterpositionen ihrer Eltern sich solche Präferenzen in neuen sozialen Kontexten mit einer gewissen Wahrscheinlichkeit voraussagen lassen (S. 115 ff.). Alle diese Möglichkeiten müßten vom Leser erwogen werden, wenn die hier gebotenen Porträts nicht auf ihn und seine Familienkonstellation zuzutreffen scheinen.

Die im folgenden wiedergegebenen Verhaltens- und Einstellungsporträts der 8 (bzw. 10) Grundtypen von Geschwisterpositionen wurden zunächst aus routinemäßigen psychodiagnostischen Untersuchungen und psychotherapeutischen Behandlungsfällen gewonnen. Für jeden dieser 8 Haupttypen wurde ein Minimum von jeweils 6 Fällen gesucht, die außerdem noch folgende Kriterien erfüllen mußten:

1. Ihre Eltern durften keine völlig unverträglichen Geschwisterpositionen gehabt haben. Fälle von vollem Rang- und teilweisem oder vollem Geschlechtskonflikt wurden ausgeschlossen. Nach Tabelle 1 (S. 91 f.) waren nur Komplementaritätsgrade 1a, 1b, 2a und 2b sowie teilweise 3a zugelassen.

2. Weder die untersuchte Person noch ihre Eltern durften frühe Personenverluste erlitten haben. Jede Person, die einen Elternteil oder ein Geschwister vor ihrem 16. Lebensjahr verloren hatte, wurde von der ersten und grundlegenden Betrachtung ausgeschieden. Nur die

Angaben über die Reaktionen der verschiedenen Geschwisterpositionstypen auf Personenverluste und ihr Verhalten in der Familie selbst, gegenüber Eltern sowie im Freundes- und Bekanntenkreis sind in den Verhaltens- und Einstellungsporträts zum Teil auch diesen ausgeschiedenen Fällen entnommen. Verhaltensweisen gegenüber Psychotherapie und als Psychotherapeut entstammen einer anderen Gruppe von Personen, nämlich der der Fachkollegen des Verfassers, jener Psychologen und jungen Ärzte deren psychotherapeutische Arbeit er in den USA für die Dauer von rund acht Jahren zu beaufsichtigen hatte, und der ihrer Patienten (siehe auch S. 133ff.).

Seit dieser ersten Erarbeitung der Verhaltens- und Einstellungsporträts der Haupttypen von Geschwisterpositionen (Toman 1960, 1962) wurden die Fallstudien erheblich vermehrt. Das Minimum an ausführlich studierten Fällen pro Typus liegt derzeit bei 20 Personen, für die beide oben genannten Kriterien zusätzlich erfüllt sein mußten. Teilkenntnisse liegen für durchschnittlich 100 Fälle pro Typus vor. Außerdem wurden seither die verschiedenen Einzelaspekte der Verhaltens- und Einstellungsporträts in zahlreichen experimentellen Untersuchungen in den USA und im deutschen Sprachraum überprüft und im wesentlichen durchweg bestätigt. Die wichtigsten dieser Einzeluntersuchungen sind in der Bibliographie zitiert (siehe auch S. 10 sowie Kapitel 14).

Diese Verhaltens- und Einstellungsporträts sind gegenüber früheren englischen und deutschen Auflagen dieses Buches lediglich etwas gekürzt und gestrafft. Sie sind der am häufigsten von der Populärliteratur und den Unterhaltungszeitschriften aufgegriffene Teil unserer Forschungen. Es sind aber in Anlehnung an mein Buch auch ergänzende Fachwerke über Geschwister und Familien entstanden, von denen an dieser Stelle Dechêne (1967), Forer (1969) sowie Sutton-Smith und Rosenberg (1970) genannt seien. Auch über sie gibt das Kapitel 14 Auskunft.

Die Beschreibungen des sozialen Dauerverhaltens und der Einstellungen, Interessen und sozialen Präferenzen, die in den folgenden Porträts versucht werden, sind am ehesten auf junge Erwachsene gemünzt. Dennoch soll auch für junge Erwachsene einer bestimmten Geschwisterposition nicht erwartet werden, daß alle beschriebenen Merkmale mit gleicher Stärke zutreffen. Sie sollten aber immerhin nach der Mehrzahl der genannten Merkmale erkennbar sein.

Diese Porträts der Haupttypen von Geschwisterpositionen gelten aber auch für Kinder und Jugendliche, obschon unter etwas anderen Begleitumständen, und sie gelten auch noch für reifere Erwachsene und für alte Menschen. Bei reiferen Erwachsenen, die ihre Berufs- und Lebensaufgaben gefunden haben, scheinen sie allerdings für den flüchtigen Beobachter zu verblassen. Der Betreffende wirkt durch seine Stellung in der Gesellschaft und durch die Aufgaben, die ihm im Beruf oder zu Hause generell zukommen, stärker charakterisiert als durch seine Geschwisterposition und die ursprünglichen Beziehungen zu seinen Eltern. Daß dem doch nicht ganz so ist, verrät der reifere Erwachsene, wenn er sich entspannt, wenn er sich auf Erholung befindet, wenn er es sich zu Hause oder auch bei der Arbeit richtig gemütlich machen will oder wenn er in der Erinnerung allein oder im Freundes- und Bekanntenkreis seine Kindheit und Jugend wieder aufleben läßt.

Der alte Mensch dagegen neigt dazu, überhaupt stärker wieder seine alte Geschwisterrolle einzunehmen und insbesondere im Verwandten, Freundes- und Bekanntenkreis so zu handeln, sich so zu äußern, aber auch so behandelt werden zu wollen, wie er das von seinen Lebensanfängen her gewöhnt war.

Diese Porträts der Haupttypen von Geschwisterpositionen haben selbstverständlich auch einen Bezug zur gesellschaftlichen Situation der Gegenwart. Es kann nicht behauptet werden, daß sie immer gegolten haben oder immer gelten werden. Auch die in den Porträts implizierte gesellschaftliche Struktur ist sicher nicht die einzig mögliche oder zeitlos. Unsere Erhebungen gelten für die industrielle Gesellschaft, für hochentwickelte Nationen und eher für die städtische als für die Landbevölkerung. Ob diese hochentwickelte, weitgehend urbanisierte industrielle Gesellschaft nun in einer westlichen oder einer östlichen Demokratie lebt, bewirkt wahrscheinlich keine großen Unterschiede in den Rollenporträts der Geschwisterpositionen, solange die Familie als psychologische, soziologische und wirtschaftliche Einheit und als frühkindliches Erziehungsmilieu im wesentlichen erhalten geblieben ist. Es darf allerdings angenommen werden, daß sich auch weniger entwickelte oder vorwiegend agrarische Nationen in der Richtung auf Industrialisierung und Urbanisierung entwickeln werden. Das läßt vermuten, daß der Geltungsbereich der hier gebotenen Beschreibungen wächst.

Zu der in den Porträts implizierten Gesellschaftsstruktur gehört auch die Annahme, daß die Erwachsenen arbeiten müssen, um sich selbst und ihre Kinder zu erhalten und die Güter zu produzieren, die ihnen das Leben nicht nur möglich, sondern auch angenehmer, interessanter und lebenswerter machen können. Diese Annahme gilt mit Sicherheit für die gemäßigten und kalten Zonen unserer Erde, mit großer Wahrscheinlichkeit für alle bewohnten Gegenden der Erde überhaupt. Sogenannte arbeitsfreie paradiesische Enklaven, die in den Tropen und Subtropen gelegentlich entdeckt und beschrieben wurden, zeigten bei näherer Betrachtung durchweg, daß auch dort gearbeitet wird, auch gekämpft und kooperiert, obschon in lockerer und einfacherer Form.

Impliziert ist auch, daß nach der bisherigen Konvention, aber vermutlich auch in Zukunft einer der Elternteile in einer Familie die Hauptlast des Broterwerbes, der andere die Hauptlast der Betreuung der Kinder auf sich nimmt, solange diese noch klein sind. In der überwiegenden Mehrzahl aller Familien ist der Vater der Broterwerber, die Mutter die Betreuerin der Kinder. Wenn die Mutter einen Beruf hat, gibt sie diesen meist einige Monate vor der Geburt des ersten Kindes auf und kehrt, frühestens sobald ihr letztes Kind die Volksschule besucht, zuerst halbtags, später vielleicht sogar ganztags wieder in ihren alten oder einen verwandten Beruf zurück. Im Durchschnitt tut sie das sogar erst, wenn ihr jüngstes Kind etwa 14 Jahre alt geworden ist. Manche Mütter tun es nie.

Schließlich ist in den Porträts nicht ausgeschlossen, daß aufgrund wirtschaftlicher, ethnischer, religiöser und rechtlicher Gebräuche einerseits die erstgeborenen Kinder und andererseits das männliche Geschlecht gewisse leichte Vorzüge genießen. Dies sollte nicht als meine Bejahung der Sachlage gedeutet werden. Ich habe mich vielmehr bemüht, die Verhältnisse so zu schildern, wie sie tatsächlich derzeit sind und vermutlich auch noch in der nächsten Zukunft sein werden. Ich will allerdings auch nicht leugnen, daß manche der scheinbaren Bevorzugungen des ältesten Kindes sachlich begründet sind. Das älteste Kind hat gegenüber dem zweitältesten einen Erfahrungsvorsprung vom Ausmaß des Altersabstandes. Im Durchschnitt weiß und kann es zu einem gegebenen Zeitpunkt seiner Kindheit mehr als seine Geschwister. Es versteht auch die Angelegenheiten der Eltern im allgemeinen besser als die jüngeren Geschwister und kann etwa im Falle des Verlustes eines Elternteils besser als die anderen Kinder an die Stelle dieses Elternteils treten. Das muß selbstverständlich nicht so sein und wird, wenn die Verhältnisse anders liegen, eigentlich fast immer auch anders gehandhabt. Erscheint das älteste Kind ungeeignet zur Übernahme des elterlichen Betriebes, zur Vormundschaft über Geschwister oder etwa als Nachfolger auf einem Thron, tritt das zweitälteste oder eben das am besten geeignete und am meisten interessierte Kind an die vakante Stelle.

Auch die berufliche Benachteiligung der Frau, die sich aus ihrer Übernahme des Haushaltes und der Betreuung ihrer Kinder ergibt, ist zum Teil kaum vermeidbar. Wenn sie ihre Mutterrolle ernst genommen hat, kehrt sie erst nach acht- bis 15jähriger Unterbrechung wieder ins Berufsleben zurück und hat meistens Mühe, den Anschluß zu finden. In wissenschaftlichen Berufen oder in wissenschaftlich gestützten Praxen findet sie ihn meist überhaupt nicht mehr. Sie muß auf verwandte Berufe oder einfachere Aufgaben im gelernten Beruf umsatteln.

Das gleiche gälte übrigens für einen Mann, der die Betreuung seiner Kinder übernimmt, während seine Frau einen Beruf ausübt. Ob es allerdings einer Frau nicht von Natur aus mehr liegt, mit kleinen Kindern im Dauerkontakt zu stehen, als einem Mann, sei dahingestellt. Es sieht so aus, als könne die Frau, unter anderem durch die Schwangerschaft und die Zeit, in der sie das Kind stillt, ein intimeres, geduldigeres und befriedigenderes Verhältnis zu ihren Kindern entwickeln, als ein Mann es vermag. Um die Lasten der Kinderbetreuung und der Unterbrechung der Berufslaufbahn gleichmäßig auf Männer und Frauen zu verteilen, müßte man eigentlich 50% der Männer überreden, selbst und in ihrem eigenen Leib die Kinder auszutragen, sie anschließend zu stillen und mindestens ihre ersten sechs Lebensjahre voll zu betreuen.

Spaß beiseite: Die berufliche Gleichberechtigung der unverheirateten Frau, der verheirateten Frau ohne Kinderwunsch und der Frau mit erwachsenen Kindern ist unter Berücksichtigung der jeweiligen sachlichen Qualifikationen ein moralisches und soziales Gebot. Die berufliche Gleichberechtigung der Mutter kleiner Kinder, sogar jener Mutter, die ihre Betreuungsaufgaben an eine andere Person delegieren und selbst nur überwachen möchte, ist beinahe ein Widerspruch in sich selbst. Die Mutter, die bei ihren Kindern bleibt, kann sich nicht auch noch einem Beruf widmen, ohne daß entweder der Beruf oder die Kinder leiden. Und die Mutter, die ihre Aufgabe delegiert, macht entweder eine andere, mitunter eine zu dem Zweck angestellte Person zur eigentlichen und vollen Mutter ihrer Kinder, oder auch sie kann ihre beruflichen Aufgaben oder die Überwachung der Kinderbetreuung nicht ausreichend erfüllen.

Die im folgenden wiedergegebenen Porträts machen keinen Unterschied, ob jemand nur ein oder mehrere Geschwister von einem bestimmten Typus hat. Das ist auch in den Überschriften so ausgedrückt. Trotzdem sei erwähnt, daß etwa der älteste Bruder einer Schwester dem ältesten Bruder von zwei Schwestern und zur Not auch noch dem ältesten Bruder von drei Schwestern in seinem sozialen Verhalten und in seinen Einstellungen so ähnlich ist, daß sie in einem Porträt zusammengefaßt werden können. Wenn er aber vier, fünf oder noch mehr Schwestern hat, können sich die Effekte des betreffenden Typus von Geschwisterposition verzerren. Der Betreffende hat sozusagen zu viel von einer Sorte. Das kann bewirken, daß die Geschwisterkonfiguration sich unterteilt, etwa in einen Bruder und zwei jüngere Schwestern einerseits, in drei weitere Schwestern andererseits. Es kann aber auch bewirken, daß der Betreffende, im Beispiel also der älteste Bruder von Schwestern, entweder stärker als andere älteste Brüder von Schwestern seiner Familiensituation entfliehen möchte, manchmal um jeden Preis, etwa durch Eingehen einer Beziehung mit der nächstbesten überhaupt verfügbaren Person, oder daß er von seiner Familie nie mehr richtig loskommt.

Wenn im folgenden vom ältesten Bruder von Schwestern, vom jüngsten Bruder von Brüdern, von der ältesten Schwester von Schwestern usw. gesprochen wird, dann denke man am besten an ein oder zwei, vielleicht noch an drei Geschwister vom jeweils genannten Typ, aber nicht an mehr. Wenn jemand nur Geschwister von einem einzigen Typus, aber mehr als drei davon hat, empfiehlt sich zusätzlich zur Lektüre des entsprechenden Porträts eine nähere Befragung der Person nach ihren Beziehungen zu allen diesen Geschwistern und nach den mutmaßlichen Beziehungen der Geschwister untereinander.

Einzelkinder werden als ein eigener Typus von Geschwisterposition dargestellt, obwohl sie eigentlich gar keine Geschwisterposition haben. Lediglich durch Identifikation mit dem gleichgeschlechtlichen Elternteil können sie dessen Geschwisterposition in manchen Verhaltenszügen annehmen. Es gibt aber auch Quasi-Einzelkinder. Das sind Personen, die zwar Geschwister haben, die aber von den unmittelbar benachbarten Geschwistern durch einen Altersabstand von sechs oder mehr Jahren getrennt sind. Solche Personen tragen in der Regel nicht nur die Charakteristika ihrer Geschwisterposition, sondern auch die

Charakteristika des Einzelkindes. Diese dominieren umso mehr, je größer dieser Abstand zum nächstälteren oder nächstjüngeren Geschwister bzw. gegebenenfalls zu beiden ist. Bei solchen Geschwisterpositionen empfiehlt es sich daher, nicht nur das Rollenporträt der entsprechenden Geschwisterposition, sondern auch jenes des Einzelkindes zu konsultieren.

11.1. Der älteste Bruder von Brüdern: b(b..)

Er liebt es, Führung und Verantwortung gegenüber anderen Personen, insbesondere Männern, zu übernehmen. Er versucht, die anderen zu betreuen, manchmal auch, sie zu bevormunden. Er macht sich mehr Sorgen um die Zukunft als andere. Daraus leitet er mitunter seinen Führungsanspruch erst ab. Der Gruppe, der er sich auf diese Weise annimmt, will er gerne eine Eliteposition verschaffen. Dafür arbeitet er hart. Dafür sollen ihm aber auch die Mitglieder dieser Gruppe ihre Dienste leisten und die Treue halten. Sie dürfen nicht gleich fragen, was sie selbst von der Sache haben werden. Sie sollen ihm vertrauen. Er glaubt nämlich oft, die anderen besser zu verstehen, als diese sich selbst verstehen. Er glaubt zu wissen, was ihnen gut tut. Damit begründet er gegebenenfalls auch, warum er in kritischen oder gefährlichen Situationen lieber einen anderen vorausschickt. Er glaubt, als der verständige Führer für die Gruppe unentbehrlicher zu sein als die anderen. Bei Bedarf wird er als Retter einspringen. – Wenn er die Wahl hat, läßt er sich lieber nur mit Gegnern ein, die schwächer sind als er.

Er identifiziert sich bereitwilliger als andere mit Autoritätspersonen und Machthabern. Er fügt sich leichter den gegebenen Verhältnissen, zeigt mehr Verständnis für sie und wird auch gern deren Advokat. Er gilt in der Regel als ein Mensch, auf den man sich verlassen kann, tritt aber manchmal auch päpstlicher auf als der Papst. Ist der Machthaber oder die Autoritätsperson allerdings nicht so stark, wie sie tut, ist er meist der erste, der dies bemerkt. Unter opportunen Umständen kann er besser als andere auch den Sturz einer solchen Person herbeiführen. Doch auch als Vertreter einer neuen Ordnung kann er die Fürsorge übertreiben. Angeblich im Interesse der anderen strebt er eher als sie diktatorische Machtbefugnisse an. Er glaubt ja, besser zu wissen, was den anderen gut tut, insbesondere den Männern und

„untergeordneten" Verantwortungsträgern, als diese selbst. Dabei kann er auch hart, mitunter geradezu grausam sein. Er geht gerne mit seinem Beispiel voran. Er ist selbstkritisch, haßt aber Kritik, die andere an ihm üben.

Er interessiert sich für Besitz und schafft gern Güter und Eigentum, sowohl in materieller wie auch in geistiger Hinsicht. Er liebt geordnete Verhältnisse, macht ungern Schulden und setzt sich meist realistische Ziele, die mit harter Arbeit und Ausdauer zu erreichen sind. Er ruht sich auf seinen Erfolgen nicht aus. Noch bevor sie eingetreten sind, weiß er schon, was als nächstes getan werden muß. Er sieht die Dinge häufig besser voraus als andere. Nach Mißerfolgen gibt er nicht auf, sondern verstärkt oder verändert seine Anstrengungen. Mehr als andere behält er das Gesamtkonzept im Auge. In der Wirtschaft, in der Wissenschaft, in der Kunst oder in der Politik schätzt er den Pragmatiker, fragt selbst immer wieder nach den Konsequenzen und nach der Relevanz eines Vorhabens und kann meistens schärfer als andere den Fachmann vom Schwätzer unterscheiden.

Mit Frauen ist er eher spröde oder scheu. Er will sich nichts vergeben. Er hat Mühe, sein Interesse an bestimmten Personen zuzugeben. Er liebt es, wenn eine Frau sich mehr für ihn interessiert als er sich für sie. Er behandelt Mädchen und Frauen gern wie Jungen, möchte, daß sie auch wie Jungen aussehen, sucht aber unbewußt eigentlich jene Frau, die ihr Aussehen Lügen straft und bereit ist, ihn vorbehaltlos, aber unauffällig zu bemuttern. Allfällige Kränkungen durch Frauen trägt er oft lange nach.

Seine günstigste Partnerin wäre eine jüngste Schwester von Brüdern. Eine solche wäre allerdings bei einem ältesten Bruder von Schwester unter sonst vergleichbaren Umständen besser aufgehoben als bei ihm. Eine jüngere Schwester von Schwestern kann ihn ebenfalls verlocken, aber er findet nach einer Weile oft, daß sie ihm zu viele Rätsel aufgibt und daß sie kein besonderes Geschick in der Gestaltung ihres Zusammenlebens hat – er hat es übrigens auch nicht.

Eine älteste Schwester von Brüdern könnte es ihm auch noch recht machen. Sie tendiert ja dazu, ihn zu betreuen, was sie aber zu seinem Mißfallen mitunter „zu dick aufträgt". Mit einer ältesten Schwester von Schwestern käme er relativ am schwersten zurecht. Beide machen einander die Führung streitig, es sei denn, sie leben eher parallel als miteinander, verfolgen getrennte Karrieren und teilen sich eventuell sogar die Kinder nach dem Geschlecht zu. Er übernimmt die Jungen, sie die Mädchen. Auch mit einem Einzelkind hätte er seine Mühe. Nur wenn sie eine Mutter hatte, die selbst eine jüngste Schwester war, vorzugsweise von Brüdern, könnte es etwas besser gehen. Unter Mädchen mit gemischten oder mittleren Geschwisterpositionen sind jene günstiger für ihn, die unter ihren Geschwistern auch mindestens einen älteren Bruder hatten. Mehr als andere Männer neigt er auch dazu, sich für Frauen von der gleichen Geschwisterposition wie seine Mutter zu interessieren. – In allen Fällen wäre es günstig, wenn ihm in der Ehe gestattet wird, den Kontakt mit seinen Freunden weiterhin aufrechtzuerhalten.

Als Familienvater ist er besorgt und handelt verantwortlich, aber die Familie empfindet ihn oft als zu streng, zu kontrollierend oder innerlich zu wenig beteiligt. Er gilt als Effizienzfanatiker, mitunter als Tyrann. Am leichtesten versteht ihn sein ältester Sohn. Beide können sich relativ leicht miteinander identifizieren. Der älteste Sohn denkt am ehesten von allen Kindern wie der Vater. Er kann auch am leichtesten stellvertretend für ihn einspringen. Das beste direkte Verhältnis oder das beste unmittelbare Auskommen hat der Vater allerdings mit einem jüngsten Sohn, das zweitbeste mit einer jüngsten Tochter. Diese gibt ihm allerdings manchmal mehr Probleme auf, als ihm lieb ist, und er wacht auch für ihren Geschmack etwas zu eifersüchtig über ihr.

Unter Freunden kommt er relativ am besten mit jüngsten Brüdern oder mittleren Brüdern von Brüdern aus. Mit ältesten Brüdern von Brüdern, aber auch mit Einzelkindern kann er sich zwar recht gut identifizieren, aber nicht so gut im täglichen Zusammenleben harmonieren. In Freundesgruppen kann er mit allen Arten von Geschwisterpositionen auskommen und liebt sogar die Vielfalt, solange kein anderer ältester Bruder von Brüdern zugegen ist. Ihn verträgt er nur in dessen Abwesenheit, oder die beiden müssen sich die Gruppe teilen, die Mitglieder damit Farbe bekennen, zu wem sie gehören wollen.

Sein schwerster Verlust wäre jener der Mutter oder einer mütterlichen Freundin. Seine relativ stärksten Schuldgefühle dagegen wären an den Verlust eines jüngeren Bruders oder eines guten Freundes geknüpft. Dagegen scheint ihn der Verlust irgendeiner Freundin, aber sogar der seiner Frau, innerlich auf eine seltsame Weise ungerührt zu lassen, auch wenn er äußerlich alle üblichen Zeichen der Trauer aufweist.

Ein ältester Bruder von Brüdern scheint in folgenden Berufen häufiger vertreten zu sein, als nach dem Zufall zu erwarten wäre: Wirtschaftsführer, Bankdirektor, Finanzier, Schiffs- oder Stabsoffizier, Lehrer, Seelsorger, Sozialarbeiter, Richter, Formalwissenschaftler, Chirurg, (höherer) Verwaltungsbeamter, Baumeister, Monteur, Gewerkschaftsführer, Expeditionsleiter.

Als Patient einer psychotherapeutischen Behandlung verabscheut der älteste Bruder von Brüdern die implizierte Abhängigkeit von einer anderen Person. Wenn er nicht starke persönliche oder aber professionelle Gründe dafür hat, fängt er lieber gar nicht an damit. – Als Psychotherapeut neigt er dazu, die Angelegenheiten des Patienten stärker als nötig selbst in die Hand zu nehmen, überbesorgt zu sein und nicht nur therapeutisch, sondern auch durch Belehrung oder kraft seiner Autorität helfen zu wollen. Er arbeitet besser mit Männern als mit Frauen, entwickelt mit jüngeren Geschwistern rascher als mit älteren Geschwistern eine therapeutische Beziehung, kann diese aber mit älteren Geschwistern besser ausbauen und schließlich beenden als mit jüngeren Geschwistern.

Bekannte älteste Brüder von Brüdern sind etwa Lyndon B. Johnson, Henry Cabot Lodge, Harry Belafonte, Jonas Salk, Robert Oppenheimer, Sir Alec Home, Hugh Hefner ...

11.2. Der jüngste Bruder von Brüdern: (. . b)b

Er lehnt sich gerne an andere Menschen, insbesondere Männer, an. Er sucht Anschluß. Er möchte von Männern geachtet, geschätzt und verstanden werden. Dafür ist er auch bereit, sich eine verantwortliche Rolle auferlegen zu lassen. Nur die letzte Verantwortung, die eigentliche Führung anderer, liegt ihm nicht. Er ist lieber ein „Gefolgsmann" oder Unterführer, auch wenn er sich mitunter lang um etwas bitten läßt oder gegen die Führung opponiert. Letzteres geschieht allerdings eher in Teilangelegenheiten. Gegen das Gesamtkonzept, an dem er beschlossen hat mitzuarbeiten, hat er nichts einzuwenden.

Das schließt nicht aus, daß er allerlei an der Welt falsch findet und viele Veränderungswünsche äußert. Es geht ihm jedoch oft nicht wirklich um Veränderungen da und dort auf der Welt, sondern um das Gespräch über solche Möglichkeiten mit anderen Menschen, vor allem mit imponierenden Männern. Das, was wirklich geändert werden soll, müssen diese Männer bestimmen. Wenn er mitdiskutieren konnte, wenn seine Gedanken und Einwände zwar nicht unbedingt befolgt, aber doch anerkannt und verstanden wurden, dann ist er bereit, sich für die Sache einzusetzen, wenn nötig sogar ihr glühender und mutiger Verfechter zu werden.

Er kann überhaupt mutig, frech oder unverfroren sein. Er fordert gerne Gegner heraus, die stärker sind als er. Er riskiert höhere Einsätze als andere, wenn nötig auch den seines Lebens. Er ist opferbereit. Er kann in manchmal enormen Spurts arbeiten. Er kann aber auch leichter als andere enttäuscht bzw. durch Mißerfolgserlebnisse zumindest vorübergehend entmutigt werden. Wenn er erfolgreich ist, neigt er hingegen dazu, seine Chancen und seine Kräfte zu überschätzen. Er wirkt manchmal unbeständig und impulsiv, aber auch ehrgeizig und zum Widerspruch geneigt, gleichgültig was gerade zur Debatte steht. Auf diese Weise bestimmen andere Männer mitunter stärker seine Handlungen als er selbst.

Trotz einer gewissen Widerspenstigkeit und trotz mancher Schwierigkeiten im Umgang mit anderen Menschen, trotz einer rauhen Schale, die er nicht selten hervorkehrt, und trotz seiner relativ großen Körperkraft ist er innerlich eigentlich weich und gutmütig. Auch wenn er sich manchmal aggressiv oder sarkastisch gibt, scheut er doch vor den letzten Konsequenzen der Aggression oder des Sarkasmus zurück. Er ist bereit, zu verzeihen und zu vergessen.

Am Erwerb von Eigentum und Besitz ist er weniger interessiert als an der Qualität des Lebens und an den Freuden und Empfindungen der Gegenwart. Nicht auf Güter kommt es ihm an, sondern auf Stimmungen, auf das Empfinden der eigenen Existenz. Daher fragt er auch nicht viel, woher das Geld kommen soll, das er braucht, sei es für große Vorhaben oder auch nur für den Lebensunterhalt. Er lebt gern und gönnt sich einiges. Schulden belasten ihn nicht sehr. Er ist aber auch großzügig, obschon auf impulsive Art. Zuviel Ordnung findet er schädlich. Er tendiert eher als andere dazu, sich optimistisch zu äußern, über die Verhältnisse zu leben und zu planen. Dafür kommt die Rettung, ein Gönner oder ein glücklicher Zufall, immer dann, wenn man sie am wenigsten erwartet. Bleibt sie aus, kann man sich immer noch durch Bluff helfen oder Trost bei Frauen und in Nachtlokalen suchen. Wissenschaftliche, technische oder künstlerische Talente lebt er freier aus als andere Menschen. Dabei fragt er nicht gern nach dem Zweck oder sachlichen Kontext. Er will sich inhaltlich nicht binden müssen. Wenn er nicht gezwungen oder in Routinearbeit eingespannt wird, leistet er mitunter Ungewöhnliches und Originelles.

Frauen gegenüber ist er eher weich und nachgiebig, selbst dann, wenn er äußerlich gelegentlich den Zyniker oder den großen, unsteten Abenteurer spielt. Er hat ein bißchen Mühe zu verstehen, worauf es den Frauen oder einer bestimmten Frau eigentlich ankommt, kann aber, wenn sie ihm einige objektiv vielleicht belanglose Lieblingswünsche erfüllen, ihnen treu ergeben, ja manchmal geradezu hörig werden.

Seine günstigste Partnerin wäre eine älteste Schwester von Brüdern (obwohl diese bei einem jüngsten Bruder von Schwestern noch besser aufgehoben wäre). Auch eine älteste Schwester von Schwestern würde ihm die Führung und Verantwortungsfreude beisteuern, die er unbewußt sucht, selbst wenn er diese Partnerin mitunter zu autoritätsgläubig und in täglichen Belangen zu ungemütlich findet. Eine jüngste Schwester von Brüdern würde ihn zwar schlechter betreuen, als ihm lieb ist, aber sie weiß immerhin, wie man mit Männern umgeht. Relativ am ungünstigsten wäre eine jüngste Schwester von Schwestern oder ein Einzelkind, besonders wenn dieses eine Mutter hat, die selbst eine jüngste Schwester oder ebenfalls ein Einzelkind ist. In diesen Fällen suchen beide Ehepartner im anderen die Führung und finden sie nicht. Unter mittleren Geschwistern oder Mädchen mit gemischten Geschwisterpositionen wären solche für ihn relativ günstiger, die unter ihren Geschwistern mindestens auch einen jüngeren Bruder haben. – Wichtig für die Ehe wäre es in jedem Falle, daß er den Kontakt mit seinen Freunden nach der Heirat nicht abbrechen muß.

Er ist kein konventioneller Familienvater. Er mag sich nicht viel um die Familie kümmern. Seine Kinder empfindet er anfangs nicht selten als Bedrohung der Beziehung zu seiner Frau. Er tendiert dazu, ihr die Sorge um die Kinder zu überlassen, sich innerlich eher den Kindern zuzugesellen, mit ihnen um die Gunst seiner Frau zu wetteifern und sie in seine eigenen Gedanken und Probleme oft vorzeitig einzuweihen. Manchmal liegt ihm sogar mehr daran, von seinen Kindern verstanden zu werden als sie zu verstehen. Er will beliebt und bewundert sein. Häufig wird er aber auch für die Kinder ihr guter Kamerad und Spielgefährte und übt in dieser Rolle vielleicht noch am besten seine Vaterfunktionen aus.

Mit Freunden kommt er relativ am besten aus, wenn sie älteste Brüder von Brüdern sind, oder mittlere Brüder, die ältere Brüder unter ihren Geschwistern hatten, oder auch Einzelkinder, deren Väter älteste Geschwister waren. Älteste Brüder von Schwestern sind im allgemeinen an ihm nicht interessiert, jüngere Brüder von Schwestern dagegen scheinen sich mit ihm manchmal recht gut zu verstehen. Nur mit anderen jüngsten Brüdern von Brüdern fängt er auf die Dauer nicht viel an, es sei denn als „Mit-Gefolgsmann" in einer Gruppe, die von jemand anderem geführt wird. Da können die beiden jüngsten Brüder einander manchmal zumindest ihr Leid klagen und sich gegenseitig trösten.

Sein schwerster Verlust wäre der Verlust der Mutter oder einer vertrauten mütterlichen Person; am meisten verwirren würde ihn der Verlust eines seiner älteren Brüder oder eines Freundes, der ihm gegenüber diese Rolle gehabt hatte. Er macht sich Selbstvorwürfe über einen solchen Verlust, glaubt den Teuren im Stich gelassen oder ihn zu oft gekränkt, besonders aber, sich mit ihm zuwenig ausgesprochen zu haben. Verliert er eine Freundin, die mehr von ihm abhängig war als er von ihr, dann berührt ihn ihr Fortgang weniger tief, auch wenn es äußerlich nicht diesen Anschein hat.

Zu seinen relativ bevorzugten Berufen gehören unter anderen: Conferencier oder Unterhalter, etwa Ansager oder Show-Master im Radio oder Fernsehen; Werbeagent oder Handelsvertreter, bildender Künstler, Schriftsteller, Musiker, Schauspieler, Hauslehrer, technischer oder wissenschaftlicher Spezialist, Assistent oder Mitarbeiter von führenden Männern in der Wirtschaft, der Politik oder der Wissenschaft, Popularitätspolitiker (vote-getter), Augenarzt, Anästhesist . . .

Nicht selten scheint der jüngste Bruder von Brüdern etwas wie Psychotherapie geradezu zu suchen, auch wenn er sich ihrer im konkreten Fall nicht immer optimal bedienen kann. Ihn lockt, daß ihm jemand endlich wirklich zuhört. Ihn schreckt, daß er letzten Endes unabhängig und autark werden soll. – Wenn er selbst Psychotherapeut wird, tendiert er mehr als andere zur Sorglosigkeit und zum „Laisser-faire" in der Behandlung. Er macht sich eher zuwenig als zuviel Sorge um den Patienten. Ihm liegt auch in dieser Situation insgeheim mehr daran, daß der Patient ihn versteht, als daß er den Patienten und dieser sich selbst versteht. Er arbeitet besser mit Männern als mit Frauen. Die Psychotherapie kommt etwas rascher in Gang, wenn der Patient ein älteres Geschwister ist. Sie kann aber leichter zu einem erfolgreichen Abschluß gebracht werden, wenn der Patient ein jüngstes Geschwister ist.

Bekannte jüngste Brüder von Brüdern sind etwa Aldous Huxley, Gunter Sachs, Rudi Dutschke, Ingmar Bergman, Konrad Lorenz, Jacques-Yves Cousteau, Wladimir Iljitsch Lenin, Ronald Reagan…

11.3. Der älteste Bruder von Schwestern: b(s. .)

Er ist ein Damenfreund. Er schätzt Frauen, egal ob als Kolleginnen und Mitarbeiterinnen, als Liebespartnerinnen oder als Ehefrau. Nach seiner Meinung gibt es keine größere Gunst des Schicksals als die Gunst von (schönen) Frauen. Er ist ein guter Arbeiter, besonders wenn auch Frauen bei der Arbeit zugegen sind oder wenn er die Arbeit für eine Frau tut. Er sträubt sich nicht, eine Führungsrolle einzunehmen, aber er strebt sie auch nicht unbedingt an. Er arbeitet gerne, doch die Arbeit ist fast nie der Hauptinhalt seines Lebens, sondern nur ein Mittel dazu. Er will leben und leben lassen. Für einen guten Zweck, am liebsten für eine ausgewählte Frau, ist er auch bereit, ein Risiko einzugehen oder zu kämpfen. Einer bloßen Autoritätsperson zuliebe tut er das nicht.

Er ist kein Mann der Männer und damit auch nicht anfällig für gewisse Ungereimtheiten und Vorurteile mancher Männerbünde. Wenn er einem Klub, einer Mannschaft, einer politischen Gruppe angehört, dann geschieht das eher für eine Frau, für die Familie oder für die Kinder als um einer Idee, den Parteigängern oder dem Ruhme des Vaterlandes zu dienen. Er ist ein Realist.

Fachliche Autorität vermag er ohne Schwierigkeiten anzuerkennen, aber auf einen unbegründeten Autoritätsanspruch reagiert er sauer. Wenn Frauen seine Vorgesetzten sind, dürfen sie sich nicht allzu sehr in Szene setzen. Sonst haben sie mit seiner Gegnerschaft zu rechnen. Tritt er selbst als Vorgesetzter auf, verlangt er zwar gute Arbeitsleistungen von seinen Mitarbeitern und Mitarbeiterinnen, aber er will auch, daß sie ihren Spaß haben. Sie brauchen sich an ihrer Arbeitsstelle nicht aufzuopfern. Er ist kein Tyrann, kein Diktator, kein Leuteschinder, verträgt aber auch keinen dieser Typen als Vorgesetzten. Ihm fügt er sich nicht, tritt allerdings auch nicht in Opposition. Er will niemanden aufwiegeln. Leichter als andere wechselt er in einem solchen Falle die Stelle, mitunter sogar seine Karriere. Es macht ihm auch nicht viel, wenn er dabei auf einer tieferen Stufe als der schon erreichten anfangen muß.

Er bewahrt und verwaltet Eigentum, Besitz oder ein Unternehmen, aber er hängt nicht sein Herz daran. Er muß die Güter der Welt oder auch seine eigenen Güter nicht um jeden Preis vermehren. Wenn sie mit der Zeit sogar schwinden sollten, kann man auch nichts machen, denkt er bereitwilliger als andere. Seinem Liebesglück würde er wirtschaftlich oder geistig mehr Opfer bringen als andere, wird aber dank seinem Geschick in Frauenangelegenheiten selten vor solche Alternativen gestellt. Trotzdem ist er in seinen sachlichen Interessen weniger als andere Menschen durch Modetrends, Prestigeerwägungen oder Freunde und Kollegen beeinflußbar.

Mit Frauen weiß er umzugehen. Er ist fürsorglich, aufmerksam und verständig. Er wird nicht leicht müde, ihnen den Hof zu machen. Er schämt sich nicht dessen, was er „im Dienste" einer Frau getan hat. Allerdings wählt er auch von allem Anfang an mit größerer Sicherheit als andere Männer jene Frauen aus, die ihm keinen Korb geben werden. Sollte eine es aber doch einmal tun, nimmt er das freundlich und mit Verständnis hin. Er trägt nichts nach. Er fühlt sich durch Liebesenttäuschungen nicht in seinen Grundfesten erschüttert.

Seine beste Partnerin wäre die jüngste Schwester von Brüdern. Einer jüngsten Schwester von Schwestern könnte er besser als andere Männer zeigen, wie man sich das Leben als Mann und Frau am besten einrichtet. Eine älteste Schwester von Brüdern ist ihm meist zu aufdringlich in ihrem Bemutterungsanspruch, und um eine älteste Schwester von Schwestern macht er meist unwillkürlich einen Bogen. Sie bringt ihm seiner instinktiven Meinung nach zuviel von der Autorität und Strenge ihres Vaters mit ins Haus. Mit einem Einzelkind würde er besser als manche anderen Männer fertig, besonders wenn dieses eine Mutter hatte, die eine jüngste Schwester war. Mädchen mit gemischten und mittleren Geschwisterpositionen wirken dann günstiger für ihn, wenn sie ältere Brüder unter ihren Geschwistern hatten.

Er ist ein guter Familienvater, einerseits besorgt um die Kinder und durchaus bereit, sich der Familienangelegenheiten anzunehmen, andererseits aber ohne den Hang, die Besorgnis zu übertreiben oder die Kinder zu wichtig zu nehmen. Die wichtigste Person in der Familie bleibt ihm seine Frau. Auch ist ihm ihr Wunsch nach Kindern meistens bedeutsamer als sein eigener Wunsch nach Kindern. Und im Unterschied zu anderen Männern kann er meistens auch jede Zeit- und

Reihenfolge akzeptieren, in der die Kinder kommen sollen oder tatsächlich kommen.

Freunde interessieren ihn nicht sonderlich. Wenn er nicht gerade auf der Suche nach einer Liebespartnerin ist, kann er mäßige Freundschaften mit Männern fast aller Geschwisterpositionen unterhalten. Nur mit einem anderen ältesten Bruder von Schwestern würde er sich nicht besonders gut vertragen. Jeder von ihnen würde von Natur aus eher mit der Schwester des anderen Kontakt wünschen. In Freundesgruppen verhält er sich neutral-distanziert. Wenn aber Not am Mann ist, etwa weil Untergruppen einander zu bekämpfen beginnen oder weil zwei oder drei Mitglieder zugleich die Führung der gesamten Gruppe beanspruchen, kann er als Vermittler, ja mitunter sogar als Führer einspringen. Von dieser Rolle versucht er allerdings meist bald wieder loszukommen.

Der Verlust der Mutter würde ihn etwas schwerer treffen als der Verlust des Vaters, doch auch der Verlust einer Schwester oder seiner Geliebten bzw. seiner Frau kann ihn vorübergehend erschüttern. Er empfindet Verluste tief und meist ohne Ambivalenz, ohne Schuldgefühle, aber er kann auch „mit hohem Wirkungsgrad" trauern. Er überwindet den Verlust innerlich rascher als andere, kann sich früher als diese einer Ersatzperson oder einer neuen Person zuwenden, ohne aber deswegen die verlorene Person zu vergessen oder zu verschweigen. – Der Verlust eines Freundes dagegen bewegt ihn nur wenig.

Zu den Berufen, die er etwas häufiger ergreift, als nach dem Zufall zu erwarten wäre, gehören: praktischer Arzt, Kinderarzt, Gynäkologe, Naturwissenschaftler, Sprachwissenschaftler, Regisseur, Dramatiker, Architekt, Komponist, Personalchef, Chefredakteur, selbständiger Gewerbetreibender, Kaufmann, Facharbeiter ...

Für Psychotherapie ist er kein sehr häufiger Interessent. Weder männliche noch weibliche Psychotherapeuten „verlocken" ihn sonderlich. Was sie zu offerieren hätten, das kann man seiner Meinung nach von Personen der Alltagswirklichkeit, insbesondere von den Frauen seiner Umgebung, freigiebiger, liebenswürdiger und anregender angeboten bekommen. – Ist er selbst als Psychotherapeut tätig, kommt er mit weiblichen Patienten besser aus als mit männlichen, besonders wenn diese Brüder unter ihren Geschwistern hatten. Ein weiblicher Patient hat allerdings mehr Schwierigkeiten, sich zum Ende der Behandlung von ihm abzulösen, während ein männlicher Patient dies meist leicht schafft und aus der Identifikation mit ihm oft mehr profitieren kann als aus der Identifikation mit Psychotherapeuten anderer Geschwisterpositionen.

Bekannte ältere Brüder von Schwestern sind etwa Robert Hoffmann, Werner Höfer, Robert McNamara, Leonard Bernstein, Albert Einstein, Schah Reza Pahlewi (?), Mike Mansfield ...

11.4. Der jüngste Bruder von Schwestern: (. . s)b

Er hält es mit den Damen. Diese scheinen ihn zu lieben und für ihn sorgen zu wollen. Sie möchten ihm das Haus oder seine Kartei in Ordnung halten, für ihn kochen, seine Anzüge betreuen usw. So sieht es jedenfalls aus, und wenn er diese Dienste doch nicht von ihnen bekommt, müssen seine Schwestern einspringen. Als erster und einziger Junge und späterer Mann unter seinen Geschwistern durfte er in der Regel mehr als andere Jungen tun und lassen, was er wollte. Er hatte wenig Konkurrenz. Seine Schwestern mußten ihn beschützen und bedienen. In der Regel war er den Eltern wichtiger als sie. Daraus zog er unwillkürlich und zum Teil unbewußt seine Vorteile.

Auf diese will er auch im Leben und im Beruf nicht freiwillig verzichten. Er möchte auch hier tun und lassen können, was ihm paßt. Nur seine Interessen und seine Talente sollten ihn binden dürfen. Vorschriften schätzt er nicht, Details und Kleinigkeiten überläßt er anderen, wenn möglich den fürsorglichen Frauen in seiner Umgebung. Diese bringt er aber auch tatsächlich, wo immer er ist, wie mit einem Zauberstab auf den Plan. Sie scheinen ihm helfen zu wollen, auch wenn sie nicht sehr viel Konkretes als Gegenleistung erhalten, abgesehen von gelegentlichen kleinen Aufmerksamkeiten und bereitwilligen Komplimenten.

Mit dieser Unterstützung gliedert er sich auf seine Art in die Arbeits- und Berufswelt ein. Findet er dabei auch noch eine Betätigung, die ihm liegt und seinen Interessen voll entspricht, kann er konstruktiv und unentbehrlich sowohl für die Sache wie für alle Beteiligten werden. Wenn es allerdings vor allem darum geht, einen Vorgesetzten oder eine Arbeitsgruppe zu befriedigen, ist von ihm nicht viel zu erwarten. Auch kann er nicht so leicht wie viele andere Männer bei seinem Ehrgeiz gepackt werden. Er läßt sich nicht hetzen, und er setzt sich gern selber sein Tempo und seine Termine. Wenn er auch diese überschreitet, haben die anderen Pech gehabt. Ihm selbst macht es nicht viel aus.

Er kann auch Verantwortung für andere und Führungsaufgaben übernehmen. Dabei müssen ihm allerdings seine Mitarbeiter und besonders seine Mitarbeiterinnen helfen. Er achtet auf die große Linie, die Mitarbeiterinnen auf die Einzelheiten. Das nimmt er wie selbstverständlich hin, versteht es aber, zumindest die Damen durch ein bißchen Lob und Scherze bei der Stange zu halten. Die Männer geben sich allerdings nicht immer so leicht zufrieden.

Eigentum und Besitz interessiert ihn nicht besonders, aber er findet oft eine Frau, die sich dafür interessiert und sich an seiner Stelle einsetzt. Er fragt auch nicht viel, woher die Mittel kommen, die er für ein Unternehmen oder für den eigenen Lebensunterhalt braucht. Er ist bereit zu bestimmen, wie sie verwendet werden, und er verwendet sie meistens sinnvoll, aber beschaffen sollte sie jemand anderer.

Mit Frauen kann er sehr nett sein, kann ihnen schmeicheln und sie manchmal mit seinem Takt und seiner Fürsorge überraschen. Er kann, aber er tut es nicht immer. Er will auch nicht wirklich wissen, was die Frauen gern oder was sie insgeheim möchten. Sie haben ja ihn, und damit müßten sie eigentlich zufrieden sein. Überdies sollten sie wissen oder sonst zu erraten suchen, was er selber gerne möchte und vorhat. Er braucht eine gütige, warme, mütterliche Person, die bereit ist, ihm alles mögliche nachzusehen und unauffällig ihre geschickte Hand in seinen Angelegenheiten walten zu lassen. Die Anerkennung für den Erfolg gebührt ihm.

Seine beste Lebenspartnerin ist demnach eine älteste Schwester von Brüdern. Eine älteste Schwester von Schwestern wäre ihm zu rechthaberisch und streng, eine jüngste Schwester von Brüdern zu wenig mütterlich und zu anlehnungsbedürftig, eine jüngste Schwester von Schwestern dazu noch ehrgeizig und impulsiv. Das kann er nicht brauchen. Personen mit gemischten oder mittleren Geschwisterpositionen wären dann günstig, wenn sie unter ihren Geschwistern auch jüngere Brüder haben. Ein Einzelkind nützt ihm wenig, es sei denn, sie hatte eine Mutter, die selbst eine älteste Schwester war.

Er hat keine Eile mit Kindern, aber seine Frau kann sie ihm in der Regel nicht erlassen. Sie will Kinder. Er kümmert sich nicht viel um sie, sondern überläßt ihre Pflege und Erziehung weitgehend seiner Frau. Auch ist er nicht ganz frei von Eifersucht auf seine Kinder um die Aufmerksamkeit und Fürsorge der Mutter. Den Kindern gegenüber tritt er, solange sie nicht allzu oft zu ihm kommen, mehr als Kamerad und Berater auf. Anderenfalls trachtet er, sich zu entziehen. Er läßt ihnen mehr Freiheit und Selbständigkeit als andere Väter, mitunter mehr, als die Kinder eigentlich vertragen, und erhofft sich, daß sie ihm eines Tages als Helfer und Exekutoren seiner Einfälle und Ideen, aber auch im Haushalt zur Verfügung stehen.

An Freunden und Freundeskreisen ist er weniger als andere Männer interessiert. Ein ältester Bruder von Brüdern wäre ihm an sich recht, aber dieser ärgert sich leicht über seine Neigung, sich ihm und der Sache nicht unterzuordnen, sich vor unangenehmen Arbeiten zu drücken und Frauen wie selbstverständlich in seine Dienste zu spannen. Einen jüngsten Bruder von Brüdern zieht er daher als Freund gar nicht selten vor. Dieser hat keine Aufträge für ihn. Im Gegenteil, er selbst kann ihm nahelegen, das eine oder andere zu tun, ohne dabei so dominierend zu erscheinen, wie es der jüngste Bruder von Brüdern von seinen und anderen älteren Brüdern zu erwarten gelernt hat. Allerdings kommt es auch vor, daß der jüngste Bruder von Schwestern, gerade weil er der erste und einzige Mann unter seinen Geschwistern war und eigentlich nicht üben konnte, Männer zu betreuen und zu führen, sich dabei seinem Freund gegenüber besonders grob und ungeschickt benimmt. Weil der jüngste Bruder von Brüdern unbewußt manchmal noch führungsbedürftiger ist, als er es sich eingesteht, nimmt er das hin. – Mit einem anderen jüngsten Bruder von Schwestern fängt der jüngste Bruder von Schwestern nicht viel an. Die Schwester eines solchen Freundes ist ihm oft interessanter als der Freund selbst.

Der für ihn schwerste Verlust wäre der seiner Mutter oder seiner Lieblingsschwester, obwohl die übrigen Familienmitglieder unwillkürlich trachten, gerade ihm den Verlust zu mildern und die Stelle der verlorenen Person bei ihm einzunehmen. Daher bleibt er von den Verlustwirkungen teilweise verschont und wirkt auch oft ein wenig ungerührt. Wenn niemand zu seinem Troste einspringt, dann kann er allerdings in Aufregung und in Depressionen geraten. Damit ruft er immerhin nachträglich die Hilfsbereitschaft der anderen auf. – Alles Gesagte gilt ähnlich auch für den Verlust einer mütterlichen Freundin oder etwa seiner Frau.

Zu den Berufen,in denen er mit einem gewissen Vorzug tätig wird, gehören: Spezialwissenschaftler, Techniker, Übersetzer, Lektor, Marktfachmann, Feinmechaniker, Schauspieler, bildender Künstler, (erzählender) Schriftsteller, Tänzer, Musiker, Journalist, Reporter, Facharzt, z.B. Zahnarzt oder Internist ...

Er geht gegebenenfalls gerne in Psychotherapie, wenn er eine mütterliche Frau als Therapeutin bekommen kann. Dann nützt und hilft ihm die Behandlung anscheinend am meisten. – Er selbst wird selten Psychotherapeut. Diese Arbeit ist ihm psychologisch zu kompliziert. Sein Interesse an den inneren Zuständen eines anderen Menschen ist nicht so detailliert. Wenn er dennoch in diesem Berufe tätig ist, arbeitet er lieber mit Frauen als mit Männern, insbesondere wenn die Frauen ältere Schwestern sind. Psychotherapien mit Männern, vor allem wenn diese jüngere Brüder sind, kann er allerdings besser und prompter zu einem befriedigenden Abschluß bringen.

Bekannte jüngste Brüder von Schwestern sind etwa Prinz Philip, Curd Jürgens, Marlon Brando, Franz Joseph Strauß, R. Nurejew, Fred Astaire ...

11.5 Das männliche Einzelkind: b

Das männliche Einzelkind ist stärker als Personen mit anderen Geschwisterpositionen an den Umgang mit wesentlich älteren Personen gewöhnt. Es möchte in der Regel auch noch als Erwachsener im Blickfeld der wesentlich älteren Menschen, aber auch der Autoritätspersonen und Machthaber in seiner Umgebung stehen. Er möchte diesen Personen zum Stolz und zur Freude gereichen, aber auch von ihnen mehr als andere geliebt, unterstützt und gefördert werden. Was er tut, hält er häufig für wichtiger als das, was alle anderen in seiner Umgebung tun. Insgeheim wird er den Gedanken nicht ganz los, daß seine Arbeitsstelle, vielleicht auch seine Lebenssituation überhaupt, eine Veranstaltung zum Zwecke der Entfaltung seiner Bedürfnisse und Talente ist.

Da er als einziges Kind in der Regel mehr Aufmerksamkeit und Förderung von den Eltern bekam als das einzelne von mehreren Geschwistern, zeigt er schon in der Schule nicht selten einen gewissen intellektuellen und Begabungsvorsprung gegenüber anderen Kindern. Wenn er an den Interessen seiner Eltern oder seiner Betreuer und Lehrer auch selbst Freude findet und entdeckt, daß er Geschick für die Sache hat, kann er zu bedeutenden Höhen in diesem Interessen- und Arbeitsgebiet aufsteigen. Auch Führungspositionen kann er einnehmen, obwohl ihm diese zunächst nicht auf den Leib geschrieben sind. Die Kameraden und Kollegen schätzen nämlich die Unbeirrbarkeit seines sachlichen Interesses und die Neutralität und Distanziertheit, die er gegenüber ihren Rivalitäten in der Gruppe bekundet.

Materieller Besitz bedeutet ihm nicht viel. Sein größter Schatz sind – außer ihm selbst – seine Eltern oder jene, die nach ihnen kommen und ihm gegenüber Elternrollen spielen wollen. Er nimmt alles, was diese teuren Personen ihm geben, als selbstverständlich und zwar vielleicht mit Dank, aber ohne große Dankbarkeit entgegen. Auch materielle Güter sollen ihm diese älteren Betreuer verwalten und vermehren. Nur wenn es im Bereich seiner unmittelbaren Bedürfnisse und Talente liegt oder wenn er bemerkt, daß er damit noch mehr als durch andere Betätigungen in den Mittelpunkt des Interesses seiner Umgebung rücken kann, mag er sich auch für materielle Güter ereifern und sogar sehr erfolgreich sein. Kultivierter Genuß, Kunstwerke oder geistige Güter und Leistungen bewegen ihn allerdings im allgemeinen mehr.

Unter Frauen bevorzugt er mit Abstand eine mütterliche Person, die ihn bewundert und bereit erscheint, ihr Leben seinen Interessen oder seiner Laufbahn unterzuordnen. Wenn eine solche Person auch noch schön ist, umso besser. Er kann höflich und rücksichtsvoll sein, setzt aber diese Fähigkeiten eher nach eigenem Belieben als nach dem Bedarf der betreffenden Frau ein. Mehr als Männer mit Geschwistern bleibt er letzten Endes sich selbst der nächste.

Ältesten Schwestern von Brüdern, zur Not auch ältesten Schwestern von Schwestern gibt er unter sonst vergleichbaren Umständen den Vorzug. Auch Frauen, welche einige Jahre älter sind als er, oder solche, die eine ähnliche oder identische Geschwisterposition haben wie seine Mutter, passen für ihn eher als andere. Er kann aber auch mit einer jüngsten Schwester auskommen, besonders wenn ihn ein überdurchschnittlicher Altersabstand von ihr trennt. Manchmal werden auch mittlere Geschwister durch den Umstand verlockt, daß er keinen Geschwisteranhang hat und autarker gegenüber Einflüssen von seinen Altersgenossen wirkt als andere Jungen oder Männer. Wenn er auf ein anderes Einzelkind stößt, bleiben die beiden einander meistens die unbewußt gewünschte Betreuung schuldig. Nicht selten führt eine solche Ehe zu nur einem Kind oder bleibt kinderlos.

Lieber als viele andere Ehemänner würde er auf eigene Kinder verzichten. Wenn er und seine Frau doch ein Kind haben, dann sollte es ein Junge sein wie er. Nach Überwindung seiner anfänglichen Eifersucht auf das Kind neigt er schließlich doch dazu, den Sohn, aber auch eine Tochter zu verwöhnen und mitunter mit übertriebener Fürsorge zu umgeben. Das gilt besonders, wenn er im Sohn seine eigenen Charakterzüge, in einer Tochter jene seiner Mutter entdeckt. Gelegentlich setzt sich ein männliches Einzelkind auch in den Kopf, mehrere Kinder zu haben. Dazu braucht er allerdings eine Frau, die sich das gleiche wünscht und der es von Natur aus und nach ihrer Familienerfahrung mehr liegt als ihm, Kinder zu betreuen und zu bemuttern.

Freunde sind ihm weniger wichtig als väterliche Gönner. Er kann sich am leichtesten mit anderen Einzelkindern, aber auch mit ältesten Brüdern identifizieren. Er versteht sich allerdings auch, in höherem Maße als alle Personen mit Geschwistern, mit jemandem von der gleichen Geschwisterposition wie er, also mit einem anderen männlichen Einzelkind. Älteste Brüder dagegen verlieren im Umgang mit ihm leicht die Geduld. Er läßt sich nur schwer eine Aufgabe zuteilen. Er fühlt sich zuwenig engagiert und verpflichtet. Sein Ehrgeiz kann von ihnen kaum geweckt werden, wenn er kein spontanes Interesse hat. So etwa lauten ihre Klagen. – Auch wenn er zu Führungsrollen aufgerufen wird, tendiert er eher dazu, der Berater eines anderen als selbst der Führer zu sein. Er überläßt nicht ungern die konkrete Führung und ihre andauernde Detailarbeit einem anderen, jemandem, der den Umgang mit altersnahen Männern oder auch Frauen besser gewöhnt ist als er.

Personenverluste können ihn treffen, wenn es ein Elternteil, ein elternähnlicher Gönner und Förderer oder seine mütterliche Freundin und Frau ist, die er verliert. Selbst dann aber stehen weniger der objektive Verlust für die Welt oder das Mitleid mit der verlorenen Person als vielmehr die unmittelbaren Folgen für ihn selbst im Vordergrund seiner Trauer.

Männliche Einzelkinder tendieren etwas mehr als andere Personen zu folgenden Berufen: Naturwissenschaftler, systematischer Philosoph, Mathematiker, Kunsthistoriker, Archäologe, Privatgelehrter, abstrakter Maler oder Bildhauer, Lyriker, Buchhändler, Gutsverwalter, Juwelier, Musiker, Modekünstler, technischer Angestellter ...

An Psychotherapie als einem Dienst erfahrener und wohlwollender älterer Menschen am Kunden ist er interessiert, aber er hat mehr Schwierigkeiten als andere zu akzeptieren, daß sie etwas kostet.

Schulden einem ältere Menschen nicht solche Dienste? fragt er sich insgeheim und verzichtet in Ermangelung einer positiven Antwort schließlich doch darauf. – Wenn er selbst Psychotherapeut geworden sein sollte, steht die Hilfe für den Patienten nicht an der Spitze seiner unbewußten Prioritätenliste. Er verfolgt eher Forschungsinteressen, will die Geheimnisse des psychischen Geschehens ergründen und eines Tages Lorbeeren damit verdienen. Er arbeitet besser mit Männern als mit Frauen, insbesondere mit Männern, die ebenfalls Einzelkinder waren oder eine ähnliche Geschwisterposition wie sein Vater hatten. Mit Frauen ist der Anfang der Behandlung meistens relativ glatt und leicht, aber die weitere Arbeit und die Beendigung schwieriger. Das gilt vor allem für weibliche Einzelkinder oder Frauen, die in ihrer Geschwisterposition seiner Mutter ähneln.

Jedes Einzelkind kann durch Identifikation mit seinem gleichgeschlechtlichen Elternteil auch Verhaltens- und Einstellungsmerkmale der Geschwisterposition dieses Elternteils annehmen. Beim männlichen Einzelkind empfiehlt sich daher noch mehr als bei Männern aller anderen Geschwisterpositionen die Frage nach der Geschwisterposition des Vaters. Ist diese bekannt, dann ziehe man zusätzlich auch das Rollenporträt dieser Geschwisterposition als Hilfe für die Charakterisierung des fraglichen männlichen Einzelkindes heran.

Bekannte männliche Einzelkinder sind etwa Robert Menzies, Arnold Palmer, Charles M. Shultz, Bob Hope, John Updike, Tom Mboya, Douglas Dillon, Rudi Gernreich . . .

11.6. Die älteste Schwester von Schwestern: s(s . .)

Sie betreut gerne und liebt es, Anordnungen zu treffen. Sie möchte auch wissen, was die Menschen in ihrer Umgebung tun. Alle sollten ihr berichten. Sie will den Überblick behalten. Den Autoritäts- und Fürsorgeanspruch, mit dem sie auftritt, leitet sie in der Regel ihrerseits von einer Autoritätsperson ab, häufig von einem älteren Mann, auch von einem Menschen in höherer Position oder von einem Gesetzgeber. Den Willen oder das Vermächtnis eines solchen Mannes, der natürlich auch ihr eigener Vater sein kann, übernimmt sie meistens fraglos und bleibt ihm viele Jahre lang treu. Nur wenn irgendetwas an diesem Willen oder Vermächtnis absolut nicht stimmt, und zwar nach der Meinung der überwältigenden Majorität ihrer Umgebung, erst dann kann sie sich ein neues Vermächtnis, einen neuen älteren Mann oder Gesetzgeber suchen, dem sie für den Rest ihres Lebens ergeben bleibt.

Materieller Reichtum und Besitz, aber auch kulturelle und geistige Güter sind ihr weniger wichtig als die Kontrolle und Macht über jene Menschen, die ihr anvertraut wurden, etwa über ihre Geschwister oder ihre Kinder, aber auch über ihre Freundinnen, Freunde und Kollegen, sofern diese ihre Aufsicht akzeptieren. Zum Wohl der ihr Anvertrauten, insbesondere aber zum Wohl ihrer eigenen Kinder, fordert sie großzügige Mittel, die sie dann ohne Zögern ausgibt. Sie tut es für die anderen, aber sie will für ihre eigene Person auch nicht gerade kurz gehalten werden. Woher das Geld kommt bzw. woher ihre Bezugsperson, der Machthaber ihrer Wahl, ihr Chef oder ihr Ehemann, das Geld nehmen, betrachtet sie als deren Sache. Wenn sie das Geld nicht aufbringen können, sollten sie eigentlich abtreten.

Sie kann sich aber auch selbst sehr einsetzen und im Interesse einer Sache überanstrengen. Sie wirkt zäh und ausdauernd. Sie schont sich nicht, erwartet aber auch von anderen, insbesondere von den ihr Anvertrauten, daß sie ihre Aufgaben erfüllen und gute Leistungen erbringen. Sie ist bei Untergebenen und Mitarbeitern eher gefürchtet als beliebt, obwohl sie glaubt, es gut zu meinen, und nicht verstehen würde, was an ihr man denn fürchten könnte.

Auf Männer macht sie nicht selten den Eindruck einer uneinnehmbaren Festung. Sie wirkt tüchtig, streng und korrekt, und dadurch entmutigt sie viele, mit ihr zu flirten und ihr den Hof zu machen. Sie ärgert sich nicht selten darüber, daß der Mann, an dem sie interessiert ist, sich wohl in ihrer Nähe aufhält, aber nicht deklariert. Sie selbst muß mitunter den Heiratsvorschlag machen, von dem ihr Erwählter zwar überrascht ist, den er aber meistens akzeptiert. Er glaubt allerdings, daß sich nun manches ändern wird, daß sie vielleicht freundlicher und aufgeschlossener sein und auch manchmal nachgeben wird. Doch an ihrem Verhalten ändert sich nicht viel. Sie bleibt oft auch stärker an ihren Vater gebunden als andere Frauen, die ihr Mann möglicherweise hätte haben können.

Ihr günstigster Partner wäre ein jüngster Bruder von Schwestern, obwohl dieser mit einer älteren Schwester von Brüdern im Durchschnitt noch etwas besser bedient wäre. Sie selbst, die älteste Schwester von Schwestern, findet ihn allerdings oft zu weich und zu wenig diszipliniert. Er benötigt mehr Nachsicht und Verzeihen, als ihr lieb ist. – Auch mit einem jüngsten Bruder von Brüdern wäre ihr geholfen.

Ihn kann sie mitunter sogar besser zu ihrem Lebens- und Liebesstil bekehren als andere Männer. Ein ältester Bruder von Schwestern tut sich ihrer Meinung nach zu viel auf die Erfahrung zugute, die er im Umgang mit Frauen zu haben meint, und in der Verbindung mit einem ältesten Bruder von Brüdern bliebe es nur bei einem Nebeneinanderleben. Jeder müßte einen eigenen Beruf ausüben können. Auch im Haushalt müßten sie sich ihre Aufgaben so teilen, daß ihnen die unmittelbare Zusammenarbeit erspart bleibt. Diese klappt nicht recht. Sie ergänzen einander zu wenig. – Mit einem Einzelkind würde sie fertig werden, wenn er sich ihre Behandlung gefallen läßt. Ähnliches gilt für mittlere Geschwister. – Mehr als andere Frauen interessiert sie sich für Männer von der gleichen Geschwisterposition wie ihr Vater.

Kinder sind ihr wichtiger als ihr Mann. Manchmal sieht es so aus, als hätte sie ihren Mann überhaupt nur zur Zeugung ihrer Kinder benützen wollen. Auf jeden Fall scheint die Ankunft von Kindern eine Entlastung für die Ehepartner zu bringen. Ihr Autoritäts- und Fürsorgeanspruch, der ihrem Mann allein zuviel geworden war, richtet sich nun auf die Kinder. Sie neigt allerdings dazu, diese über Gebühr zu beschützen und ihre Selbständigkeitswünsche zu beschneiden. Sie liebt die Abhängigkeit der Kinder von ihr und ihrem Ratschlag. Sie leidet mehr als andere Mütter, wenn die Kinder ausgeflogen sind, und versucht, manchmal zu deren Leidwesen, ihre Kontrolle auch noch aus der Entfernung auszuüben. – Eher als andere Frauen kann sie aber auch auf Männer und eine eigene Familie verzichten.

Ihre Freundinnen sind ihr eigentlich wichtiger als ihre Freunde. Lediglich das Prestige, welches Männer und auch die Freundschaften mit ihnen einbringen und an dem ihr ebenfalls liegt, verdeckt vorübergehend ihr Interesse an Freundinnen. Auch in einer Ehe und als Familienoberhaupt braucht sie den Kontakt mit Freundinnen und Frauen überhaupt mehr als andere Mütter. Ihre bevorzugte Freundin ist eine jüngste Schwester von Schwestern. Mit dieser kann sie sich nicht nur recht gut vertragen, sondern diese wird auch von Männern mehr umschwärmt als sie selbst und kann ihr den einen oder anderen von ihnen mit ins Haus bringen. Auch mit einem Einzelkind verträgt sie sich, besonders wenn dieses einige Jahre jünger ist als sie und/oder von einer Mutter stammt, die selbst eine jüngste Schwester war. Mit anderen ältesten Schwestern kann sie sich gut identifizieren, aber eher nur per Distanz befreundet sein. Im gemeinsamen Freundeskreis wären sie unmittelbare Rivalen.

Ihr schwerster Verlust wäre der ihres Vaters oder jener autoritativen Bezugsperson, nach der sie ihr Leben einzurichten versucht hat. Nur in den ersten Lebensjahren wäre der Verlust der Mutter noch schwerer zu ertragen. Diesen kann sie später leichter verwinden, unter anderem dadurch, daß sie in der Familie deren Rolle einnimmt. Auch den Verlust einer Freundin oder eines Freundes kann sie bewältigen und dabei nicht selten anderen Leidtragenden ein Vorbild sein. Wenn sie jedoch glaubt, an dem Verlust auch nur im entferntesten selbst mit schuld zu sein, was etwa beim Verlust einer Schwester oder eines eigenen Kindes auch ohne objektive Gründe geschehen könnte, plagt sie sich unter Umständen ein Leben lang mit der inneren Bewältigung dieses Verlustes.

Zu den von ihr relativ bevorzugten Berufen gehören: Lehrerin, Schuldirektorin, Oberschwester, Missionarin, Priorin eines Klosters, Heimleiterin, Kindergärtnerin, (Chef-)Ärztin, Chirurgin, Nervenärztin, Chefsekretärin, (Chef-)Redakteurin, Leiterin einer Bürohilfe- oder Schauspielerinnenagentur, Filmstar, Richterin . . .

Als Patientin der Psychotherapie wären ihr „Pech“ und Ärger mit Männern sowie ihre allzu bereitwillige Unterordnung unter ihren Vater und bestimmte Vaterfiguren meist ihr Hauptproblem. Ihr kann allerdings nicht leicht geholfen werden. Ihr Stolz steht ihr mehr als anderen Frauen im Weg. – Als Psychotherapeutin neigt sie etwas zur Ungeduld, zur Überbehütung und zur Dominanz über die Patienten, besonders über Männer. Sie arbeitet besser mit Frauen als mit Männern, am besten mit anderen älteren Schwestern. Von jüngeren Schwestern und von Männern kann sie mitunter etwas leichter als andere Psychotherapeuten in Beziehungen verwickelt werden, die über die Psychotherapie hinausgehen. Sie muß sich zumindest etwas mehr als andere Psychotherapeuten davor in Acht nehmen.

Bekannte älteste Schwestern von Schwestern sind etwa Königin Elizabeth, Brigitte Bardot, Marlene Dietrich, Sophia Loren, Jacqueline Kennedy, Joan Baez, (Ingeborg Bachmann, Maria Schell) . . .

11.7. *Die jüngste Schwester von Schwestern: (..s)s*

Sie liebt die Abwechslung und die Aufregungen. Sie ist impulsiv, lebenslustig, manchmal auch unstet und leicht herauszufordern. Häufiger als andere Mädchen befindet sie sich im Wettkampf oder in Konkurrenz mit Mädchen und Frauen, aber auch mit Männern. Sie wirkt anziehend, aber mitunter auch launenhaft und kapriziert. Leichter als andere Personen kann man sie von manchen Vorhaben ablenken, besonders wenn die Ablenkungsabsicht nicht zu ostentativ ist. Merkt sie aber, daß sie manipuliert wird oder werden könnte, dann reagiert sie halsstarrig und hält manchmal ihr Leben lang, auch gegen ihre eigenen praktischen Interessen, an einer Idee oder an einem Plan fest.

Bei der Arbeit ist sie erpicht, sich auszuzeichnen. Lob und Anerkennung sind ihr sehr wichtig, und in dem Ausmaß, in dem sie dabei ihre Erwartungen erfüllt findet, ist sie auch zu guten bis hervorragenden Arbeitsleistungen fähig. Verschlechtert sich die Arbeitsatmosphäre, kann ihre Einsatzbereitschaft erheblich abnehmen. Dabei ist es ihr gleichgültig, ob eine solche Änderung Absicht eines Vorgesetzten oder etwa die unverschuldete Auswirkung einer Wirtschaftskrise ist. Sie beurteilt, was sie spürt und erlebt. Den Kontext, in dem dies geschieht, beachtet sie erst in zweiter Linie und gelegentlich gar nicht.

Sie scheint die Führung einer Frau oder eines Mannes zu brauchen, solange diese nicht allzu klar zutage tritt und die führende Person sich zumindest der Form nach um ihr Einverständnis bemüht. Die jüngste Schwester von Schwestern muß das Gefühl haben können, daß sie angehört wird und man auf sie eingeht. Wird sie falsch angefaßt, kann sie sich nachdrücklich und auch unsachlich widersetzen. Sie kann opponieren und scheut mitunter keine Mühe, ihrem Vorgesetzten das Gegenteil seiner Meinung zu beweisen. – Erfolg macht sie überschwenglicher als andere, Mißerfolg entmutigt sie aber auch mehr als andere, es sei denn, jemand tröstet sie und spricht ihr neuen Mut zu. Wenn jemand ihr eine Leistung nur halbwegs zutraut, dann vermag sie sich so lange zu steigern, bis sie es schafft. Hält man aber nichts von ihren Fähigkeiten, wagt sie sich gar nicht erst an eine Aufgabe heran. Sie ist suggestibler als andere, obwohl sie sich gerade gegen die Beeinflussungen durch andere wehrt. Sie ist aber mutiger und bereit, viel größere Einsätze zu riskieren als andere. Eher als andere wird sie sogar ihr Leben in die Waagschale werfen, besonders wenn sie dafür von einer ihr teuren Person Anerkennung erfährt oder ihr Ruhm und Ehre winken.

Materielle Güter können für sie wichtig sein, aber sie ist in dieser Hinsicht nicht beständig. Sie kann Dinge zusammenraffen, sie kann auch lange sparen, sie kann jedoch auch verschwenden oder andere zur Beschaffung oder Vergeudung von Gütern animieren. Die Anerkennung durch andere und ihr eigenes Prestige, ihre eigene Ehre sind ihr immer bedeutsam. Allerdings sind ihre Vorstellungen von Ehrenhaftigkeit und erstrebenswertem Ansehen nicht immer konventionell.

Männern gegenüber ist sie häufig im Konflikt. Einerseits möchte sie mit ihrem Einfluß und ihrer Wirkung auf Männer hervorstechen, und häufig gelingt ihr das auch. Sie kann besser als andere Mädchen Männer anlocken, ja sie mitunter verrückt nach ihr machen und gegeneinander ausspielen. Andererseits neigt sie beim noch so schwachen Führungsanspruch eines Mannes dazu, sich in einen Konkurrenzkampf oder Wettstreit mit ihm einzulassen. Beides zusammen bewirkt, daß die Männer ihrer doch auch wieder müde werden. Wenn sie bemerkt, daß sie es mit einem Mann zu weit getrieben hat und er von ihr fort will, gibt sie manchmal alle anderen und auch den Wettkampf mit dem Bedrohten selbst auf. Nicht selten geht sie ihre Dauerbindungen sogar unter dem Druck einer solchen oder ähnlichen Situation ein.

Ihr bester Partner wäre ein ältester Bruder von Schwestern, obwohl gerade dieser am wenigsten auf ihre Ränke hereinfällt. Ein ältester Bruder von Brüdern könnte das schon eher tun, doch die beiden würden im Zusammenleben als Mann und Frau gewisse Schwierigkeiten haben. Wenn sie sich dagegen zu einer gemeinsamen Karriere oder zu einem besonderen Coup „verschwören", dann geht es ihnen subjektiv besser miteinander. – Jüngste Brüder bieten ihr zu wenig Führung, obwohl sie ja zum Teil so tut, als ob sie sich nicht führen ließe. Mittlere Geschwister, die jüngere Schwestern unter ihren Geschwistern hatten, kämen ebenfalls für sie in Frage. Relativ ungünstig wäre ein Einzelkind, es sei denn, ein solcher Mann ist entweder erheblich älter als sie oder der Sohn eines Vaters, der selbst ein ältester Bruder war.

Kinder kommen ihr nicht übermäßig gelegen, es sei denn sie hat ein Kindermädchen, eine Haushälterin, die eigene Mutter oder eine ihrer Schwestern als Hilfen. Wenn das unmöglich ist, dann braucht sie mehr als andere Frauen die Unterstützung ihres Mannes. Er muß ausdrücklich oder jedenfalls im täglichen Leben unmißverständlich bereit sein, die prinzipielle Verantwortung für die Kinder zu tragen und auch helfend beizuspringen. Was er nicht gern tut, tut sie nämlich auch nicht gern. Hilft er ihr jedoch, dann ist auch sie willens, ihren Teil beizutragen und die Aufgaben der Mutterschaft auf sich zu nehmen. Mindestens eines ihrer Kinder „muß" übrigens ihrer Meinung nach ein Knabe sein.

Ihre beste Freundin ist oft eine älteste Schwester von Schwestern oder eine mittlere Schwester, die ihrerseits eine jüngere Schwester hat. Von einer solchen Freundin erwartet sie unter anderem Verständnis, Aussprachemöglichkeiten und Führung. Auch älteste und jüngste Schwestern von Brüdern sind für sie nicht uninteressant, aber Männer oder sogar die Brüder der betreffenden Freundinnen sind oft ein wesentliches Bindeglied einer solchen Frauenfreundschaft und manchmal auch ihr Streitobjekt.

Den Verlust ihres Vaters würde sie im allgemeinen als den schwersten Verlust empfinden. Der Verlust ihrer Mutter würde ihr durch ihre älteren Schwestern gemildert. Beim Verlust einer Schwester oder einer schwesterlichen Freundin bringt sie ihren Schmerz mitunter am deutlichsten zum Ausdruck. Mehr als anderen machen ihr dabei unklare Schuldgefühle zu schaffen, so als hätte sie die verlorene Person eigentlich viel besser behandeln oder sich mit ihr viel mehr aussprechen müssen. Ähnlich reagiert sie auch auf den Verlust eines Freundes oder ihres Mannes. Trotzdem ist sie eigentlich relativ rasch bereit, andere Personen an Stelle der verlorenen zu akzeptieren.

Mehr als andere Frauen neigt sie etwa zu folgenden Berufen: Sekretärin, Sängerin, (Komödien-)Schauspielerin, Ansagerin beim Rundfunk oder Fernsehen, Handelsvertreterin, Werbeagentin, politische Rednerin (auch in Frauenrechtsangelegenheiten), Dolmetscherin, medizinisch-technische Assistentin, Assistenzärztin, Zahnärztin, bildende Künstlerin, Photographin, Modezeichnerin . . .

Sie geht gerne zur Psychotherapie. Die Behandlung brauchte, wenn es nach ihr ginge, manchmal überhaupt nicht zu enden, besonders wenn ihr Vater, ihr Ehemann oder ein Freund die Rechnung bezahlt. Sie hat das Gefühl, hier und vielleicht nur hier wirklich verstanden zu werden. – Wenn sie selbst Psychotherapeutin wird, neigt sie dazu, sich relativ unbekümmert zu geben und insgeheim überzeugt zu sein, daß sich für den Patienten alles ohnedies von selbst regeln wird. Sie arbeitet im allgemeinen besser mit Frauen als mit Männern, besonders wenn die Frauen jüngste Schwestern sind. Ältesten Schwestern, aber auch Männern gegenüber fällt es ihr manchmal zu schwer, ihre persönlichen Meinungen zu unterdrücken oder nicht impulsiv zu reagieren.

Bekannte jüngste Schwestern von Schwestern sind etwa Prinzessin Margaret, Kim Novak, Pat Suzuki ...

11.8. Die älteste Schwester von Brüdern: s(b . .)

Sie ist unabhängig und stark in einer unaufdringlichen Art. Sie sorgt gerne für Männer und will nicht unbedingt immer gleich oder überhaupt offizielle Anerkennung dafür ernten. Sie möchte, daß Männer mit dem, was sie tun müssen, zufrieden sind. Was sie dazu beitragen kann, ihnen die Arbeit angenehmer zu machen, tut sie gerne. Und auch wenn es um eine große Sache geht, nimmt sie weniger diese Sache oder die Arbeit der Männer daran ernst, als vielmehr deren subjektives Wohlbefinden und bestenfalls noch deren Glauben an die große Sache. Für manche Beobachter ist sie ein wenig zu herablassend. Die ihr anvertrauten Männer sind ihr wichtig, aber sie behandelt diese manchmal auch wie kleine Jungen.

Bei ihrer eigenen Arbeit gibt sie sich meist souverän und überanstrengt sich ungern, obwohl sie sich andererseits vor nichts drückt. Sie schafft eine Atmosphäre, in der auch die Arbeit der anderen gut gedeiht. Sogar der Chef hört auf sie. Sie ist in keinen Wettstreit mit den Männern verwickelt. Eher schlichtet sie sogar die Kämpfe, welche diese untereinander haben. Frauen dagegen interessieren sie nicht allzu sehr. Die sollten, ihrer privaten Meinung nach, den Männern helfen oder ihr selbst bei ihren Taten für die Männer behilflich sein. Wenn sie das nicht tun, sind Frauen für sie belanglos.

Enttäuschungen entmutigen sie nicht. Sie ist oder tut zumindest meist optimistischer als die Männer und Frauen in ihrer Umgebung. Nur die Einsamkeit kann sie nicht gut ertragen. Die Trennung von Männern oder die Zurückweisung durch einen Mann, den sie schätzt, kränken sie tief. Das zeigt sie nicht, aber sie leidet lange darunter und kann unter solchen Umständen sogar zur Männerfeindin werden. Der erste Mann, den sie bereit findet, auf sie zu hören und sich ihr anzuvertrauen, kann sie allerdings umstimmen.

Materieller Besitz zählt für sie wenig im Vergleich zum Besitz von Jungen und Männern, aber an Besitztümern und Geschäften der Männer ist sie deswegen nicht uninteressiert. Wenn sie diese Besitztümer und Geschäfte mitverwaltet, geschieht dies indessen ebenfalls eher, um ihren Freund oder ihren Mann damit zu erfreuen, als um ihr eigenes Besitzbedürfnis zu befriedigen. Ist sie von Haus aus wohlhabend, neigt sie mehr als andere solche Frauen dazu, sich ihre Freunde und ihren Mann nach anderen als materiellen Gesichtspunkten zu wählen. Sie tut es etwa wegen seiner Talente, oder weil seine Pläne und Ideen sie beeindrucken. Sie tritt nicht ungern als Gönnerin und Förderin auf.

Sie übt im allgemeinen keine besondere Faszination auf Männer aus, aber der Mann, der sie bekommt, ist bei ihr in guten Händen. Da Männer sich in ihrer Gesellschaft so schnell wohlfühlen, nehmen sie sie oft als selbstverständlich hin, und weil sie die Bedürfnisse der Männer so aufmerksam im Auge behält, fragt man mitunter gar nicht nach ihren eigenen Bedürfnissen. Nicht selten muß daher auch der Mann ihrer Wahl ein wenig ermutigt werden, sich zu erklären. Sein gleichzeitiges Interesse für andere Frauen findet bei ihr vielleicht mehr Verständnis als bei anderen, aber natürlich auch nicht unbegrenzt. Wenn sie dann auf eine Entscheidung drängt oder ihn vor die Wahl stellt, fällt es ihm mitunter wie Schuppen von den Augen und er erkennt, daß auch er ihr insgeheim eigentlich schon seit langem den Vorzug vor den anderen Frauen gegeben hatte.

Ihr günstigster Partner wäre der jüngste Bruder von Schwestern. Auch mit einem jüngsten Bruder von Brüdern, einem mittleren Bruder, der mindestens eine ältere Schwester hat, oder einem Einzelkind kann sie harmonieren. Letzteres gilt zumindest, wenn das Einzelkind einen Vater hat, der selbst ein jüngster Bruder war. Der älteste Bruder von Brüdern wäre für sie ein relativ ungünstiger Partner, obwohl sie für ihn nicht die schlechteste seiner Möglichkeiten darstellte. In ihrer beider Freundschaft oder Ehe ist allerdings ein Kampf um die Führung zu erwarten, in dem keiner nachgeben will.

Mit Kindern kann sie sehr gut umgehen. Sie liebt sie und sorgt für sie. Und sie tut das selbst dann, wenn ihre Ehe nicht besonders glücklich ist. Sie fördert allerdings die Söhne mehr als die Töchter und hält letztere an, sich – wie sie selbst – um das Wohlergehen ihrer Brüder bzw. von Jungen überhaupt zu kümmern. Gelegentlich ärgert sie sich darüber, daß ihr Mann sich nicht aktiv und verantwortlich genug am Familienleben beteiligt oder daß er ihr zu viele Entscheidungen überläßt, aber im Grunde genommen stört sie das weniger, als sie behauptet. Sie hält ohnedies mehr von ihren eigenen Erziehungsmaßnahmen als von seinen oder denen eines anderen.

Freundinnen sind ihr nicht sehr wichtig. Am ehesten kann sie sich noch mit einer jüngsten Schwester von Schwestern enger befreunden. Diese wirkt in der Regel faszinierend auf Männer, die Männer umschwärmen sie, und dabei kommt auch die älteste Schwester von Brüdern zusätzlich mit Männern in Kontakt. Manche von diesen wollen sich sogar bei ihr von den Strapazen des Umganges mit der jüngsten Schwester von Schwestern erholen. – An jüngeren Schwestern von Brüdern nimmt sie weniger Anteil. Eine solche wäre ihr als Freundin zu eingesponnen in Männerbekanntschaften und ihr Verhalten gegenüber Männern zu abhängig und nachgiebig, als daß sie, die älteste Schwester von Brüdern, es gutheißen könnte.

In ihren frühesten Lebensjahren wäre der Verlust ihrer Mutter der schwerste. Sie braucht deren Führung und Anweisung, um die mütterliche Freundin von Jungen zu werden, die sie nach dem Ratschluß der Familie sein müßte und auch sein möchte. Zu einem späteren Zeitpunkt kann sie jedoch weder der Verlust ihres Vaters noch der ihrer Mutter ernsthaft erschüttern, solange ihr die „Lebensaufgabe" erhalten bleibt: die Sorge um ihre Brüder. Nur der Verlust eines Bruders oder später eines guten Freundes oder eines eigenen Sohnes kann ihr ernstliche Schwierigkeiten bereiten. Sie macht sich Sorgen, daß sie durch eine Nachlässigkeit vielleicht selbst an dem Verlust Schuld trägt.

An Berufen wählt sie überzufällig häufig etwa folgende: Hotelleiterin, Gastwirtin, Köchin, Personalchefin, Gewerkschaftsfunktionärin, Sozialarbeiterin, Schauspielerin, Mäzenin von Künstlern, Kindergärtnerin, Krankenschwester, Kinderärztin, Internistin ...

Im allgemeinen ist sie auf Psychotherapie weder sehr begierig noch ihrer bedürftig. Sie kann sich selbst und anderen helfen. Gegen akute Enttäuschungen durch Männer hat auch die Psychotherapie kein rasch wirkendes Heilmittel. Mehr aber würde sie in der Therapie kaum suchen. – Wenn sie selbst Psychotherapeutin wird, kommt sie mit Männern besser aus als mit Frauen. Unter Männern bevorzugt sie solche, die ältere Schwestern haben. Mit anderen Männern, insbesondere mit ältesten Brüdern von Brüdern, gerät sie leichter in Konflikt, als einer Psychotherapie gut tut. Frauen dagegen interessieren sie zu wenig; in der Regel gelingt es ihr allerdings besser, einem weiblichen als einem männlichen Patienten bei der Ablösung vom Psychotherapeuten zum Ende der Psychotherapie behilflich zu sein. Trotzdem ist sie sowohl mit Männern wie mit Frauen meistens gelassen und freundlich. Ihr Temperament allein hat oft schon therapeutische Effekte.

Bekannte älteste Schwestern von Brüdern sind etwa Romy Schneider, Julie Andrews, Leontyne Price, (Maria Schell, Ingeborg Bachmann) ...

11.9. Die jüngste Schwester von Brüdern: (. . b)s

Sie zieht im allgemeinen Männer nachhaltiger an, als andere Mädchen und Frauen es vermögen. Es geschieht aber mehr im stillen oder jedenfalls ohne großes Aufsehen. Sie ist meistens alles, was ein Mann sich konventionell von einer Frau vorstellt: feminin, freundlich, warmherzig, teilnehmend, feinfühlig und oft auch taktvoll. Sie kann nachgeben, ohne dabei unterwürfig zu sein. Sie ist eine gute Kameradin, einsatzbereit und hingebungsfreudig, wenn jemand, den sie schätzt oder liebt, das verlangt. Sie bekommt allerdings von Männern auch meistens, was sie will. Gelegentlich wirkt sie verwöhnt und manchmal sogar ein wenig extravagant.

Ihre Arbeitsfreude und sachliche Einsatzbereitschaft im Berufsleben sind eher durchschnittlich. Wenn sie besondere Talente hat, bringt sie diese nicht unbedingt zur Entfaltung und praktischen Anwendung. Sie ist von sich aus nicht ehrgeizig, kann es allerdings einem ehrgeizigen Mann zuliebe werden, wie sie überhaupt dazu neigt, sich dem Leben und den beruflichen Interessen eines oder mehrerer Männer anzupassen. Sie verhält sich zwar oft so, als hätte sie es eigentlich nicht nötig zu arbeiten, aber für einen Mann, den sie liebt und Grund hat zu lieben, tut sie alles. Dann machen ihr auch sachliche Enttäuschungen nichts aus.

Materieller Besitz bedeutet ihr nicht viel. Dabei fließt er ihr oft großzügiger zu als anderen. Schon ihre Brüder achten meist darauf, daß ihr nichts fehlt. Kulturelle und geistige Interessen entwickelt sie eher in Anlehnung an die Brüder oder Männer überhaupt als aus eigenem Antrieb, aber die Brüder und Männer sind geneigt, sie als ihre Muse zu betrachten und ihr die von ihnen vollbrachten Leistungen „zu Füßen zu legen“. Wohl darum kann sie auch bereitwilliger als alle anderen Mädchen und Frauen ihren gesamten Besitz opfern, wenn ihr Geliebter, ihr Mann oder die Umstände um ihn es verlangen sollten. Ihr geliebter Mann ist ihr größter „materieller Besitz".

Männer bewundern und lieben sie. Fast überall findet sie Verehrer, ohne daß sie es darauf anlegte oder spontan auf den Gedanken käme, dieses ihr freundliche Schicksal auszunützen. Sie ist keine femme fatale. Sie ist nett und charmant mit fast jedem. Männer verehren sie oft auch dann, wenn sie wissen, daß sie sie nicht bekommen können. Sie erhält ihre ersten ernsthafteren Heiratsangebote etwas früher als andere Mädchen. Sie heiratet im Durchschnitt auch ein wenig früher, und selbst wenn es bei ihr länger dauern sollte, verliert sie nicht so leicht die Nerven wie andere Mädchen. Sie scheint sich stets bewußt zu sein, daß sie ja immer einen Rückhalt an ihren Brüdern hat. Selbst wenn sie gar nicht heiraten sollte, hat sie doch meistens einen Freund oder ein Liebesverhältnis, das vielleicht auf Grund besonderer Umstände nicht legalisiert werden kann.

Ihre beste Wahl wäre im allgemeinen ein ältester Bruder von Schwestern, und von allen Mädchen trifft sie am ehesten den für sie richtigen Partner. Sie weiß, was sie als Frau haben möchte, ist aber in allem anderen anpassungsfähig. Auf diesen Umstand spricht auch der älteste Bruder von Brüdern an. Sie erlebt allerdings zu ihrem Bedauern oft, daß er sie nicht nehmen kann, wie sie ist. Er will zuviel an ihr herumerziehen. – Auch ein mittlerer Bruder wäre nicht ungünstig, sofern er unter seinen Geschwistern mindestens eine jüngere Schwester hatte. An einem jüngsten Bruder von Schwestern würde sie die Führungs- und Verantwortungsfreude vermissen, an die sie von ihren Brüdern gewöhnt ist. Relativ am ungünstigsten wäre für sie ein jüngster Bruder von Brüdern oder ein Einzelkind, besonders wenn ein solcher Mann von einem Vater stammt, der selbst schon ein Einzelkind oder ein jüngster Bruder war.

Sie liebt Kinder, obgleich sie für eine Mutter etwas zu anlehnungsbereit und „verführerisch" wirkt. Auch als Mutter ist sie nämlich vor allem Frau, und noch mehr als die Kinder liebt sie ihren Mann. Damit weckt sie allerdings ungewollt in jedem ihrer Söhne den Gentleman und Beschützer. Früher als in anderen Fällen wollen die Söhne ihrer Mutter helfen und ihr Dienste erweisen. Töchter lernen von ihr, ebenfalls unbeabsichtigt, wie man sich weiblich gibt, auf Männer Eindruck macht, sich unterordnet und dennoch, oder vielleicht gerade deshalb, bekommt, was man möchte.

Freundinnen spielen in ihrem Leben keine große Rolle. Ehe sie es sich versieht, sind Männer auf den Plan getreten und beanspruchen sie für sich, und ihre Freundinnen neiden ihr sogar ihr Glück bei den Männern. Sie fasziniert Männer nicht nur flüchtig und für kurze Zeit (was auch der jüngsten Schwester von Schwestern gelingt), sondern nachhaltig, obschon dies mit weniger Aufwand geschieht und sie sich weniger darauf einbildet als andere Mädchen.

Verluste können sie tief erschüttern. Unter allen Leidtragenden eines gegebenen Verlustes scheint sie die am meisten Betroffene zu sein. Sie leidet und trauert mit großer Hingabe und bekommt damit fast automatisch viel Trost und Hilfe. Indirekt hilft sie den anderen sogar damit, ihr eigenes Leid zu überwinden. Sie drückt sozusagen freimütig aus, was die anderen ebenfalls empfinden. Gelegentlich kann ihr Leid über den Verlust eines Familienangehörigen oder ihres geliebten Freundes oder Mannes so groß sein, daß auch die Tröstungen der anderen nichts helfen. Sie will dem geliebten Toten nachfolgen. Nicht durch Selbstmord, sondern durch eine stille Lebensverweigerung. Es hat den Anschein, als wolle sie aus der Welt „welken".

Für Berufe zeigt sie die am wenigsten deutlichen Präferenzen unter allen Typen von weiblichen Geschwisterpositionen. Leichter als andere kann sie sich für den Haushalt und das Familienleben entschließen und ihre Berufstätigkeit aufgeben. Im Beruf kommt es ihr nicht auf die Verwirklichung hoher eigener Ziele oder auf ihre Selbstverwirklichung an. Wichtiger ist ihr, daß sie tun kann, was ihr Freude macht, oder daß sie in der Gesellschaft geschätzter Männer oder ihres eigenen Mannes arbeiten darf. Berufe wie Stenotypistin oder Sekretärin, Arzthilfe, Krankenschwester, Laborassistentin, wissenschaftliche Mitarbeiterin, Mitarbeiterin im familieneigenen Betrieb, bewundernde Gefährtin eines Künstlers, Expeditionsbegleiterin, als Schauspielerin williges Instrument eines eigenwilligen Regisseurs, ergreift sie etwas häufiger als andere Mädchen.

Für Psychotherapie ist sie keine große Interessentin. Das hängt zum Teil mit ihrem Erfolg bei Männern zusammen. Wenn sie nicht unter traumatischen Familienbedingungen aufgewachsen ist, bedarf sie in Liebesangelegenheiten kaum je der Hilfe. Wenn sie in wirklichen Liebesschwierigkeiten wäre, könnte ihr die Psychotherapie meistens auch nicht helfen. – Wenn sie selbst eine Psychotherapeutin werden sollte, könnte sie durch ihr Mitgefühl stärker als andere Psychotherapeuten in metatherapeutische Konflikte geraten, besonders mit männlichen Patienten, oder selbst in andauernder Defensive gegen eben diese Konflikte sein. Sie versteht Männer instinktiv und als Frau, aber nicht unbedingt als Psychotherapeutin. Weibliche Patienten mit Liebesschwierigkeiten hätten dagegen aussichtsreiche Identifikationsmöglichkeiten mit ihr. Wenn sie in ihren Einstellungen und in ihrem Verhalten gegenüber Männern so sein könnten wie ihre Psychotherapeutin, würden sich ihre Liebesschwierigkeiten rasch vermindern.

Eine bekannte jüngste Schwester von Brüdern ist Elizabeth Taylor. Marylin Monroe wuchs teilweise als Waisenkind, teils als jüngste Schwester von Pflegegeschwistern (Brüdern) auf. Ihr Lebenslauf ist durch sehr traumatische Bedingungen untypisch, aber ihre Rollen entsprachen häufig dem Charakter einer jüngsten Schwester von Brüdern.

11.10. Das weibliche Einzelkind: s

Sie ist mehr als Frauen mit Geschwistern auf den Kontakt, die Betreuung und Anteilnahme durch relativ ältere Personen angewiesen. Das, was sie zu Hause bei ihren Eltern hatte, erwartet sie unbewußt und auch bewußt von ihren Vorgesetzten, Kollegen, Freunden und Freundinnen, und zwar sowohl in der Schule, im Beruf wie im täglichen Leben überhaupt. Mehr als ihre Kollegen und Kolleginnen lehnt sie sich dabei an ihre Vorgesetzten an, versucht, deren Wünsche und Pläne zu erfüllen und möchte deren „liebstes Kind“ sein, wenn sie schon nicht das „einzige Kind“ sein kann. Dadurch wirkt sie teils als Streberin, teils als Musterkind mit latenten oder manifesten Ansprüchen auf bevorzugte Behandlung. Sie kann sehr einsatzbereit und motiviert sein, wird aber von ihren Mitarbeitern und vor allem von ihren Mitarbeiterinnen als unkollegial empfunden. In manchen Fällen ist sie das offenbar tatsächlich, und gelegentlich läßt sogar ihre Einsatzbereitschaft für ihren Vorgesetzten zu wünschen übrig.

Manches weibliche Einzelkind glaubt nämlich, daß der Vater oder die Eltern ihrer Tochter auch noch, wenn sie längst erwachsen und ins Berufsleben eingetreten ist, Hilfe und Unterstützung schulden. Die Eltern sollen ihr alle Schwierigkeiten aus dem Wege räumen. Sie sollen weiter für sie sorgen. Sogar in die Ehe hinein sollen die Eltern sie schützend begleiten. Wenn sie glaubt, von ihrem Mann oder dessen Familie schlecht behandelt worden zu sein, läuft sie, ein solches Einzelkind, eher als andere Frauen zu den Eltern zurück. – Der Grund für eine derartige Entwicklung liegt allerdings häufig in traumatischen Bedingungen innerhalb der Familie, unter anderem in Konflikten der Eltern miteinander oder in frühen Personenverlusten, die ihre Eltern oder sie selbst erlitten haben.

Ohne Eltern oder fürsorgliche Berater während ihrer Laufbahn kann sie beruflich häufig nicht viel Staat machen, doch auch mit einer solchen Förderung sind ihre Chancen für eine besonders erfolgreiche eigenständige Karriere eher gering. Hier unterscheidet sich das Schicksal des weiblichen deutlich von jenem des männlichen Einzelkindes. Vielleicht hängt das mit dem Umstand zusammen, daß die Berufswelt doch eher von Männern als von Frauen dominiert wird, vielleicht aber auch damit, daß sich das weibliche Einzelkind in der Konkurrenz mit anderen Frauen und sogar mit Männern gern in den Schutz seines Patrons begibt und ihn ihre Sache auskämpfen lassen möchte.

Materieller Besitz ist ihr zwar weniger wichtig als ein unentwegter väterlicher (oder mütterlicher) Gönner, aber wenn dieser Gönner vermögend ist, sein Vermögen für sie verwaltet und es ihr letzten Endes schenkt oder hinterläßt, hat sie sicher nichts dagegen. Auf diesem Gebiet läuft sie Gefahr, sich in den Proportionen zu verschätzen, sich reicher zu dünken als sie ist, oder sich, trotz ihres Reichtums, für ärmer und bedrohter zu halten als viel ärmere ihrer Zeitgenossen. Allerdings kann sie durch traumatische Familienerfahrungen sozusagen mit Gewalt aus ihrer etwas kindischen und egozentrischen Haltung herausgeschockt werden und dann mit kaltem Verstand doch auch selbst ihre Angelegenheiten in die Hand nehmen. Geistige und kulturelle Güter vermag sie zu schätzen und zu genießen, sofern sie nicht elementarere Sorgen hat oder zu haben glaubt.

Im Umgang mit Freunden und Männern kann sie ihre Verwöhnung und ihre Egozentrizität zunächst kaum verbergen. Sie hat mehr Mühe als andere Mädchen, sich und ihre Bedürfnisse zugunsten des Partners hintanzustellen. Sie kann herzloser und extravaganter als die meisten Mädchen und Frauen sein, weiß aber vielleicht etwas besser als andere, die väterliche Komponente in einem Verehrer aufzuspüren und zu testen, ehe sie sich länger oder auf Dauer bindet. Ihre Mutter steht ihr meist stärker bei als anderen Töchtern deren Mütter und fungiert nicht selten als der eigentliche Matchmaker. Ein Mann, der ein weibliches Einzelkind zur Frau nehmen will, tut gut daran, sich auch die Mutter (und deren Geschwisterposition) näher anzusehen. Sie bleibt dem jungen Paar oft erhalten. Trotzdem kann natürlich auch das weibliche Einzelkind eine gute Ehefrau werden. Sie neigt vielleicht sogar weniger als andere Ehefrauen zur Untreue. Wenn sie ihrem Mann davongeht, dann eher zu den Eltern zurück als in die Arme eines neuen Freundes.

Ihr bester Partner wäre ein ältester Bruder von Schwestern. Auch ein ältester Bruder von Brüdern würde ihr unter Umständen die väterliche Führung, obschon nicht gerade die Verwöhnung bieten, die sie sich erhofft. Ein jüngster oder ein mittlerer Bruder von Schwestern würde sie weniger anleiten als sie möchte, könnte sie aber durch sein implizites Verständnis für Mädchenwünsche und eine gewisse Bewunderungsbereitschaft entschädigen. Dabei wäre es besonders vorteilhaft, wenn er um mehr als der Durchschnitt der Ehemänner älter wäre als sie. – Ein jüngster Bruder von Brüdern und ein männliches Einzelkind wären relativ ungünstige Partner, falls nicht besondere Umstände vorliegen oder die Ehepartner es in Kauf nehmen, daß sie eher nebeneinander her als miteinander leben. Zu den besonderen Umständen zählen etwa ein überdurchschnittlicher Altersabstand zwischen beiden oder frühe Identifikationsmöglichkeiten des Ehemannes mit einem Vater, der selbst ein ältestes Geschwister war.

An Kindern liegt ihr weniger als anderen Ehefrauen, es sei denn, sie hat ihre Mutter oder eine andere Hilfe zur Hand, der sie die Kinder anvertrauen kann. Sie möchte lieber selbst noch ein wenig Kind sein. Betreut sie ein eigenes Kind, dann will sie die Bewunderung und Anteilnahme eines älteren Menschen haben. Auch ihr Mann kann ihr helfen, wenn er sie für das, was sie als junge Mutter tut, ausgiebig lobt, bewundert und sich nicht scheut, ihr dabei auch praktisch an die Hand zu gehen. – Ein einziges Kind, vorzugsweise ein Mädchen, ist ihr oft genug. In dem Ausmaß, wie sie sich selbst in ihrer Tochter entdeckt, wird es ihr auch leichter, für deren Wohlergehen zu sorgen und eine gewisse Eifersucht auf die Zuwendung ihrer Eltern und ihres Mannes zu diesem Kind abzubauen. Wenn sie einen Jungen hat, entdeckt und fördert sie lieber die Charakterzüge, die er von ihrem Vater zu haben scheint, als jene, in denen er ihrem Mann gleicht. – Wenn sie mehrere Kinder bekommt, dann müssen ihr im allgemeinen ihr Mann und dessen Familie dabei innerlich helfen und Mut zusprechen.

Manchmal ist auch ein Konflikt mit einem eigenen Elternteil und der Wunsch, den Eltern etwas zu beweisen, der Hauptgrund für eine größere Zahl von Kindern. In diesem Falle ist allerdings die Prognose für die Entwicklung der Kinder nicht übermäßig günstig.

Freundinnen hat sie gerne, wenn diese bereit sind, ihr gegenüber eine mütterliche Rolle zu beziehen. Entweder sind sie deutlich älter als sie selbst, oder sie sind älteste Schwestern von Schwestern oder mittlere Schwestern, die noch weitere Mädchen in ihrer Geschwisterkonfiguration haben. Dabei liebt sie den Einzelkontakt mit ihren Freundinnen mehr als den Gruppenkontakt. – Nur wenn sie schon in ihrer Kindheit nicht auf Rosen gebettet war und früher als andere weibliche Einzelkinder selbständig werden mußte, kann sie auch einer jüngeren Schwester von Schwestern oder von Brüdern und sogar einem anderen Einzelkind eine Freundin sein. Sie kann in einem solchen Fall sogar jene Führung, Autarkie und Fürsorge bieten, nach der sie selbst sich gesehnt hat, auf die sie aber früher als andere Einzelkinder verzichten mußte. Sie ist ihre eigene mütterliche Betreuerin geworden und kann auch noch jemand anderen ein wenig mitversorgen.

Am schwersten zu verwinden wäre für sie der Verlust eines Elternteils oder einer elternähnlichen Person, an die sie sich angeschlossen hatte. Mehr als andere Frauen ist sie in einem solchen Falle allerdings mit sich selbst statt mit anderen Verlustträgern oder mit der verlorenen Person beschäftigt. „Was wird nun aus mir?“ ist ihre Hauptfrage. – Verluste von Freunden und Freundinnen beunruhigen sie weniger, es sei denn, ihr elterlicher Gönner ist von diesem Verlust ebenfalls unmittelbar betroffen. Dann muß sie mehr als andere darauf achten, daß sie ihre Trauer auch zeigt. Ihr heimlicher Gewinn wäre ja, daß der elterliche Gönner sich ihr noch mehr zuwendet als bisher. Anders gesagt, sie muß sich mehr als andere in einer solchen Situation hüten, ihre Rivalitätsgefühle zu verraten.

Weibliche Einzelkinder geben bereitwilliger als andere Frauen ihren Beruf zugunsten einer Ehe auf, besonders wenn sie nicht gleich Kinder in die Welt setzen sollen. Unter den leicht bevorzugten Berufen befinden sich: Privatsekretärin, Direktionssekretärin, Gesellschafterin älterer Personen, Biographin, Modezeichnerin, Innenarchitektin, Kunsthistorikerin, Bibliothekarin, Kunstgewerblerin, Kunstrestaurateurin, Bühnenstar . . .

Für Psychotherapie hat sie etwas übrig, neigt allerdings etwas mehr als andere dazu, diese als Selbstzweck zu erleben. Hier bekommt sie endlich den wirklich verständigen, einfühlenden Menschen, der ihr zuhört und auf sie eingeht. Sie hat allerdings auch gewisse Schwierigkeiten, zu akzeptieren, daß der Psychotherapeut nicht mehr für sie tut, daß er nicht als fortdauernder Beschützer und Helfer auch in ihr Alltagsleben eintritt und daß auch die rein psychotherapeutische Beziehung eines Tages enden soll. – Wenn ihre Entwicklung durch frühe Traumen, etwa durch Konflikte der Eltern miteinander oder durch den Verlust eines Elternteils gestört wurde, und wenn sie, vielleicht erst mit Hilfe der Psychotherapie, diese Traumen schließlich bewältigt, kann auch sie sich für den Beruf der Psychotherapeutin engagieren. Sie arbeitet dann im allgemeinen besser mit Frauen als mit Männern, insbesondere mit Frauen, die auch Einzelkinder waren oder ähnliche Familienschicksale hatten wie sie. Im therapeutischen Umgang mit Männern bleibt sie auch dann ein wenig unsicher. Mehr als für andere Psychotherapeuten besteht für sie die Gefahr, durch ihre Bindung an den Vater bzw. durch die Probleme, die sie mit ihm oder eventuell mit seinem Verlust hatte, den Problemen ihrer Patienten nicht immer ganz objektiv gegenüberzustehen.

Bekannte weibliche Einzelkinder sind etwa Jeanne Moreau, Renata Tebaldi, Barbara Streisand, Laureen Bacall, Indira Gandhi, Katherine Anne Porter ...

11.11. Gemischte und mittlere Geschwisterpositionen: Interpretationsregeln

Wenn ein ältester Bruder sowohl eine jüngere Schwester wie einen jüngeren Bruder hat (gemischte Geschwisterposition), empfiehlt es sich, zum Verständnis seines Verhaltens und seiner Einstellungen das Rollenporträt des ältesten Bruders von Schwestern und des ältesten Bruders von Brüdern zu konsultieren. Wenn eine mittlere Schwester einen älteren und einen jüngeren Bruder hat (mittlere Geschwisterposition), gelten das Porträt der jüngsten Schwester von Brüdern und jenes der ältesten Schwester von Brüdern. Wenn sie auch noch eine jüngere Schwester hätte, sollte zusätzlich das Porträt der ältesten Schwester von Schwestern herangezogen werden, doch ist die Zusammenschau von mehr als zwei Porträts keine leichte Sache mehr. Wenn jemand ein völlig mittleres Geschwister ist, also beispielsweise sowohl eine ältere und eine jüngere Schwester wie auch einen älteren und einen jüngeren Bruder hat, gelten die Porträts von allen vier Haupttypen von Geschwisterpositionen. Man könnte allerdings genauso gut sagen, daß keines dieser vier Porträts gelte. Die Mischung oder Zusammenschau wird nicht nur für den Beobachter unmöglich, sondern auch der Betreffende selbst, der eine solche mittlere Geschwisterposition einnimmt, kann seine Rolle im Verband der Familie kaum finden. Er ist alles und damit zugleich auch „nichts". Jede der vier Beziehungen, die er zu einem Geschwister haben kann, hat schon ein anderes Geschwister in der Regel mit mehr Nachdruck als er entwickelt. Sein ältester Bruder ist beispielsweise ein überzeugenderer Betreuer seiner jüngsten Schwester, sein jüngster Bruder ein willigerer Gefolgsmann des ältesten Bruders als er. Daher drängt er im allgemeinen mehr als seine Geschwister aus diesem Familienverband heraus (siehe auch S. 26ff., insbesondere S. 28).

Nimmt jemand in seiner Geschwisterkonfiguration mehrere Geschwisterrollen zugleich ein, folgt daraus allerdings nicht, daß ihm alle diese Rollen in gleicher Stärke aufgenötigt wurden bzw. daß er alle in gleicher Weise ausübt. In der Regel wird er vielmehr eine oder zwei dieser Rollen bevorzugen. Will oder muß man mangels weiterer Informationen allein aus den objektiven Daten über die Geschwister und die Familie zumindest tentativ voraussagen, welcher von mehreren Geschwisterrollen der Betreffende wahrscheinlich den Vorrang gibt, welche also vermutlich stärker sein wird als die übrigen, dann können folgende *Regeln der Geschwisterrollenstärke oder der Geschwisterrollenpräferenz* mit in Betracht gezogen werden:

1. Von mehreren Geschwisterrollen, die jemand in seiner Geschwisterkonfiguration innehat, sind jene stärker, die er gegenüber Geschwistern mit relativ geringen Altersabständen von sich selbst einnimmt.

Hat ein jüngster Bruder eine um zwei Jahre ältere Schwester und einen um vier Jahre älteren Bruder, dann ist seine Rolle eines jüngsten Bruders von Schwestern stärker als jene eines jüngsten Bruders von Brüdern. Ist seine Schwester um zwei Jahre, sein Bruder um sechs Jahre älter als er, dann ist der Wirkungsunterschied der beiden Rollen noch größer und seine Rolle eines jüngsten Bruders von Brüdern müßte verhältnismäßig noch schwächer sein als im ersten Fall.

1a. Von mehreren Geschwisterrollen, die jemand in seiner Geschwisterkonfiguration innehat, sind jene relativ stärker, die ihm gegenüber den im Altersrang unmittelbar benachbarten Geschwistern zufallen.

Wenn ein ältester Bruder beispielsweise eine jüngere Schwester und einen noch jüngeren Bruder hat, dann müßte seine Rolle eines ältesten Bruders von Schwestern etwas stärker durchschlagen als die eines ältesten Bruders von Brüdern. – Wenn eine mittlere Schwester einen älteren Bruder, eine noch ältere Schwester und eine jüngere Schwester hat, dann wären im allgemeinen ihre Rollen einer ältesten Schwester von Schwestern und einer jüngsten Schwester von Brüdern stärker als die einer jüngsten Schwester von Schwestern.

1b. Je mehr Geschwister ein und dieselbe Geschwisterrolle gegenüber einem nachkommenden Geschwister einnehmen, desto eher kann auch ein anderes als das unmittelbar benachbarte ältere Geschwister der Hauptvertreter in dieser Rolle sein.

Wenn zum Beispiel drei Brüder noch eine Schwester bekommen dann kann auch statt des unmittelbar benachbarten Bruders der zweitälteste oder der älteste Bruder die Hauptbezugsperson unter ihren Brüdern werden. Von zwei Schwestern kann für eine nachfolgende dritte Schwester statt der mittleren auch die älteste Schwester die „Lieblingsschwester" sein.

2. Von mehreren Rollen, die jemand in seiner Geschwisterkonfiguration innehat, ist jene relativ stärker, die er früher im Leben einzunehmen begonnen und seither beibehalten hat.

Wenn ein ältester Bruder beispielsweise eine um drei Jahre jüngere Schwester und einen um sechs Jahre jüngeren Bruder hat, dann müßte seine Rolle eines ältesten Bruders von Schwestern stärker als jene eines ältesten Bruders von Brüdern sein. Denn die erste Rolle hatte er schon drei Jahre lang inne, als er die zweite zu spielen begann. – Wenn ein mittlerer Bruder eine um drei Jahre ältere Schwester und einen um drei Jahre jüngeren Bruder hat, dann ist seine Rolle eines jüngsten Bruders von Schwestern in der Regel stärker als jene eines ältesten Bruders von Brüdern. Die erste Rolle nahm er ja seit seiner Geburt, die zweite erst seit seinem vierten Lebensjahr ein.

Diese Regel impliziert offenbar, daß jeweils ältere Geschwister stärkere Einflüsse auf jüngere Geschwister ausüben als umgekehrt. Das sollte nicht wundernehmen. Das jeweils nachfolgende Kind ist ja zunächst ahnungslos, in was es da hineingeboren wird, während die älteren Geschwister sich bald schon die Folgen des Zuwachses ausmalen können. Außerdem erlebt der Älteste bei der Ankunft des dritten Kindes bereits zum zweiten Mal einen Zuwachs, der Zweitälteste erst zum ersten Mal. Der Schock über den Zuwachs aber ist umso leichter zu bewältigen, je öfter man ihn schon erlebt hat. Je geringer er aber ist, desto besser kann der Betreffende seine Einflüsse ausüben und die veränderte Situation nach seinen Vorstellungen mitgestalten.

Regel 2 verliert mit wachsendem Alter der Geschwister an Bedeutung. Das leuchtet ein, wenn man bedenkt, daß ein Zeitunterschied von drei Jahren in der Besetzung von zwei verschiedenen Rollen bei einem vierjährigen und einem einjährigen Kind noch sehr groß (nämlich das Dreifache des Alters des jüngeren Kindes), bei einem 15-jährigen und 12-jährigen Kind dagegen bereits relativ gering geworden ist (ein Viertel des Alters des jüngeren Kindes).

3. Je mehr Geschwisterrollen vom gleichen Typus jemand in seiner Geschwisterkonfiguration einnimmt, desto stärker ist diese Rolle im Vergleich zu anderen Rollen.

Wenn zum Beispiel ein jüngster Bruder eine ältere Schwester und drei ältere Brüder hat, ist seine Rolle eines jüngsten Bruders von Brüdern stärker als jene eines jüngsten Bruders von Schwestern. Wenn eine mittlere Schwester zwei ältere und einen jüngeren Bruder hat, wird ihre Rolle einer jüngsten Schwester von Brüdern stärker sein als jene einer ältesten Schwester von Brüdern.

4. Ist der Altersabstand zwischen zwei benachbarten Personen einer Geschwisterkonfiguration wesentlich größer als alle übrigen Abstände, können zwei voneinander psychologisch getrennte Geschwistergruppen entstehen. Das jüngere der beiden benachbarten Geschwister mit dem größten Altersabstand kann die Rolle eines neuerlichen ältesten Geschwisters übernehmen.

Wenn etwa fünf Geschwister folgende Altersverteilung haben: Ein 19-jähriger Bruder, eine 17-jährige Schwester, eine 10-jährige Schwester, eine 7-jährige Schwester und ein 4-jähriger Bruder; dann bilden wahrscheinlich die ersten beiden und die letzten drei Geschwister je eine Untergruppe oder Subkonfiguration. Das dritte Kind nimmt die Rolle einer ältesten Schwester von Brüdern und Schwestern, das vierte Kind die Rolle einer mittleren Schwester einer älteren Schwester und eines jüngeren Bruders, der Junge die Rolle eines jüngsten Bruders von Schwestern ein.

5. Je ähnlicher eine von mehreren Geschwisterrollen, die jemand in seiner Geschwisterkonfiguration einnimmt, der Geschwisterrolle

des gleichgeschlechtlichen Elternteils ist, desto stärker wird sie im Vergleich zu seinen anderen Geschwisterrollen.

Wenn beispielsweise der jüngste Bruder einer älteren Schwester und eines älteren Bruders einen Vater hat, der selbst der jüngste Bruder einer Schwester war, ist im Sohn die Rolle eines jüngsten Bruders von Schwestern in der Regel stärker als die Rolle eines jüngsten Bruders von Brüdern.

6. Je mehr eine von mehreren Geschwisterrollen, die jemandem in seiner Geschwisterkonfiguration zufallen, der Rolle eines Geschwisters des andersgeschlechtlichen Elternteiles gleicht, desto stärker wird sie im Vergleich zu seinen anderen Geschwisterrollen.

Wenn zum Beispiel die älteste Schwester eines Bruders und einer Schwester einen Vater hat, der selbst eine ältere Schwester hatte, ist in der Tochter die Rolle einer ältesten Schwester von Brüdern im allgemeinen stärker als die Rolle einer ältesten Schwester von Schwestern. Oder wenn eine mittlere Schwester von zwei Brüdern einen Vater hat, der seinerseits eine ältere Schwester hatte, wird in der Tochter die Rolle der ältesten Schwester von Brüdern stärker werden als die Rolle einer jüngsten Schwester von Brüdern.

Diese Regeln der Geschwisterrollenpräferenzen können einander bestärken oder auch entgegenwirken. Ein mittleres Geschwister eines älteren Bruders und einer jüngeren Schwester könnte beispielsweise nach Regel 2 selbst eher die Rolle eines jüngsten Bruders von Brüdern bevorzugen. Wenn aber sein Vater ein ältester Bruder von Schwestern ist, dann könnte auch er selbst, das mittlere Geschwister, nach Regel 5 in der Rolle des ältesten Bruders von Schwestern mehr bestärkt werden als in der anderen. Auf jeden Fall würden die beiden Rollenpräferenzen einander entgegenwirken. – Wäre sein Vater dagegen der jüngste Bruder von Brüdern, dann würde die Rollenpräferenz des mittleren Geschwisters nach Regel 2 durch die gleiche Rollenpräferenz nach Regel 5 zu einem verstärkten Übergewicht seiner Rolle eines jüngsten Bruders von Brüdern führen.

Wem es zu kompliziert erscheint, 6 Regeln der Geschwisterrollenpräferenzen gegenwärtig zu haben, um gemischte und mittlere Geschwisterpositionen zu beurteilen und zu bewerten, der kann seine Analyse auf die Nachbarschaftsregel (1a) und auf die Identifikationsregel (5) beschränken. Er kann aber auch mit ganz anderen Mitteln versuchen, die bevorzugte Geschwisterrolle einer Person ausfindig zu machen. Dazu gehört die direkte Frage nach seiner Vorliebe für bestimmte Geschwister. Eine solche Frage wird allerdings häufig mehrdeutig, manchmal auch beschönigend oder falsch beantwortet. – Dazu gehört aber auch die Frage nach den Geschwisterpositionen der Freundschaften, die der Betreffende im Laufe seines Lebens eingegangen ist und/oder derzeit unterhält (siehe auch S. 111). Die unter den Freunden und Freundinnen relativ am häufigsten vertretene Geschwisterposition ist in der Regel ähnlich oder identisch mit der Position jenes Geschwisters des Betreffenden, zu dem er die stärkste Beziehung unterhält. Ein mittlerer Bruder einer älteren und einer jüngeren Schwester, der unter seinen sieben Freundinnen fünf älteste Schwestern, eine mittlere Schwester und ein Einzelkind hatte, indiziert damit, daß er weibliche Freundschaften eher nach dem Muster seiner Beziehung zu seiner älteren als zu seiner jüngeren Schwester sucht. Daraus wieder würde man unter sonst vergleichbaren Bedingungen in der Regel schließen, daß er seine Rolle als jüngerer Bruder von Schwestern lieber spielt als jene des älteren Bruders von Schwestern. Die erste Rolle übertrifft die zweite an Stärke. – Die Frage nach den Geschwisterpositionen der Freunde eines Menschen hat den Vorteil, daß sie indirekter ist und das tatsächliche Verhalten des Betreffenden in seinen langfristigen Freundschaftswahlen anzielt. Die Wahrscheinlichkeit mehrdeutiger, beschönigender oder entstellender Antworten ist geringer.

Im übrigen darf bei der zunehmenden Industrialisierung und Urbanisierung auf der Welt, vielleicht auch im Gefolge der wachsenden Notwendigkeit einer Kontrolle der Weltbevölkerung angenommen werden, daß die Zwei-Kinder-Familie noch häufiger vorkommen wird als bisher schon, Familien mit größeren Kinderzahlen dagegen immer seltener werden. Das bedeutet aber, daß die gemischten und mittleren Geschwisterpositionen an Zahl und Bedeutung abnehmen. Schon jetzt machen in den von uns studierten Bevölkerungen die Ein-Kind-, die Zwei-Kinder- und die Drei-Kinder-Familien zusammen rund 80 % der Familien der Bevölkerung aus. Diese verteilen sich auf etwa 20 % Einzelkindfamilien, 36 % Zwei-Kinder-Familien und 24 % Drei-Kinder-Familien. Personen aus Zwei-Kinder-Familien haben immer reine Geschwisterpositionen und genau ein Drittel der Personen aus Drei-Kinder-Familien hat ebenfalls Geschwisterpositionen, die den Grundtypen entsprechen. Eine Frau aus einer Drei-Kinder-Familie kann beispielsweise die älteste von zwei Brüdern oder von zwei Schwestern bzw. die jüngste von zwei Brüdern oder von zwei Schwestern sein. In weiteren vier möglichen Konfigurationen nimmt sie eine mittlere, in den restlichen vier eine gemischte Geschwisterposition ein. – Auch die Schwierigkeiten, die wir mit der Deutung von gemischten und mittleren Geschwisterpositionen haben könnten, verringern sich also vermutlich in der Zukunft.

11.12. Geschwisterpositionswechsel

Wenn ein Geschwister für immer ausfällt, dann müssen die überlebenden Geschwister ihre Rollen und Beziehungen meistens neu arrangieren. Wird ein jüngstes Geschwister verloren, nimmt in der Regel das zweitjüngste Geschwister überhaupt oder das nächstjüngere Geschwister vom gleichen Geschlecht die Stelle des Jüngsten ein, sofern kein Geschwisterzuwachs mehr zu erwarten ist. Fällt eine älteste Schwester aus, kann die zweitälteste Schwester an ihre Stelle treten. Es kann aber auch sein, daß die Brüder sich auf eine mittlere oder jüngste Schwester ausrichten und entweder ihre Rollen als jüngste Brüder von Schwestern zugunsten der Rollen älterer Brüder von Schwestern aufgeben, oder daß sie die mittlere oder jüngste Schwester nötigen, zumindest teilweise die Rolle der ältesten Schwester hinzuzulernen. Wenn ein ältester Bruder verloren wird, kann es sein, daß der nächstältere Bruder an dessen Stelle tritt und fortan für die übrigen Geschwister Führung und Verantwortung leisten will und auch soll. Falls die Geschwisterkonfiguration nur aus zwei Brüdern bestand, wird nach einem Verlust des älteren Bruders der jüngere durch Identifikation teilweise dessen Rolle übernehmen, obwohl er ja gar keine Geschwister mehr hat, an denen er sie praktizieren kann. Freunde der Brüder berichten aber nicht selten, daß eine solche Verwandlung im jüngeren Bruder tatsächlich vor sich gegangen sein dürfte.

Bei solchen Positionswechseln durch Verluste eines Geschwisters darf allerdings angenommen werden, daß die ursprüngliche Position zumindest unter der Oberfläche mehr oder weniger stark erhalten bleibt. Je später im Leben jemand einen solchen Positionswechsel seiner Geschwisterrolle vornimmt, desto weniger effektiv wird dieser in der Regel sein. Die betreffende Person mag zwar den äußeren Erfordernissen der neuen Rolle zu genügen trachten und auch tatsächlich genügen, ihre Einstellungen und ihr soziales Verhalten bleiben aber weitgehend erhalten, vor allem, wenn sie sich unbeobachtet weiß oder sich zu entspannen sucht.

Es liegt nahe, die Zeitspanne, während der jemand eine bestimmte Rolle unter seinen Geschwistern innehatte, in Beziehung zu setzen zu der Zeitspanne, während der er eine andere Rolle innehatte. In einem einfachsten Modell zur Abschätzung des Gewichts beider Rollen könnte gelten, daß man unter sonst vergleichbaren Bedingungen die neue Rolle mindestens so lange innehaben muß wie die alte, ehe sie diese an Stärke und konkreter Verhaltenswirksamkeit erreicht hat und fortan sogar übertreffen kann. Wahrscheinlich sind aber, wie schon in anderen Zusammenhängen erläutert (siehe S. 13f., 78f.), die frühen Erfahrungen stärker zu gewichten, etwa im Verhältnis ihrer Wirkungsdauer zur Gesamtlebenszeit. Wenn jemand beispielsweise vom vierten bis zum achten Lebensjahr eine bestimmte Rolle hatte, dann aber eine andere Rolle einnehmen muß, die er vorher nie gespielt hat, wäre zu erwarten, daß unter sonst vergleichbaren Bedingungen diese neue Rolle erst nach dem 16. Lebensjahr des Betreffenden so stark wie oder stärker als die erste Rolle geworden ist. Erst dann hat er auch die neue Rolle genau für die Hälfte seiner Lebenszeit inngehabt. Hat er aber die zweite Rolle vorher schon teilweise gespielt, ist es komplizierter, die Wirkung zu schätzen. Ein mittlerer von insgesamt drei Brüdern, der im achten Lebensjahr den ältesten Bruder verliert und dessen Stelle gegenüber dem jüngsten Bruder übernehmen soll, war ja schon von der Geburt des jüngsten Bruders an teilweise auch selbst ein älterer Bruder. Die Wirkungsdauer einer Rolle, die im Verhältnis zur Gesamtlebenszeit ausgedrückt wird, müßte auch noch im Verhältnis zur gleichzeitigen Wirksamkeit anderer Rollen gewichtet werden (siehe Toman 1973a).

Wir müssen uns hier damit begnügen, die prinzipiellen Wirkungsmöglichkeiten zu charakterisieren. Doch wenn wir uns auch lediglich einprägen, daß eine früher eingenommene Rolle durch eine neue Rolle nicht einfach weggewischt werden kann, sondern in irgendeiner Form weiterhin wirksam bleibt, sind wir als Beobachter von Familienstrukturen und Geschwisterbeziehungen in einer besseren Lage als ohne eine solche Annahme.

Prominente Beispiele für Personen, die ihre Geschwisterposition wechseln mußten, sind etwa John F. Kennedy oder Richard Nixon. Beide verloren ihre ältesten Brüder – beide allerdings erst, als sie selbst schon junge Männer waren –, und von beiden wird behauptet, daß am Stil ihrer effektiven Führung einiges auszusetzen sei. Kennedy war zwar, besonders auch bei den Frauen, beliebt, erreichte aber fast nichts im Senat und Repräsentantenhaus. Lyndon B. Johnson (ein ältester Bruder eines Bruders) dagegen brachte alle Anträge Kennedys und seine eigenen spielend durch die beiden Häuser. Kennedy lenkte oder tolerierte die mißglückte Invasion von Exil-Cubanern in Cuba, konnte anscheinend nur durch einen gewagten Bluff die Errichtung von Raketenbasen in Cuba verhindern und wollte früher als die Russen einen Mann auf dem Mond haben.

Während Kennedy sowohl Brüder wie Schwestern hatte, stammt Nixon aus einer Familie mit insgesamt fünf Söhnen. Er war der zweitälteste und soll von jeher, besonders auch bei den Frauen, unpopulär gewesen sein, obwohl er viel Zeit auf die Kontrolle seines Image verwendete. Man sagt auch, daß er überhaupt zu viel in seine Kontrolle zu bekommen versuche, daß er zu viel manipuliere und verberge. Es scheint so, als habe er sich Pragmatik und Effizienz so bewußt und in einem solchen Ausmaß zum obersten Gebot gemacht, wie es vielleicht von einem durch Geschwisterrollenwechsel aufgestiegenen, nicht aber von einem natürlichen ältesten Bruder von Brüdern zu erwarten wäre.

Kennedys ältester Bruder wurde im Zweiten Weltkrieg als Kampfflieger getötet. Nixons ältester Bruder starb im Alter von 23 Jahren an Tuberkulose. Nixon verlor übrigens auch seinen nächstjüngeren, damals siebenjährigen Bruder durch einen Unfall. Auch dieser Verlust könnte zur Entwicklung seiner genannten Haltungen und Einstellungen beigetragen haben.

Verluste von Geschwistern und daran anknüpfende Geschwisterpositionswechsel können auch durch Krankheit eines Geschwisters, durch chronische Invalidität oder durch besondere körperliche oder konstitutionelle Schwächen entstehen. Ein krankes ältestes Geschwister kann bewirken, daß sich das Zweitälteste schon in der Kindheit an die Stelle des älteren schiebt, und ein hochbegabtes, vitales jüngstes Geschwister kann sich allmählich bis an die Spitze der Altersrangreihe der Geschwister hinaufarbeiten. Solche Entwicklungen sind allerdings eher die Ausnahme. Geschwisterverluste, aber auch schwere Krankheiten oder angeborene Schwächen eines Geschwisters sind relativ selten. Wenn wir nicht ausdrücklich auf solche besondere Umstände aufmerksam gemacht werden, empfiehlt es sich, durchschnittliche Verhältnisse anzunehmen (siehe auch S. 66).

12. Eltern und Elternpaartypen

Wir haben immer wieder die Bedeutung der Geschwisterpositionen betont. Wir haben zu zeigen versucht, daß auch die Beziehung der Eltern zueinander zum Teil durch ihre Geschwisterpositionen in den ursprünglichen Familien mitbestimmt ist. Je nach der Verträglichkeit ihrer Geschwisterrollen kann sie glücklicher oder weniger glücklich sein. Wir haben auch das Verhältnis der Eltern zu ihren Kindern zum Teil aus der Identität bzw. der Komplementarität der Geschwisterrollen von Elternteil und Kind zu erklären versucht.

All dies soll jedoch nicht verschleiern, daß die Eltern als Persönlichkeiten nicht nur bestimmen, wann und wie viele Kinder sie bekommen wollen. Sie gestalten auch das Leben dieser Kinder in hohem Maße mit. Ihr Einfluß, auf den Freud (1900, 1916/17), aber auch Jung (1912), Adler (1920) und Sullivan (1953) hingewiesen haben, kann gar nicht überschätzt werden. Der Einfluß, den ihre Geschwisterrollen und deren Verträglichkeit miteinander sowie mit der Konfiguration der Kinder auf das Familienleben und auf die psychische und soziale Entwicklung dieser Kinder ausüben, ist sicher nur ein Teil ihres Gesamteinflusses. Er läßt sich aber wahrscheinlich objektiv leichter systematisch beschreiben und verfolgen als alle anderen Einflüsse, die von den Eltern ausgehen.

In diesem Sinne soll der nächste Abschnitt verstanden werden. Meine Mitarbeiter und ich waren und sind keine Monomanen, die nichts anderes kennen als Geschwisterrollen und ihre Kombinationsmöglichkeiten. Ich selbst habe in meiner klinisch-psychologischen und psychotherapeutischen Erfahrung, aber auch in der Lehre, der Forschung und in meinem Privatleben sehr viel anderes gesehen, das ich nicht missen möchte. Das Leben ist um ein Vielfaches reichhaltiger, als ich es hier wiedergeben kann. Auch die Gesetzmäßigkeiten der sozialen Entwicklung des Menschen und jene seiner Gruppenbildungen sind mit Sicherheit wesentlich komplizierter als alles, was ich hier artikulieren konnte. Das hier präsentierte Modell der Entwicklung sozialer Beziehungen kann nicht mehr als ein Teilmodell sein. Trotzdem sei gesagt, daß sich nach meiner relativ großen Erfahrung und meinen Bemühungen vieler Jahre kein Datenbereich einerseits als so objektiv und andererseits als so leicht durchschaubar erwiesen hat als eben jener der Familienkonstellationen. Um die gleiche Menge von anderen Daten als jenen der Familienkonstellationen zu sichten und zu ordnen, hätte ich wesentlich mehr Zeit gebraucht und hätte nur in einer viel umfangreicheren Abhandlung darüber berichten können. Selbst dann wäre der Informationsgewinn pro Zeitaufwand des Lesers wahrscheinlich erheblich geringer als beim vorliegenden Buch.

Es sollen im folgenden 16 Typen von Elternpaaren, in denen beide Partner Geschwister hatten, und 3 Typen von Elternpaaren, unter deren Partnern auch Einzelkinder sind, nach dem psychologischen und sozialen Milieu charakterisiert werden, das sie jeweils für ihre Kinder zu schaffen tendieren. Dabei wird auch auf die verschiedenen Typen von Kinderkonfigurationen eingegangen, insbesondere darauf, ob die Eltern Jungen, Mädchen oder beides haben. Mehr ist auf dem verfügbaren Raum nicht möglich. Mehr würde auch der Übersichtlichkeit schaden. Ich hoffe aber, daß die Leser aufgrund der bisherigen Erläuterungen und Beispiele sowie aus den nun folgenden Beschreibungen von Familienkonstellationen genügend Verfahrensregeln und genügend Gefühl für die Erfassung der Dynamik von Familienbeziehungen erwerben können, um auch kompliziertere Familiensituationen zu entziffern und zu analysieren. Kompliziertere Familiensituationen sind unter anderem solche, in denen die Eltern mittlere oder gemischte Geschwisterpositionen haben, in denen auch unter den Kindern mittlere und gemischte Geschwisterpositionen vorkommen und in denen Personenverluste aufgetreten sind.

Alle diese Beschreibungen sind unter veränderten Gesichtspunkten dem bereits charakterisierten Datenmaterial entnommen (siehe S. 133ff., 139f.). Sie gelten ähnlich wie die Beschreibungen der Geschwisterpositionen unter der Voraussetzung, daß insgesamt etwa durchschnittliche oder jedenfalls keine besonders ungewöhnlichen Verhältnisse bestehen (siehe S. 66). Die Eltern sind in ungefähr durchschnittlichem Altersabstand voneinander und von den Kindern. Sie sind nicht durch Tod oder Scheidung vorzeitig ausgefallen. Sie haben keine konstitutionellen Auffälligkeiten, keine chronischen Krankheiten. Es liegen weder geographisch, noch ethnisch, noch wirtschaftlich, noch politisch ungewöhnliche Umstände vor. Wenn ein Elternteil wesentlich älter ist als der andere, wenn er berufsunfähig, geisteskrank oder gestorben ist, wenn die Familie mehrere radikale Wohnungswechsel hinter sich hat, einer Minorität angehört, gerade bankrott gemacht hat oder wenn das Land, in dem sie lebt, einer Diktatur untersteht oder in einen Krieg verwickelt ist, könnten manche der Beschreibungen nicht mehr zutreffen. Unter unauffälligen Umständen dagegen darf erwartet werden, daß sie zumindest der Tendenz nach in der Mehrzahl der Fälle stimmen. Wo sie dies im konkreten Falle nicht tun, liegt es nahe, weitere Erkundigungen nach den möglichen Gründen anzustellen.

Wir nehmen für alle im folgenden geschilderten Elterntypen und Familienmilieus an, daß Eltern und Kinder einerseits eine Beziehung der Identifikation oder Stellvertretung füreinander, andererseits eine Beziehung der Wechselwirkung, des direkten Umganges, der gegenseitigen Ergänzung entwickeln.

In einer *Identifikationsbeziehung* kann eine der beiden Personen für die andere einspringen. Die eine Person könnte die andere im gegebenen Kontext ersetzen. Eine kann der anderen zeigen oder vormachen, wie man sich verhält. Wenn sie zusammenarbeiten sollen, sind sie einander eher im Weg. Beide wollen oft das gleiche tun (siehe auch S. 93f.). In einer Identifikationsbeziehung kann aber auch eine Person die andere über ihre Beziehung zu einer dritten Person beraten. Die beratende Person hat oder hätte eine ähnliche Beziehung zu dieser dritten Person wie die beratene. Wären beide an der dritten Person zur selben Zeit interessiert, dann würden die beiden untereinander Rivalen werden. Die Mutter kann beispielsweise ihre Tochter in deren Beziehung zum Vater oder zu einem Freund beraten. Sie kann sich in die Tochter eindenken.

In einer *Interaktionsbeziehung* übt jede der beiden Personen in einer an sich gemeinsamen Sache eine andere Tätigkeit aus. Der eine Partner kann etwas anderes als der andere Partner. Der eine *ist* sogar anders als der andere. Jeder schätzt den anderen, gerade weil er nicht ein Duplikat von ihm selber ist (siehe auch S. 93f.). In einer Interaktionsbeziehung kann eine der beiden Personen die andere in deren Beziehung zu einer dritten Person nicht ohne weiteres beraten. Jede der beiden Personen hat eine andere Beziehung zu dieser dritten Person. Die dritte Person könnte oder würde zum Rivalen einer der beiden Partner werden. So kann beispielsweise der Vater seine Tochter nicht so leicht in deren Beziehung zu ihrer Mutter oder einer Freundin beraten. Er hat ja ein Mann-Frau-Verhältnis zur Mutter oder zu einer solchen Freundin, die Tochter dagegen hat ein Frau-Frau-Verhältnis zu ihnen. Der Vater kann sich nicht ohne weiteres in die Tochter eindenken.

In der Familie erfolgt die Identifikationsbeziehung in der Regel zwischen Elternteil und gleichgeschlechtlichem Kind, die Interaktions- oder Wechselwirkungsbeziehung zwischen Elternteil und andersgeschlechtlichem Kind. Wenn nur Söhne oder nur Töchter da sind, können auch Elternteil und andersgeschlechtliches Kind sich miteinander identifizieren bzw. Elternteil und gleichgeschlechtliches Kind eine Interaktionsbeziehung ausbilden. Eine solche Umkehrung kann sogar erfolgen, wenn unter den Kindern beide Geschlechter vertreten sind, ist aber dann eher die Ausnahme.

Wenn im folgenden für die einzelnen Elternpaartypen unter anderem auch die jeweils günstigsten Kinderfigurationen geschildert werden, dann geschieht dies zum Teil kommentarlos, während die weniger günstigen Kinderfigurationen näher beschrieben werden. Das läßt sich folgendermaßen rechtfertigen: Die günstigsten Kinderkonfigurationen sind eben jene, in denen die Eltern mit einem Kind ähnlicher oder identischer Geschwisterposition wie sie selbst Identifikationsmöglichkeiten haben und überdies Interaktionsmöglichkeiten mit einem Kind, das eine komplementäre Geschwisterposition zu ihrer eigenen hat, d.h. eine Geschwisterposition, die nach Altersrang und Geschlecht mit der Geschwisterposition (mindestens) eines Geschwisters des Elternteils identisch ist (siehe auch S. 81ff.).

Wenn beispielsweise eine Mutter die jüngste Schwester eines Bruders ist und einen älteren Sohn sowie eine jüngere Tochter hat, kann sie sich mit der Tochter identifizieren und diese mit ihr. Auch die Tochter ist ja eine jüngere Schwester von einem Bruder. Die Mutter kann aber auch ohne Schwierigkeiten mit ihrem Sohn umgehen. Sie hatte in ihrer ursprünglichen Familie einen älteren Bruder, und auch ihr Sohn ist der ältere Bruder einer Schwester. Sie kann sich ihrem Sohn gegenüber so verhalten wie seinerzeit gegenüber ihrem Bruder, und ihr Sohn kann sich ihr gegenüber so verhalten wie gegenüber seiner Schwester.

Im übrigen üben zwar die Eltern anfangs den größten Einfluß von allen Menschen auf ihre Kinder aus. Kinder sind in höherem Maße die Produkte ihrer Eltern als von irgend jemand anderem. Die Eltern werden aber auch selbst von ihren Kindern beeinflußt. Dieser Einfluß beginnt schon mit der Ankunft der Kinder und mit der Kinderkonfiguration, die sich die Eltern im Verein mit dem Schicksal schaffen.

Von der Geburt an locken die Kinder, je nach Geschlecht und Altersrang, aus ihren Eltern neues Verhalten bzw. einen Rekurs auf andere als die bisher eingesetzten Rollen hervor. Diese Wirkungen und Rückwirkungen sind kompliziert und spezifisch. Wenn im folgenden trotzdem allgemeine und eher grobe Einflüsse und Wirkungen beschrieben werden, die von bestimmten Elternpaartypen und von bestimmten Kinderkonfigurationen auf die Mitglieder der Familie ausgehen, dann geschieht dies aus Gründen der Ökonomie und Didaktik. Wir würden, wenn wir uns mit den Einzelheiten der Wechselwirkungen und der Entwicklung der Familienbeziehungen befassen, zu bald die Übersicht verlieren. Ich hoffe aber, daß die Leser durch die Lektüre dieser Beschreibungen allmählich instand gesetzt werden, im konkreten Fall die Entwicklung von Familienbeziehungen und das Spiel der Wirkungen von Familienmitgliedern aufeinander mit eigenen Augen auch im Detail zu verfolgen.

12.1. Elternpaare ohne Rang- und Geschlechtskonflikt

12.1.1. Vater der älteste Bruder von Schwestern – Mutter die jüngste Schwester von Brüdern: b(s..)/(b..)s

Diese Beziehung ist im allgemeinen günstig. Vater und Mutter verstehen einander gut, streiten wenig, ergänzen einander in ihren Aufgaben und in ihrem Erziehungsverhalten gegenüber den Kindern. Im Umgang mit den Kindern sind beide meistens besonnen und ausgewogen. Der Vater ist zwar in der Familie tonangebend, aber freundlich und tolerant, die Mutter eher nachgiebig. Trotzdem bekommt sie meistens, was sie möchte. Sie scheut sich nicht, auch vor den Kindern eine gewisse Abhängigkeit von ihrem Mann zu bekunden. Beide Eltern wirken auch auf gegenseitiges Verständnis unter den Kindern hin. – Bei einem Elternpaar dieses Typs ist die Scheidungswahrscheinlichkeit signifikant geringer als in der Bevölkerung (0 % versus 5 %, S. 102).

Die günstigste Kinderkonfiguration wäre zuerst ein Sohn, dann eine Tochter, auch mehrere Söhne und dann mehrere Töchter oder etwa ein Sohn, dann eine Tochter, danach noch ein Sohn und noch eine Tochter.

Wenn sie dagegen zuerst eine Tochter und dann einen Sohn bekommen, können Konflikte mit den Kindern entstehen. Sohn und Vater einerseits, Tochter und Mutter andererseits können sich wegen der unterschiedlichen Altersränge ihrer Geschwisterrollen nur unter Vorbehalten miteinander identifizieren. In diesem Falle geraten Vater und Tochter auch leicht in einen Autoritäts- und Führungskonflikt miteinander, Mutter und Sohn in einen Abhängigkeitskonflikt. Der Vater will nicht so dringlich von der Tochter betreut und bemuttert werden. Die Mutter hätte gerne, daß ihr Sohn weniger abhängig und bequem ist.

Auch wenn sie nur Söhne oder nur Töchter haben, verstehen diese Eltern, den Kindern durch das Vorbild ihrer eigenen rücksichtsvollen und verständigen Beziehung zueinander eine günstige Vorstellung davon zu vermitteln, wie Mann und Frau zusammenleben können. Der älteste von den Söhnen ist im allgemeinen mit dem Vater, einer der jüngeren Söhne eher mit der Mutter identifiziert. Im Vergleich zu anderen Familien, die ebenfalls ausschließlich Jungen haben, werden die Söhne in ihrem Konkurrenzstreben gemildert. Auch wenn die Eltern nur Töchter haben, identifiziert sich meistens die älteste mit dem Vater, die jüngste mit der Mutter. Die älteste wird aber gerade dadurch dem Vater im direkten Umgang etwas weniger sympathisch als etwa die jüngste, obwohl er weiß, daß er sich auf die älteste verlassen kann.

12.1.2. Vater der jüngste Bruder von Schwestern – Mutter die älteste Schwester von Brüdern: (s..)b/s(b..)

Diese Beziehung ist in der Regel günstig. Das Verständnis der Eltern füreinander läßt meistens nichts zu wünschen übrig. Tonangebend im Familienleben ist allerdings eher die Mutter. Der Vater unterwirft sich nicht ungern dem häuslichen Regime seiner Frau. Auch beruflich läßt er sich von ihr beraten. Manchmal bedarf er ihrer Ermunterung. Über die Erziehung der Kinder sind sich die beiden im wesentlichen einig: Sie kümmert sich um die Kinder. Sie bestimmt, was zu geschehen hat. Er wird auf dem laufenden gehalten, prüft die Sache gegebenenfalls und stimmt meistens zu. Mitunter will er nicht viel damit befaßt werden. Die Mutter selbst geht fürsorglich und tolerant mit den Kindern um. – Bei einem Elternpaar dieses Typs ist die Scheidungswahrscheinlichkeit signifikant geringer als in der Bevölkerung (0% versus 5 %, S. 102).

Die günstigste Kinderkonfiguration wäre zuerst eine Tochter, dann ein Sohn, oder zuerst Töchter, dann Söhne, oder abwechselnd eine Tochter, ein Sohn, eine Tochter, ein Sohn.

Wenn ihnen jedoch zuerst ein Sohn und dann eine Tochter beschert wird, kann es zu Schwierigkeiten im Verhältnis beider Eltern zu ihren Kindern kommen. Der Vater kann sich als jüngerer Bruder nicht sehr gut mit seinem Sohn, einem älteren Bruder, identifizieren, die Mutter als ältere Schwester nicht sehr gut mit der Tochter, einer jüngeren Schwester. Auch Vater und Tochter kommen nicht reibungslos miteinander aus. Sie scheint ihm zu wenig mütterlich und verantwortungsbereit. Mutter und Sohn dagegen beanspruchen im Umgang miteinander, daß der andere sich fügt, und beide wollen sich eigentlich nicht fügen.

Wenn die Eltern nur Söhne oder nur Töchter haben, können diese immerhin durch die Teilnahme an der Beziehung der Eltern zueinander Erfahrungen über das Zusammenleben mit altersnahen Personen des anderen Geschlechtes sammeln. Sie lernen allerdings ein „umgekehrtes Autoritätsverhältnis" kennen, ein Verhältnis, in dem eher die Frau als der Mann menschlich die Führung übernimmt. Von den Söhnen identifiziert sich der älteste eher mit der Mutter, der jüngste eher mit dem Vater. Der älteste Sohn wird dadurch oft etwas weicher als andere älteste Brüder von Brüdern, besonders da er auch im direkten Kontakt mit der Mutter bemerkt, daß seine jüngeren Brüder besser mit ihr auskommen als er. – Wenn die Eltern nur Töchter haben, ist die älteste meist mit der Mutter, die jüngste eher mit dem Vater identifiziert. Der Vater spricht auf die älteste unmittelbarer an als auf die übrigen Töchter. Die jüngste bewundert er vielleicht, stellt aber mit leichtem Bedauern fest, daß man (d.h., daß er) nicht viel von ihr haben kann.

12.2. Elternpaare mit teilweisem Geschlechtskonflikt

12.2.1. Vater der älteste Bruder von Schwestern – Mutter die jüngste Schwester von Schwestern: b(s..)/(s..)s

Diese Beziehung ist als relativ günstig zu bezeichnen. Die Eltern verstehen einander recht gut, obwohl die Mutter anfangs gewisse Schwierigkeiten hat, sich an das Zusammenleben von Mann und Frau zu gewöhnen. Er kann es sie aber in der Regel lehren. Sie neigt ein wenig dazu, in Opposition zu gehen oder in eine Art von Konkurrenz mit ihm zu treten, aber diese Auseinandersetzungen sind nicht von allzu langer Dauer. Er gibt den Ton in der Familie an, darf dies aber nicht zu deutlich demonstrieren. Sie folgt ihm, sofern er die Freiwilligkeit ihres „Gehorsams" unangetastet läßt. Anderenfalls muß sie auf ihrem Standpunkt manchmal hartnäckig beharren. Sie verlangt auch meistens, daß er ihr bei der Betreuung und Erziehung der Kinder hilft. Auch von seinen beruflichen Lorbeeren muß er ihr einiges zukommen lassen. Schließlich tut er gut daran, ihr als Ehefrau und Mutter die Möglichkeit zum Kontakt mit Freundinnen oder mit ihren Schwestern nicht zu nehmen.

Die günstigste Kinderkonfiguration wären zuerst ein Sohn, dann eine Tochter, oder zuerst Söhne, dann Töchter, oder eine Folge von Sohn-Tochter-Paaren.

Wenn zunächst eine Tochter und dann erst ein Sohn kommt, kann es Schwierigkeiten geben. Vater und Sohn haben verschiedene Auffassungen darüber, wie man Mädchen zu behandeln hat. Der Vater meint, Mädchen wollten geführt und beschützt werden, der Sohn dagegen, man solle sich von Mädchen führen und bemuttern lassen. Von der Tochter wieder meint der Vater, sie sollte sich unterordnen und ihren Bruder weniger zu kontrollieren versuchen. Die Mutter dagegen würde die Unabhängigkeit ihrer Tochter fördern und diese eventuell zu ihrer Vertrauten oder „großen Schwester" machen. Gemeinsam würden sie beide schon der Männer in ihrer Familie Herr werden, könnte die Mutter denken.

Wenn sie nur Söhne haben, ist die Mutter glücklicher, als wenn sie nur Töchter haben. Ihr Ehrgeiz sowohl in der Familie wie auch gegenüber anderen Frauen und anderen Familien ist dann besser befriedigt. In ihrer Familie kann sie als einzige Frau ihre Gunst nach Laune oder nach Würdigkeit vergeben und verlagern. Gegenüber anderen Freundinnen kann sie mit ihren Söhnen ein bißchen prahlen. Dabei könnten beide Eltern nach ihren Erfahrungen eine ausschließliche Folge von Töchtern eigentlich besser akzeptieren als eine ausschließliche Folge von Söhnen. – Wenn sie nur Töchter haben, dann wählt sich der Vater meist die älteste als seine Stellvertreterin aus. Die Mutter findet ebenfalls in der ältesten Tochter ihre Vertraute, ihre „große Schwester", und versucht ein wenig, sie dem Vater abspenstig zu machen. Die jüngste Tochter kann sich leicht mit ihr identifizieren. Sie soll, meint die Mutter, erreichen, was sie selbst, die Mutter, nicht verwirklichen konnte. Auch der Vater verwöhnt die jüngste Tochter mehr als die übrigen oder jedenfalls die älteste. Damit geraten beide Eltern mit ihrer ältesten Tochter nicht selten in Konflikt.

12.2.2. *Vater der jüngste Bruder von Schwestern – Mutter die älteste Schwester von Schwestern: (s..)b/s(s..)*

Diese Beziehung ist relativ günstig zu bewerten. Er und sie kommen recht gut miteinander aus, obwohl sie sich zunächst in der Dauergesellschaft eines Mannes nicht leicht tut. Sie ist ein wenig härter und autoritätsgläubiger, als ihm lieb ist, aber dadurch, daß er ihr den Führungs- und Verantwortungsanspruch nicht streitig macht, kann er sie versöhnen und für eine allmählich entspanntere Beziehung gewinnen. Sie gibt auch in der Familie den Ton an, tut das allerdings seiner Meinung nach etwas humorlos und besitzt nicht immer die ungeteilten Sympathien ihrer Kinder. Diese verstehen sich mit ihrem Vater oft besser, und obwohl er gar nicht viel Zeit für sie hat und mehr den eigenen Interessen nachgeht, gilt er trotzdem eher als einer der ihren. Er unterstützt sie manchmal sogar gegen die Leistungs- und Gehorsamsansprüche der Mutter. – Für die Mutter selbst ist es wichtig, daß Gerechtigkeit und Ordnung in der Familie herrschen, aber auch, daß sie den Kontakt mit Freundinnen oder mit Aufgaben außerhalb der Familie, die ihre Verantwortungsfreude befriedigen, nach der Eheschließung nicht aufgeben muß.

Die günstigste Kinderkonfiguration wäre: zuerst eine Tochter und dann ein Sohn, oder zuerst Töchter, dann Söhne, oder Tochter und Sohn in wiederkehrender Folge.

Würden sie zuerst einen Sohn und dann eine Tochter bekommen, dann würde der Sohn in zweifacher Weise behindert, die Rolle seiner Geschwisterposition zu entwickeln. Er könnte sich als älterer Bruder einer Schwester nicht gut mit seinem Vater identifizieren, aber auch seine Mutter würde ihm den Führungs- und Betreuungsanspruch, den er seiner Schwester gegenüber erhebt, eher streitig machen. Die Mutter wieder würde dazu neigen, die Tochter zu ihrer eigenen jüngsten Schwester zu machen und sich mit ihr gegen die Männer, auf jeden Fall aber gegen den „anmaßenden“ Sohn zu verbünden.

Wenn sie nur Söhne haben, dann erleidet der älteste häufig ein ähnliches Schicksal. Er kann vom Vater ja nicht gut lernen, wie man

Jungen behandelt, und er wird von der Mutter behindert, sich seine eigenen Erfahrungen mit den jüngeren Brüdern zu sammeln. Die Mutter zieht häufig den jüngsten oder einen der jüngeren Brüder vor, denjenigen jedenfalls, der ihrem Führungsanspruch am bereitwilligsten nachgibt. Dieser Sohn kann sich meist auch mit dem Vater ausreichend identifizieren und lernt auf diese Weise zumindest indirekt, wie man eine (altersnahe) Frau am besten behandelt. – Trotzdem gewinnen die Söhne insgesamt den Eindruck, daß das Zusammenleben von Eheleuten keine ganz leichte Sache ist. Mit gutem Willen lasse es sich aber einrichten.

Wenn die Eltern nur Töchter haben, dann identifiziert sich die älteste mit der Mutter und kann es auch dem Vater einigermaßen recht machen, während die jüngeren Töchter oder zumindest die jüngste gerne von der Mutter mit Beschlag belegt wird. Sie darf ihre, der Mutter, „kleine Schwester" sein. Manches von dem, was die Mutter ihrer eigenen kleinen Schwester seinerzeit nicht gönnte, das gönnt sie gern ihrem jüngsten Kind. Dieses wird dadurch und durch die Fürsorge der älteren Schwestern oft abhängiger und unselbständiger als andere jüngste Schwestern von Schwestern, besonders da es auch mit dem Vater kein sehr inniges Verhältnis hat. Er kann mit der jüngsten Tochter nicht viel anfangen, es sei denn, er sieht sich selbst in ihr. – Im übrigen sind für diese Eltern lauter Töchter ein wenig leichter hinzunehmen als lauter Söhne.

12.2.3. Vater der älteste Bruder von Brüdern – Mutter die jüngste Schwester von Brüdern: b(b..)/(b..)s

Diese Beziehung ist relativ günstig. Er ist zwar eher hart und rechthaberisch im Umgang mit ihr und behandelt sie unbewußt und unwillkürlich zunächst wie einen jüngeren Bruder. Doch ist sie den Umgang mit Männern durch ihre älteren Brüder meist so gut gewöhnt, daß sie ihn in der Regel bald milder stimmen kann. Unter ihrem Einfluß wird er toleranter und bringt für ihre Wünsche und Anliegen mehr Interesse auf als andere älteste Brüder von Brüdern für ihre Frauen. Dazu trägt zum Teil auch die Konkurrenz ihrer Brüder bei. Sie bemühen sich meist weiterhin um ihre Schwester, diese bleibt ihnen gewogen, und er, der älteste Bruder von Brüdern, muß wohl oder übel trachten, sich einiges von den Umgangsformen ihrer Brüder anzueignen, wenn er auf die Dauer wirklich bei seiner Frau reüssieren möchte. Er kann ja seine Führungs- und Kontrollbedürfnisse an Männern im

Berufsleben befriedigen, und auch gegenüber den Kindern macht sie ihm seinen Fürsorge- und Vorsorgeanspruch nicht streitig. – Für das Familienleben wäre es gut, wenn er auch nach der Eheschließung und nach der Ankunft von Kindern im Umgang mit seinen Freunden möglichst wenig behindert würde.

Die günstigste Kinderkonfiguration wäre zuerst ein Sohn, dann eine Tochter, oder zuerst Söhne, dann Töchter, oder eine Reihenfolge Sohn, Tochter, Sohn, Tochter.

Wenn sie den Sohn erst nach einer Tochter bekommen, haben Vater und Mutter Schwierigkeiten, sich mit ihren gleichgeschlechtlichen Kindern zu identifizieren. Ihm ist der Sohn zu weich, verspielt und unselbständig, ihr ist die Tochter zu dominierend. Er könnte für sich allerdings aus dem Sohn einen kleinen Bruder machen. In diesem Falle trägt er jedoch gerade im Kontakt mit dem Kind oft zu dessen Unselbständigkeit und Abhängigkeit bei. In manchen Zügen seiner Tochter dagegen erkennt der Vater sich selbst, aber wenn er und sie etwas gemeinsam machen sollen, geraten sie einander ins Gehege. Die Mutter wieder vermißt in ihrem Sohn den Wunsch, etwas für eine Frau zu tun und sich ihrer Bedürfnisse anzunehmen.

Wenn sie nur Söhne haben, ist dies etwas günstiger, als wenn sie nur Töchter haben. Im ersten Fall identifiziert sich der Vater meistens mit dem ältesten Sohn und verhält sich gegenüber den anderen Söhnen selber wie ein älterer Bruder. Die Mutter steht etwas abseits von diesem „Männerbund". Gerade dadurch können aber mehr oder weniger alle Söhne ein wenig über die Bedürfnisse und Wünsche einer Frau von ihr lernen. Ihr Frauenbild könnte allerdings etwas romantisiert und weltfremd werden. Die Mutter selbst identifiziert sich am ehesten mit dem jüngsten Sohn, würde ihm damit aber in ihrer Vorstellung Züge eines Mädchens verleihen. – Haben sie nur Töchter, dann bemängeln diese die relativ geringe Verfügbarkeit des Vaters für sie. Wenn er sich um die Töchter kümmert, dann am ehesten in der unbewußten Absicht, aus mindestens einer von ihnen, aber vielleicht sogar aus mehreren oder allen Jungen zu machen. Mit der ältesten Tochter identifiziert er sich, weiß ihr aber nicht viel Dank dafür, daß sie ihm nachzugeraten sucht. Wenn die Ehe glücklich ist, lernen die Töchter allerdings durch Beobachtung der Mutter und durch die Identifizierung mit ihr, zumindest indirekt und ebenfalls ein bißchen ins Romantische gehoben, wie man sich Männern gegenüber benimmt.

12.2.4. Vater der jüngste Bruder von Brüdern – Mutter die älteste Schwester von Brüdern: (b..)b/s(b..)

Diese Beziehung ist relativ günstig zu bewerten. Er ist zwar einerseits abhängig von der Führung durch andere, andererseits widersetzt er sich jedem Versuch der Bevormundung, den er erkennt. Von einer Frau nimmt er Führung und Bevormundung freilich noch etwas eher hin als von Männern, besonders wenn die Frau gelernt hat, mit jüngeren Brüdern umzugehen. Sie gewöhnt ihn allmählich an das Zusammenleben als Mann und Frau, behält aber selbst die mütterliche Führung in der Familie. Er will verstanden werden und fühlt sich zunehmend von ihr verstanden. Sie behandelt ihn ein wenig wie eines ihrer Kinder. Da ihre Betreuung im allgemeinen recht tolerant und freundlich ist, fahren sowohl ihre Kinder wie ihr Mann nicht schlecht dabei. Seine gelegentlichen Clownerien tragen zur guten Stimmung bei. Wenn sie ihm außerdem zubilligt, daß er auch als verheirateter Mann einen gewissen Kontakt mit Männern und Freunden pflegt, können alle Beteiligten in der Regel zufrieden sein.

Die günstigste Kinderkonfiguration wäre zuerst eine Tochter, dann ein Sohn, oder zuerst mehrere Töchter, dann mehrere Söhne, oder Tochter und Sohn in zwei- oder mehrfacher Aufeinanderfolge.

Wenn sie dagegen zuerst einen Sohn und danach eine Tochter bekommen, können sich Schwierigkeiten ergeben. Weder Vater und Sohn, noch Mutter und Tochter können sich dann ohne weiteres miteinander identifizieren. Der Sohn ist dem Vater zu selbständig und dominant, die Tochter der Mutter zu abhängig und gehorsam gegenüber ihrem Bruder und Männern überhaupt. Wenn der Vater seinen Sohn jedoch akzeptieren lernt, wenn er ihn wie einen kleinen älteren Bruder nimmt, dann könnten die beiden Männer sich mehr von den Frauen in der Familie absondern, als denen lieb ist. Die Tochter liegt dem Vater nämlich weniger an als der Sohn, und der Mutter wiederum ist ihr Sohn zu dominierend und autark. Die beiden halten einander nicht allzu lange ohne Unterbrechung aus.

Wenn diese Partner nur Söhne bekommen, ist es etwas besser, als wenn sie nur Töchter bekommen. Der Vater würde sich mit dem jüngsten Sohn identifizieren und den ältesten vielleicht zu seinem eigenen Führer und Vertrauten machen. Die Mutter würde den ältesten Sohn unbewußt nötigen, sich mit ihr zu identifizieren, würde aber die übrigen Söhne ähnlich behandeln wie früher die eigenen jüngeren Brüder. – Wenn sie dagegen nur Töchter haben, würde sich die älteste mit der Mutter, eine der jüngeren oder die jüngste eher mit dem Vater identifizieren. Beide Elternteile sind aber den Umgang mit Mädchen und Töchtern von zu Hause her nicht gewohnt. Wenn die älteste lernt, den Vater und ihre jüngeren Geschwister zu bemuttern, und wenn mindestens eine der jüngeren Töchter sich in einen „lustigen Jungen" verwandelt, kann die Familie einen dauerhaften Modus vivendi finden.

12.3. Elternpaare mit Rangkonflikt oder mit Geschlechtskonflikt

12.3.1. Vater der älteste Bruder von Schwestern – Mutter die älteste Schwester von Brüdern: b(s..)/s(b..)

Diese Beziehung ist nur mittelmäßig günstig. Beide haben zwar zu Hause gelernt, mit einer altersnahen Person des anderen Geschlechts zusammenzuleben, aber beide sind älteste Geschwister und tendieren dazu, einander die Führung und Verantwortung streitig zu machen. Jeder will, daß sich der andere unterordnet, aber beiden fällt es schwer, dies selbst zu tun. Sie kämpfen allerdings nicht „im Namen der Geschlechter" gegeneinander, und das mildert ihren Konflikt. Wenn sie sich in der Familie ihre Kompetenzbereiche einigermaßen teilen können, wird ihr Kampf um die Vorherrschaft noch weiter reduziert. Allerdings neigen beide dazu, von ihren Kindern diejenigen des anderen Geschlechts mit Beschlag zu belegen, sie verhältnismäßig lange in Abhängigkeit zu halten und mit ihnen gegen den anderen Teil der Familie Stellung zu beziehen.

Jede gemischt-geschlechtliche Kinderkonfiguration ist etwa gleich gut für beide Eltern. Lediglich ein Zwillingspärchen wäre vielleicht noch besser, kommt aber nur selten vor.

Wenn sie zuerst einen Sohn und dann eine Tochter haben, findet der Vater sich besonders leicht mit den Kindern zurecht, während die Mutter in Identifikations- und in Interaktionsschwierigkeiten mit ihnen gerät. Der Sohn ist ihr, wie der Vater, zu dominant, die Tochter zu bescheiden und passiv. – Wenn sie zuerst eine Tochter und dann einen Sohn haben, geht es dem Vater so. Er findet die Tochter zu fürsorglich und wichtigtuerisch, den Sohn zu disziplinlos und verwöhnt. – Hätten sie einen Sohn, eine Tochter, noch eine Tochter und noch einen Sohn, könnten sich die Eltern die beiden Geschwisterpärchen aufteilen. Der Vater würde die beiden älteren Kinder, die Mutter die beiden jüngeren Kinder stärker an sich ziehen.

Wenn sie nur Söhne haben, dann neigt der älteste eher zur Identifikation mit der Mutter als mit dem Vater. Sie kann ihm nämlich besser als der Vater zeigen, wie man mit jüngeren Brüdern umgeht. Der Vater hingegen würde dazu tendieren, zumindest einen der jüngeren Söhne wie eine kleine Schwester zu behandeln und im Effekt vielleicht ein wenig in ein Mädchen zu verwandeln. – Wenn sie nur Töchter haben, dann identifiziert sich die älteste eher mit dem Vater. Er weiß besser als die Mutter, wie man mit kleinen Mädchen umgeht. Die Mutter wieder würde sich gerne eines der Mädchen als Jungen zurechtstutzen.

12.3.2. Vater der jüngste Bruder von Schwestern – Mutter die jüngste Schwester von Brüdern: (s..)b/(b..)s

Diese Beziehung ist nur mittelmäßig günstig. Beide können zwar mit einer altersnahen Person des anderen Geschlechts recht gut auskommen, aber jeder von ihnen erwartet vom Partner, daß er Führung und Verantwortung übernimmt, und keiner von beiden ist selbst richtig dazu imstande. Sie sind in ihren ursprünglichen Familien meistens anlehnungsbedürftig und abhängig von einer Person des anderen Geschlechts geworden. Jeder verlangt vom anderen Verständnis, fühlt sich aber unzureichend verstanden. Daher denken sie primär auch weniger eifrig als andere Ehepaare an eigene Kinder. Wenn diese dennoch kommen, neigen die Eltern dazu, das älteste Kind früher, als es diesem lieb sein könnte, in die Position eines Vertrauten, eines Sachverständigen und einer Autorität hineinzumanövrieren. Das Kind kann dies meist nicht, oder es lernt nur oberflächlich, diese Wünsche der Eltern zu erfüllen. Innerlich bleibt es unsicher, da ihm ja kein Elternteil ein ausreichendes Vorbild dafür liefern konnte.

Trotzdem wäre eine gemischt-geschlechtliche Kinderkonfiguration etwas besser als eine monosexuelle.

Wenn sie zuerst einen Sohn und dann eine Tochter bekommen, kann sich die Mutter leichter mit der Tochter identifizieren und mit dem Sohn verständigen und zusammenarbeiten als der Vater. Wenn sie zuerst eine Tochter und dann einen Sohn bekommen, hat es der

Vater leichter. Jener Elternteil, welcher die eigene Geschwistersituation in seinen Kindern wiederholt findet, tendiert stärker zum intensiven Umgang mit den Kindern, ist aber auch geneigt, den anderen Elternteil etwas an den Rand des Familiengeschehens zu schieben. Diese leichte Isolation eines Elternteils kann dann auch die Beziehung der Eltern zueinander belasten.

Wenn sie nur Söhne haben, fällt es der Mutter leichter, wenn sie nur Töchter haben, fällt es dem Vater leichter, mit den Kindern zurechtzukommen. Auch hierbei kann sich jeweils ein Elternteil ein wenig ausgeschlossen fühlen. In jedem Falle aber werden die Kinder die Anleitung durch die Eltern zum Teil vermissen. Sie müssen versuchen, sich ohne deutliche Vorbilder selbständig zu machen. Mit der Autorität der Eltern können sie kaum rechnen. Daher erweckt auch ihre Selbständigkeit oft den Eindruck von Richtungslosigkeit. Sie wechseln häufiger als andere Kinder ihre Interessen und Ziele, und die Eltern scheinen sie implizit sogar dazu zu ermuntern.

12.3.3. Vater der älteste Bruder von Brüdern – Mutter die jüngste Schwester von Schwestern: b(b..)/(s..)s

Diese Beziehung kann nur als mittelmäßig günstig beurteilt werden. Beide Eltern ergänzen einander zwar im Altersrang. Der Vater ist ein ältestes, die Mutter ein jüngstes Geschwister. Aber keiner hatte ein Geschwister vom anderen Geschlecht, keiner ist also an das Zusammenleben mit einem andersgeschlechtlichen Partner gewöhnt. So haben sie zwar keine großen Schwierigkeiten, sich beruflich und in den materiellen Dingen des Haushaltes einig zu werden. Er gibt den Ton an, sie handelt manchmal impulsiv oder in Opposition, fügt sich aber zumindest effektiv doch seiner Leitung und den sachlichen Aufgaben. Ihr Verhältnis als Mann und Frau bleibt trotzdem lange oder immer ein wenig gespannt, es ist anfangs vielleicht sogar aufregend, später mitunter auch ermüdend. Ihre Lebensform ist ihnen zwar erträglich, wird aber weder von ihren Bekannten noch von ihnen selbst als ideal empfunden. – Auch gegenüber den Kindern ist er die Autorität und der Ernährer (worauf er sich gelegentlich etwas zugute tut), aber sie muß ihm und ebenso den Kindern manchmal zeigen, daß sie etwas zu sagen hat. Dennoch bedarf sie seiner Unterstützung und Anteilnahme bei der Versorgung und Führung der Kinder, akzeptiert jedoch gern dafür auch die Hilfe etwa ihrer Mutter oder einer ihrer Schwestern. – Für beide ist es nicht unwichtig, sich auch nach der Eheschließung ihre gleichgeschlechtlichen Freunde zu erhalten und von Zeit zu Zeit mit ihnen zusammenzukommen.

Ihre günstigste Kinderfiguration wären zuerst Jungen, dann Mädchen, eventuell auch eine Folge von Junge-Mädchen-Junge-Mädchen. Wenn der Vater sein Aufsichts- und Führungsbedürfnis im Zaum hält und die Mutter ihre impulsiven Eingriffe und ihren Ehrgeiz zügelt, können die Eltern von den Kindern unter Umständen noch nachträglich lernen, wie Jungen und Mädchen bzw. Mann und Frau miteinander auskommen und sich das Leben zu zweit einrichten können.

Wenn sie zuerst eine Tochter und dann einen Sohn haben, neigt der Vater dazu, sich mit dem Sohn zusammenzuschließen, die Mutter mit der Tochter. Die Identifikationsmöglichkeiten zwischen Vater und Sohn sowie zwischen Mutter und Tochter sind vermindert. Eher identifiziert sich die Tochter mit dem Vater und nimmt dadurch mehr männliche Züge an als andere ältere Schwestern von Brüdern. Der Sohn dagegen könnte sich ein wenig mit der Mutter identifizieren und infolgedessen etwas weicher, aber auch kapriziöser als andere jüngere Brüder von Schwestern werden.

Wenn sie nur Söhne haben, ist es für die Familie besser, als wenn sie nur Töchter haben. Der älteste Sohn würde sich mit dem Vater identifizieren, einer der jüngeren oder der jüngste eher mit der Mutter. Der Vater und der älteste Sohn würden den jüngeren Brüdern Anleitung und Unterstützung bieten, während die Mutter ein wenig ausgeschlossen am Rande bliebe. Sie macht sich zwar bemerkbar, aber den Männern im Hause ist nicht immer ganz wohl dabei. Sie lernen, mit Überraschungen und gelegentlichen Szenen zu rechnen und werden generell etwas vorsichtiger im Umgang mit Frauen als andere Männer. – Haben die Eltern nur Töchter, nimmt die älteste bald nicht nur ihren Schwestern, sondern auch der Mutter gegenüber die Rolle der älteren Schwester ein. Eine der jüngeren Töchter oder die jüngste sind in der Regel mit der Mutter identifiziert. Der Vater hat seine relativ herzlichste Beziehung oft zu dieser oder jedenfalls zu einer jüngeren Tochter, während die älteste ihm zwar nachgerät, sich teilweise mit ihm identifiziert, aber dafür nicht viel Wärme oder Dank von ihm erntet. Er nimmt das als selbstverständlich hin.

12.3.4. Vater der jüngste Bruder von Brüdern – Mutter die älteste Schwester von Schwestern: (b..)b/s(s..)

Diese Beziehung ist nur mittelmäßig günstig. Weder er noch sie haben in ihren ursprünglichen Familien Erfahrungen im Zusammenleben mit altersnahen Personen des anderen Geschlechts sammeln können. Nach ihren Altersrängen unter den Geschwistern müßten sie jedoch miteinander auskommen können. Wer die Führung und Verantwortung in der Familie, im Haushalt und mitunter sogar im Berufsleben hat, ist nicht umstritten: Die trägt sie. Er fügt sich im großen und ganzen ihrem Kommando, das allerdings manchmal unnötig streng und abrupt wirkt. Nur gelegentlich gerät er in einen Wettstreit mit ihr, opponiert eine Weile, kann aber, wenn er Gehör für seine Gründe findet und sich verstanden fühlt, rasch umschwenken. – Ihre Beziehung als Mann und Frau läßt jedoch meistens einiges zu wünschen übrig. Sie erreicht selten die Gelöstheit und Zufriedenheit, die beide bei vielen anderen Paaren zu beobachten glauben. – Gegenüber den Kindern gibt sie den Ton an. Sie tritt für Ordnung und gute Leistung zu Hause, in der Schule und im Beruf ein. Der Vater ist insgeheim dagegen, ermuntert auch die Kinder gelegentlich im Widerstreben gegen die Mutter, ist aber, wenn die Kinder ihn brauchen, oft nicht verfügbar. Daher halten sie schließlich doch lieber zu der Mutter. – Jedem Partner würde es nützen, den Kontakt mit seinen gleichgeschlechtlichen Freunden und Bekannten auch nach der Heirat aufrechterhalten zu können. Er braucht seine Männer, sie ihre Damen.

Die günstigste Kinderkonfiguration wäre zuerst eine Tochter, dann ein Sohn, oder zuerst Töchter, dann Söhne, oder eine abwechselnde Folge von Töchtern und Söhnen. Gelingt es der Mutter, sich einer Einflußnahme auf die Beziehung der Kinder untereinander zu enthalten, könnten diese aus ihren Erfahrungen miteinander ein besseres Verhältnis zum anderen Geschlecht entwickeln, als sie es an ihren Eltern zu beobachten vermögen.

Wenn das älteste Kind ein Sohn und das nächste eine Tochter ist, können Kinder und Eltern in Konflikte miteinander geraten. Weder Sohn und Vater noch Mutter und Tochter können sich in diesem Falle ohne weiteres miteinander identifizieren. Der Sohn ist dem Vater zu selbständig, der Vater dem Sohn zu unbeständig und irrational. Die Tochter ist der Mutter zu wenig mütterlich und verantwortungsbewußt, die Tochter dagegen beklagt, daß sie von ihrer Mutter manchmal überfordert wird. Die Mutter ist allerdings zur Tochter oft erheblich mütterlicher und toleranter als zu ihrem Mann oder Sohn. Der Vater kommt mit dem Sohn dann recht gut aus, wenn er ihm sozusagen die Führung überläßt oder sich jedenfalls nicht in seine Angelegenheiten einmischt. Dagegen fängt der Vater mit der Tochter nicht viel an. Diese Kinderkonfiguration kann in solch einer Familie mehr als in anderen die Männer gegen die Frauen stellen und die Frauen gegen die Männer.

Wenn sie nur Söhne haben, identifiziert sich meist der älteste zum Teil mit der Mutter, einer der jüngeren oder der jüngste mit dem Vater. Der älteste hat aber auch den Hang, nicht nur seinen Brüdern, sondern sogar seinem Vater gegenüber die Rolle des älteren Bruders zu spielen. Wenn dies geschieht, fühlt sich die Mutter etwas isoliert und pocht mitunter härter als andere ältere Schwestern von Schwestern auf Pflicht, Leistung und die Rechte der Frauen. – Haben sie nur Töchter, fühlt sich unter Umständen der Vater ausgeschlossen. Die älteste Tochter identifiziert sich dann mit der Mutter, betreut und beaufsichtigt ihre Schwestern ähnlich, wie die Mutter das tut, aber zur Betreuung des Vaters fehlt ihr teils die Praxis (mit Brüdern), teils läßt die Mutter sie nicht ohne weiteres gewähren. Der Vater, scheint sie zu bedeuten, gehört ihr.

12.4. Elternpaare mit Rang- und teilweisem Geschlechtskonflikt

12.4.1. Vater der älteste Bruder von Schwestern – Mutter die älteste Schwester von Schwestern: b(s..)/s(s..)

Diese Beziehung ist eher ungünstig zu bewerten. Beide Partner sind älteste Geschwister gewesen und befinden sich in einem zumindest latenten Kampf um die Führung in der Familie. Die Mutter ist darüber hinaus von ihrer ursprünglichen Familie her auch an das Zusammenleben mit einer altersnahen Person des anderen Geschlechts nicht gewöhnt. Der Vater könnte ihr zeigen, wie Mann und Frau sich das Leben zu zweit einrichten sollten, und teilweise gelingt es ihm auch, teilweise aber steht dem ihr Stolz, ihre Unabhängigkeit und ihre Vatergläubigkeit im Wege. Sie meint, daß ihr eigentlich außer ihrem Vater kein Mann etwas zu sagen habe. – In der Familie ist er die verständigere und eher tolerante, sie die strengere und eher starre Autorität. Für sie wäre es gut, wenn sie auch als Mutter nicht ganz aus dem Berufsleben ausschiede, aber sie sollte sich möglichst nicht in der gleichen Sparte oder im gleichen Bereich betätigen wie ihr Mann. Er könnte fast leichter seinen Beruf wechseln als sie. Wenn sie Kinder haben, neigt sie dazu, die Mädchen an sich zu binden und in Oppositionshaltung gegenüber den Männern zu bringen. Dies gelingt ihr allerdings nicht immer oder nicht bei allen Töchtern, denn der Vater weiß mit Mädchen umzugehen.

Relativ die günstigste Kinderkonfiguration wäre zuerst ein Sohn, dann eine Tochter, oder zuerst Söhne, dann Töchter, oder Sohn, Tochter, Sohn, Tochter. Der Vater kann sich mühelos mit den Söhnen identifizieren und mit den Töchtern gut auskommen, die Mutter hätte allerdings gewisse Schwierigkeiten. Ihr wäre eine umgekehrte, also eine mit einer Tochter oder mit mehreren Töchtern beginnende Kinderkonfiguration angenehmer. Da es ihr aber selbst dann nicht leicht fällt, ihrer Tochter zu zeigen, wie man mit jüngeren Brüdern umgeht, und da der Vater mit einer solchen Kinderfolge seinerseits Schwierigkeiten hätte, wäre sie für die gesamte Familie weniger günstig als die erstgenannte.

Mit einer Kinderkonfiguration von ausschließlich Töchtern würden die Eltern besser zurechtkommen, als wenn sie ausschließlich Söhne hätten. Die älteste Tochter würde sich mit ihrer Mutter zu identifizieren versuchen und die Aufsicht über ihre Schwestern im Stil der Mutter führen. Sie merkt natürlich, daß auch der Vater sich für ihre Schwestern interessiert und keine unbeträchtliche Anziehung auf sie ausübt. Nur sie selbst, die älteste Tochter, fühlt sich von seinem Interesse ausgenommen. Daher versucht sie, sich auch mit dem Vater zu identifizieren, was ihr aber weniger gut gelingt. So könnten sie und ihre Mutter mit dem Vater in Wettbewerb um die jüngeren Töchter geraten und mit Ärger zur Kenntnis nehmen, daß der Vater bevorzugt wird. – Wenn das Elternpaar nur Söhne hat, bleiben die jüngeren mehr dem Einfluß des ältesten ausgesetzt als unter Töchtern. Weder der Vater noch die Mutter können mit Söhnen allzuviel anfangen und sind versucht, sie ein wenig wie Mädchen zu behandeln. Der älteste versucht, teils vom Vater, teils von der Mutter zu erfahren, wie er mit den Brüdern umgehen soll, muß aber letzten Endes auf seine eigenen Erfahrungen mit seinen Brüdern rekurrieren.

12.4.2. Vater der jüngste Bruder von Schwestern – Mutter die jüngste Schwester von Schwestern: (s..)b/(s..)s

Diese Beziehung ist eher ungünstig. Nur der Vater hat in seiner ursprünglichen Familie gelernt, mit einer altersnahen Person des anderen Geschlechts umzugehen. Er erwartet allerdings von einer Frau eher Fürsorge als Opposition, eher Führung als Wettbewerb. Die Mutter wieder weiß nicht recht, ob sie mit Männern konkurrieren oder sich ihnen unterordnen soll. Soll sie sich unterordnen, dann müßte ihr Mann aber auch imstande sein, sie anzuleiten und alle Familienangelegenheiten selbst in die Hand zu nehmen. Sie bemerkt, daß er das nicht tut. So sehnen sich beide nach einer dritten Person, er nach jemandem, der ihm die Mühen des Alltags abnimmt und ihn seinen Interessen und Begabungen nachgehen läßt, sie nach jemandem, für den sie inspirierend, aufregend oder auch manchmal ein wenig „schlimm" sein darf. Mehr als andere Ehepaare bräuchten sie, wenn sie Kinder haben, eine Person, die ihnen hilft, etwa seine oder ihre Mutter oder Schwester, vielleicht auch einen Schwager oder Freund, der sie bei der Erfüllung ihrer Mutterpflichten mehr bewundert und ihr bereitwilliger beispringt als ihr Mann.

Die relativ günstigste Kinderkonfiguration wäre: erst eine Tochter, dann ein Sohn, oder zuerst Töchter, dann Söhne, oder eine wechselnde Folge von Töchtern und Söhnen. Der Vater kann sich mit jüngeren Brüdern von Schwestern besonders leicht identifizieren und versteht sich auch mit älteren Schwestern von Brüdern gut. Der Mutter wäre allerdings eher die umgekehrte Kinderfolge willkommen. Nur in dieser könnte sie sich ohne große Schwierigkeiten mit ihren Töchtern identifizieren und im Umgang mit ihren Söhnen auch deren Unabhängigkeit, Führungsbereitschaft und Fürsorge akzeptieren, in der Regel sogar etwas leichter als von einem erwachsenen Mann. Völlig natürlich stellt sich diese Akzeptierung allerdings nicht bei ihr ein. Da aber der Vater in einer solchen Kinderkonfiguration sich weder ohne weiteres mit den Söhnen identifizieren noch von den Töchtern die insgeheim erhoffte mütterliche Behandlung bekommen kann, sind Folgen von Junge–Mädchen insgesamt doch etwas weniger günstig für die Familie als Folgen von Mädchen–Junge.

Wenn sie nur Töchter haben, kommen die Eltern etwas besser mit ihren Kindern aus, als wenn sie nur Söhne haben. Die älteste Tochter müßte ihre Führungs- und Verantwortungsrolle gegenüber den jüngeren Schwestern zwar ohne Vorbild von seiten der Eltern einzunehmen lernen, könnte aber aus der Art, wie sowohl ihr Vater als auch ihre Mutter selbst behandelt werden wollen (nämlich als Junioren), doch eine solche Seniorenrolle entwickeln. Die jüngeren Töchter würden sich mit der Mutter identifizieren. Daraus könnte sich ein verstärkter Wettbewerb um die Betreuung und Führung durch die älteste Tochter ergeben. Alle, Vater, Mutter und die übrigen Kinder, scheinen etwas von der ältesten Tochter zu wollen. – Wenn die Eltern nur Söhne haben, fällt die Bürde der Führung – ebenfalls ohne richtige Vorbereitung und Lehre durch die Eltern – auf den ältesten Sohn. Wenn er die ihm zugedachte Rolle tatsächlich schafft, haben beide Eltern kein schlechtes Verhältnis zu ihm, obwohl sie dabei in Konkurrenz mit ihren eigenen jüngeren Kindern stehen. Sie haben jedoch auch gewisse Schwierigkeiten, sich mit den jüngeren Söhnen zu identifizieren. Das gilt auch für den Vater, der in seinem Elternhaus im allgemeinen toleranter und aufmerksamer behandelt wurde als seine jüngeren Söhne in dieser Familie. Mehr als in anderen Familien streben die Söhne wegen der als unzureichend empfundenen Führung oft schon früh von zu Hause fort. Sie suchen sich Autoritätspersonen außerhalb der unmittelbaren Familie.

12.4.3. Vater der älteste Bruder von Brüdern – Mutter die älteste Schwester von Brüdern: b(b..)/s(b..)

Diese Beziehung ist eher ungünstig. Beide Eltern sind gewohnt, zu kommandieren und Verantwortung zu tragen, der Vater meist in einer eklatanteren Weise als die Mutter, und beide haben Mühe, dem Partner das zuzugestehen und sich selbst unterzuordnen. Nur sie ist außerdem von daheim an das Zusammenleben mit einer altersnahen Person des anderen Geschlechtes gewöhnt. Sie versucht zwar, ihm zu zeigen, wie das Zusammenleben zwischen Mann und Frau gestaltet werden könnte, aber er will sich auch da nicht gern hineinreden lassen und ärgert sich über ihre seiner Meinung nach gönnerhafte und herablassende Art. Sie läßt außerdem den Kindern zu viel durchgehen. Er fordert eher Leistung und Gehorsam, sie dagegen möchte den Kindern, insbesondere den Söhnen, vor allem zur Verwirklichung ihrer Wünsche und Interessen verhelfen. – Trotz dieser Konflikte bringt die Ankunft von Kindern für beide meist eine fühlbare Erleichterung. Beide brauchen ja Junioren, jüngere Brüder, abhängige Personen, die sie betreuen und erziehen können. Beide Eltern können ihre Autoritäts- und Führungskonflikte miteinander auch dadurch mildern, daß sie zumindest einen Teil ihrer eigenen Interessen getrennt voneinander verfolgen. Er hat in der Regel seinen Beruf. Sie kann im allgemeinen leichter als etwa eine ältere Schwester von Schwestern einen eigenen Beruf zugunsten von Familie und Haushalt aufgeben, besonders wenn sie Söhne hat. Dann darf er sich aber nicht einmischen. Bei ihm besteht jedoch die Neigung, die Söhne für sich zu beanspruchen und gegen das weibliche Geschlecht zu mobilisieren. Dabei irritiert es ihn allerdings, daß seine Frau auf die Söhne eine nicht unerhebliche Attraktion ausübt und alle, vielleicht mit Ausnahme des ältesten, es bei ihr gemütlicher finden als bei ihm.

Die relativ günstigste Kinderkonfiguration wäre zuerst eine Tochter, dann ein Sohn, oder zuerst Töchter, dann Söhne, oder eine Folge von Tochter–Sohn–Tochter–Sohn. Der Mutter fällt es leicht, sich mit den Töchtern zu identifizieren, und mit den Söhnen kommt sie auf eine angenehme Weise aus. Der Vater hätte allerdings mehr Mühe. Ihm scheinen die Söhne zu abhängig und bequem, die Tochter zu dominant. Er würde sich besser mit einer umgekehrten Kinderfolge zurechtfinden, in der die Söhne die älteren und die Töchter die jüngeren Geschwister sind. Da er aber auch dann den Söhnen nicht zeigen kann, wie man mit den Töchtern als Mädchen umgeht, sondern nur, wie man sie als jüngere Brüder behandelt, und da die Mutter Schwierigkeiten hat, sich mit jüngeren Schwestern von Brüdern zu identifizieren oder auch eine gedeihliche Umgangsform mit ihren Söhnen, den älteren Brüdern von Schwestern, zu entwickeln, fährt die Familie insgesamt etwas besser mit der erstgenannten Kinderkonfiguration.

Wenn die Eltern ausschließlich Söhne haben, wäre es ein wenig günstiger, als wenn sie ausschließlich Töchter haben. Der älteste Sohn hätte keine Mühe, sich mit dem Vater zu identifizieren und sich gegenüber seinen Brüdern nicht nur nach den eigenen Erfahrungen mit ihnen, sondern auch nach dem Vorbild des Vaters zu verhalten. Er bemerkt allerdings, daß die Mutter vielleicht einen noch größeren Einfluß auf seine jüngeren Brüder ausübt als er selbst und sein Vater. Nur für ihn, den ältesten Sohn, hat sie seiner Meinung nach nicht viel übrig. Identifikationsversuche mit ihr gedeihen nicht sehr weit. Er und sein Vater könnten sich auf der einen Seite der Familie finden, die Mutter und die jüngeren Söhne auf der anderen. Im Wettstreit um die Gunst und Anhänglichkeit der jüngeren Söhne scheint die Mutter ohne viel Mühe zu gewinnen. – Wenn die Eltern nur Töchter haben, können weder der Vater noch die Mutter ihrer ältesten Tochter richtig zeigen, wie sie ihre kleinen Schwestern als Mädchen behandeln muß. Sie gehen mit ihnen eher wie mit Jungen um. Die älteste Tochter muß die Fürsorge für ihre Schwestern und deren Führung sozusagen aus eigener Erfahrung lernen.

12.4.4. Vater der jüngste Bruder von Brüdern – Mutter die jüngste Schwester von Brüdern: (b..)b/(b..)s

Diese Beziehung ist eher ungünstig. Nur die Mutter weiß aus früher Erfahrung, wie man mit einer Person des anderen Geschlechts umgeht. Beide sind außerdem als jüngste Geschwister unbewußt auf der Suche nach jemandem, der ihnen Führung und elterliche Anteilnahme bieten kann. Aber gerade das vermag keiner von ihnen dem Partner zu geben. Die Erfahrungen der Mutter mit ihren Brüdern reichen meistens nicht ganz, um dem Vater ihre Vorstellung vom Zusammenleben als Mann und Frau schmackhaft zu machen. Sie empfindet ihn als zu unstet, zu ehrgeizig und abhängig von anderen Männern. Nicht selten entwickelt sie sogar selbst entweder als Person oder im Namen der gesamten Familie Interesse an einem jener Männer, auf die ihr eigener Mann so große Stücke zu halten scheint: an einem Freund von ihm, vielleicht seinem ältesten Bruder oder auch einem ihrer eigenen Brüder. Für die Kinder hätte sie gerne eine solche Person, und tatsächlich schätzen die Kinder einen solchen Onkel oft sehr. Der Vater reiht sich manchmal gegenüber einer solchen Person auch selbst unter die Kinder. Mitunter wetteifert er mit ihnen um die Aufmerksamkeit und Anteilnahme des Betreffenden.

Relativ die günstigste Kinderkonfiguration wäre zuerst ein Sohn, dann eine Tochter, oder zuerst Söhne, dann Töchter, oder eine Folge von jeweils einem Sohn und einer Tochter. Die Mutter kann sich mit den Töchtern leicht und gut identifizieren, und auch mit den Söhnen kommt sie ohne Mühe aus. Der Vater fühlt sich jedoch in dieser Kinderkonfiguration weniger zu Hause. Er würde seinen ältesten Sohn eher zu einer Art von älterem Bruder für sich machen, als sich mit ihm identifizieren. Darauf geht aber dieser Sohn nicht ohne weiteres ein. Die Töchter wieder sind dem Vater zu wenig mütterlich. Er findet, daß sie ihren Brüdern geradezu hörig sind. – Dem

Vater wäre jedenfalls eine umgekehrte Reihenfolge etwas willkommener. Mit einem jüngsten Bruder von Schwestern kann er sich etwas leichter identifizieren als mit einem ältesten Bruder von Schwestern. Von seiner ältesten Tochter dagegen kann er eher als von seiner Frau die mütterliche Betreuung bekommen, die er braucht, wenn er schon keinen Mann zur Seite hat, der ihm Richtung und Ziele gibt. Die Mutter hat mit einer solchen Kinderfolge allerdings Schwierigkeiten. Sie kann sich mit einer ältesten Tochter nicht gut identifizieren, aber auch ihr jüngerer Sohn wird ihr wegen seiner Abhängigkeit und geringeren Verantwortungsbereitschaft im Umgang nicht richtig vertraut.

Wenn sie nur Söhne haben, finden sich die Eltern mit ihren Kindern im allgemeinen leichter zurecht, als wenn sie nur Töchter haben. Dem ältesten Sohn bieten die Eltern zwar kein Vorbild dafür, wie er seine jüngeren Geschwister behandeln soll, aber er kann aus ihrem Verhalten ihm gegenüber unwillkürlich entnehmen, wie sie ihn eigentlich haben wollen. Er soll nicht nur der Führer für die restlichen Kinder, sondern zum Teil sogar, dahin geht das unbewußte Interesse der Eltern, ihr eigener Ratgeber und Betreuer werden. Eine so große Aufgabe kann der älteste Sohn kaum erfüllen, wenn ihm nicht eine männliche Autoritätsperson außerhalb der unmittelbaren Familie, also etwa ein Onkel oder ein Großvater, dabei hilft. – Wenn sie nur Töchter haben, teilen die Eltern der Ältesten ebenfalls unbewußt vorzeitig eine Führungsrolle zu. Diese erstreckt sich nicht nur auf die anderen Töchter, sondern auch auf die Eltern selbst. Die Mutter hat gewisse Schwierigkeiten, sich mit einer der jüngeren Töchter zu identifizieren. Sie wurde von ihren Brüdern in der Regel aufmerksamer und angenehmer behandelt als ihre jüngeren Töchter es von der ältesten Tochter werden. Der Vater fühlt sich überhaupt etwas unverstanden und ausgeschlossen. Mehr als andere Töchter, die keine Brüder hatten, trachten diese Mädchen, aus der Familie fortzukommen und sich mitunter an den ersten besten zu binden, der ihnen auch nur einigermaßen fürsorglich und beschützend entgegenkommt.

12.5. Elternpaare mit Rang- und Geschlechtskonflikt

12.5.1. Vater der älteste Bruder von Brüdern – Mutter die älteste Schwester von Schwestern: b(b..)/s(s..)

Diese Beziehung ist im allgemeinen als ungünstig zu bezeichnen. Beide sind auf das Zusammenleben mit einer altersnahen Person des anderen Geschlechtes von ihrer Geschwistererfahrung her nicht vorbereitet. Beide befinden sich außerdem in einem Rangkonflikt. Jeder beansprucht die Führung und verlangt, daß der andere sich fügt, was beide nicht können. Ihr relativ permanenter Konflikt ist dabei manchmal auch noch in das Gewand eines ideologischen Konfliktes der Geschlechter gekleidet. Das, was ihnen am Partner nicht paßt, schreiben sie gern dem Geschlecht des Partners zu. – Wenn beide berufstätig sind oder jedenfalls voneinander unabhängige Karrieren verfolgen, kann der Konflikt gemildert werden. Ebenso tun beide gut daran, sich auch noch in der Ehe und als Eltern ihre früheren (gleichgeschlechtlichen) Freunde zu bewahren, für kurze Zeiten auch gelegentlich vom Ehepartner Urlaub zu nehmen, eventuell sogar zumindest zeitweise in getrennten Räumen zu wohnen und mehr nach Bedürfnis als aus Gewohnheit oder räumlicher Notwendigkeit den direkten Kontakt miteinander zu suchen. – Die Lage wird für sie leichter, sobald sie Kinder haben. Dabei haben allerdings beide eine starke Tendenz, die Kinder zu Leistung und Pflichterfüllung anzuspornen und sie zu überfordern, und jeder von beiden trachtet, die Kinder des eigenen Geschlechtes um sich zu versammeln und mit ihnen gegen das andere Geschlecht Stellung zu beziehen. Der Vater lehrt die Söhne, was es alles an Frauen auszusetzen gibt und wie man sich vor ihnen in Acht nimmt, und die Mutter tut das gleiche mit ihren Töchtern. – Ein Elternpaar dieses Typs hat eine erheblich höhere Scheidungswahrscheinlichkeit als der Durchschnitt der Bevölkerung (16% versus 5 %, S. 102).

Trotz ihrer Schwierigkeiten mit dem anderen Geschlecht ist für diese Eltern eine gemischtgeschlechtliche Kinderkonfiguration besser als eine eingeschlechtliche. Dabei wäre es egal, ob sie zuerst Jungen und dann Mädchen oder zuerst Mädchen und dann erst Jungen haben. Eine älteste Tochter identifiziert sich eben mit der Mutter, ein ältester Sohn mit dem Vater. In beiden Fällen lernen aber die ältesten Geschwister kaum von den Eltern, vielmehr fast nur aus den eigenen Erfahrungen im Umgang mit den Geschwistern des anderen Geschlechtes, wie Junge und Mädchen sich das Leben miteinander gestalten können. Dabei leben die älteren Geschwister einer längeren Kinderreihe stärker unter dem Eindruck des relativ gespannten und streitbaren Verhältnisses zwischen den Eltern als die jüngeren. Diese sind etwas abgeschirmt vom Einfluß der elterlichen Beziehung, sie können eher und ohne Intervention von seiten der Eltern ihre eigenen Geschwistererfahrungen entwickeln und sich ihrer auch außerhalb der Familie bedienen.

Wenn die Eltern nur Söhne haben, dann hat es der Vater besonders leicht, sich mit dem ältesten zu identifizieren, den jüngeren Söhnen ähnlich wie seinerzeit seinen jüngeren Brüdern zu begegnen und auch seinem ältesten Sohn darin Vorbild zu sein. Die Mutter bleibt von diesem „Männerklub“ eher ausgeschlossen. Sie darf nach der Vorstellung des Vaters und zum Teil auch der Söhne für die Männer sorgen, soll sich sogar eine Ehre daraus machen, aber nicht wirklich in die Männerangelegenheiten hineinreden dürfen. Die Mutter ist davon natürlich nicht sonderlich begeistert. Sie versucht, zumindest einen ihrer Söhne stärker an sich zu ziehen und ihn ein bißchen in ein Mädchen zu verwandeln. – Wenn die Eltern nur Töchter haben, fällt es der Mutter zu, die jüngeren im direkten Kontakt, die älteste durch Identifikation an sich zu binden und den Vater an die Peripherie des Familienlebens zu drängen. Auch dieser ist mit einer solchen Entwicklung meistens nicht einverstanden. In beiden Fällen lernen die Kinder durch die Beobachtung ihrer Eltern nicht allzuviel Freundliches und Ermunterndes über die Liebe und Ehe.

12.5.2. Vater der jüngste Bruder von Brüdern – Mutter die jüngste Schwester von Schwestern: (b..)b/(s..)s

Diese Beziehung ist im allgemeinen als ungünstig zu bezeichnen. Beide Ehepartner haben nach ihren Geschwistererfahrungen den gleichen Altersrang. Sie sind Junioren, von ihren Familien her gewöhnt, betreut und geführt zu werden. Die Verantwortung trägt jemand anderer, meinen sie in der Regel. Darüber hinaus haben beide keine Erfahrung im Zusammenleben mit einer altersnahen Person des anderen Geschlechts. Sie sind miteinander ein wenig ratlos. Sie können sich nicht erklären, was bei ihnen nicht stimmt. Beide suchen nach jemandem, der ihnen hilft, der sie anleitet, der ihnen zuhört und sie versteht, und für beide ist dies nicht der Ehepartner. Ein dritter, etwa sein älterer Bruder oder ihre ältere Schwester, eine befreundete Person, die selbst ein ältestes Geschwister war, eine der Mütter oder einer der Väter des Paares kämen dafür in Frage. – Für beide Partner ist es außerdem günstig, wenn sie ihre Berufe oder ihre Interessen und Begabungen unabhängig voneinander verfolgen und mit ihren gleichgeschlechtlichen Freunden von früher regelmäßigen Kontakt pflegen können. – Mit der Ankunft von Kindern verbessert sich die Lage dieses Paares nicht. Sie neigen sogar dazu, die Kinder oder zumindest ihr ältestes Kind frühzeitig in ihre eigenen Probleme einzuweihen und die Kinder zu ihren Ratgebern zu machen. Dem sind Kinder natürlich im allgemeinen nicht gewachsen. Sie lernen es nur oberflächlich, wirken manchmal äußerlich frühreif und besonnen, sind aber innerlich meistens stärker verunsichert als andere Kinder. Oft haben diese Eltern nur ein einziges Kind. – Ein Elternpaar dieses Typs hat eine erheblich höhere Scheidungswahrscheinlichkeit als der Durchschnitt der Bevölkerung (16% versus 5 %, S. 102).

Eine gemischtgeschlechtliche Kinderkonfiguration ist im allgemeinen günstiger als eine eingeschlechtliche. Ob die Söhne oder die Töchter zuerst kommen, spielt keine große Rolle. In beiden Arten von Kindergruppen haben die ältesten Geschwister Schwierigkeiten, in der Familie ihren Platz und ihre Rolle zu finden. Die Eltern bieten ihnen kaum Vorbilder für das, was sie sich von den Kindern eigentlich erwarten. Die Eltern selbst können sich mit den jüngeren Geschwistern leichter identifizieren und umgekehrt.

Wenn die Eltern nur Söhne haben, dann bringt eher der Vater als die Mutter dem ältesten unbewußt bei, wie er sich den jüngeren Geschwistern und auch ihm selbst gegenüber verhalten soll. Die Mutter fühlt sich dabei übergangen oder nicht ausreichend eingeweiht. Ihr Ehrgeiz gegenüber Freunden und Bekannten ist aber im allgemeinen durch Söhne besser befriedigt als durch Töchter. – Wenn sie nur Töchter haben, dann kann sich die Mutter leicht mit den jüngeren identifizieren und die älteste Tochter frühzeitig auch zu ihrer eigenen „älteren Schwester“ machen. Wie man das wird, muß die Älteste allerdings im Umgang mit ihren Geschwistern erfahren. An der Mutter, die es ihr nicht zu zeigen vermag, kann sie es sozusagen nur erraten. Hier ist es der Vater, der sich ausgeschlossen fühlt und oft tatsächlich ein Außenseiter wird.

In allen genannten Kinderkonfigurationen lernen die Kinder aus der Beobachtung der elterlichen Beziehung zueinander nicht allzuviel Gutes über das Zusammenleben von Mann und Frau. Mehr als andere Kinder tendieren sie daher dazu, sich außerhalb der Familie eine ersehnte Autoritäts- oder Bezugsperson zu suchen. Weil sie zu Hause aber doch eher verunsichert wurden, sind auch ihre Bindungsversuche außerhalb der Familie nicht immer sehr gelungen und glücklich.

12.6. Einzelkinder als Ehepartner und Eltern

Wenn der Ehepartner nicht ebenfalls ein Einzelkind war, sondern einem der vier Grundtypen von Geschwisterrollen seines Geschlechtes angehört, ergeben sich offenbar vier verschiedene Typen von Ehepartnerbeziehung für das Einzelkind. Ein männliches Einzelkind kann eine Ehepartnerin haben, die eine älteste Schwester von Brüdern, eine jüngste Schwester von Brüdern, eine älteste Schwester von Schwestern oder eine jüngste Schwester von Schwestern war. Ein weibliches Einzelkind kann einen Mann heiraten, der in seiner ursprünglichen Familie ein ältester Bruder von Schwestern, ein jüngster Bruder von Schwestern, ein ältester Bruder von Brüdern oder ein jüngster Bruder von Brüdern gewesen ist. Es wäre anzunehmen, daß jede dieser Ehen sich für das Einzelkind etwa anders gestalten wird und daß ihm auch jede Partnerkombination eine von den anderen abweichende Rolle in der Ehe und der Familie zuteilt.

Die Beziehung eines Einzelkindes zu seinem Ehepartner hängt aber unter anderem auch von der Geschwisterposition seines eigenen gleichgeschlechtlichen Elternteils ab (siehe S. 34). Das Einzelkind übernimmt durch Identifikation mit diesem Elternteil mindestens in Spuren auch dessen Geschwisterrolle. Und da dieser Elternteil einem der vier Grundtypen von Geschwisterrollen angehört, tritt das Einzelkind ebenfalls in einer von vier Varianten auf.

Daher würden sich auch hier 16 verschiedene Typen von Beziehungen zwischen einem Einzelkind und seinem Ehepartner ergeben, eben jene, die wir in den vorangegangenen Abschnitten (12.1 bis 12.5) ausführlicher beschrieben haben. Man könnte also auch für Ehen und Elternpaare, unter deren Partnern Einzelkinder sind, diese Beschreibungen heranziehen.

Wir dürfen allerdings annehmen, daß sich Einzelkinder immer noch stärker von allen anderen Geschwisterpositionen als voneinander unterscheiden. Trotz der verschiedenen Erfahrungen, die sie durch Identifikation mit ihrem gleichgeschlechtlichen Elternteil machen konnten, sind sie einander im großen und ganzen ähnlich. Die tatsächliche unmittelbare Erfahrung des Lebens ohne Geschwister ist anscheinend stärker als die indirekte, stellvertretende Erfahrung der Geschwisterrolle eines Elternteils. Eigentlich haben sie *keine* Geschwisterposition. Es lohnt sich daher wahrscheinlich nur in besonderen Fällen, die Identifikationsgeschwisterrolle des Einzelkindes bei der Beschreibung seiner Ehe mit heranzuziehen. Im allgemeinen werden die folgenden kurzen Beschreibungen von Ehen mit Einzelkindern unter den Partnern genügen.

Behandelt werden der Einzelkindvater, die Einzelkindmutter und Eltern, die beide Einzelkinder waren. Die vier Grundtypen von Geschwisterrollen ihrer Ehepartner sind sowohl für den Einzelkindvater wie für die Einzelkindmutter angedeutet. Dabei gilt als allgemeine Regel, daß jener Partner eines Einzelkindes, der selbst ein andersgeschlechtliches Geschwister hatte, mehr Erfahrung im Zusammenleben von Mann und Frau in die Ehe mitbringt als ein Partner, der nur Geschwister vom gleichen Geschlecht hatte, und dieser immer noch mehr Erfahrung im Zusammenleben mit einer altersnahen Person überhaupt als ein Partner, der selbst ebenfalls ein Einzelkind war (siehe auch S. 34).

12.6.1. Vater ein Einzelkind

Er neigt mehr als andere Väter dazu, sich als die Hauptperson der Familie zu betrachten. Die Frau müßte nicht nur für die Kinder, sondern auch für ihn eine Mutterrolle einnehmen. Zunächst will er oft überhaupt keine Kinder, und wenn sie kommen, hat er mehr mit seiner Eifersucht auf die Kinder zu kämpfen als andere Väter. Wenn seine Frau eine älteste Schwester ist, insbesondere eine von Brüdern, ist sie in der Regel auch gewillt, sowohl die Kinder als auch ihren Mann unter ihre Obhut zu nehmen. Ist sie dagegen eine jüngere Schwester, erwartet sie von ihrem Mann mehr Führung und Anleitung, als dieser zumindest in häuslichen und familiären Angelegenheiten zunächst aufzubringen geneigt ist. Ein größerer Altersunterschied würde hier allerdings helfen. Wenn die Frau des Einzelkindmannes erheblich jünger ist als er, kann er bereit sein, die Rolle eines älteren Bruders oder sogar eines Vaters zu spielen. Dabei wäre es natürlich eine Hilfe für ihn, wenn er einen Vater hatte, der ein ältester Bruder war, insbesondere einer von Schwestern.

12.6.2. *Mutter ein Einzelkind*

Mehr als andere Mütter bleibt sie im allgemeinen auch als Ehefrau und Mutter teilweise ein Kind. Sie möchte von ihrem Mann verwöhnt und auch als Mutter noch für alles, was sie tut, beachtet und gelobt werden. Damit sie sich überhaupt mit dem Gedanken an ein Kind befreundet, muß er ihr oft lange zureden und sie ausdrücklich bitten. Sie möchte es unter Umständen als eine Gnade ihm gegenüber betrachtet wissen.

Wenn ihr Mann ein ältester Bruder ist, besonders einer von Schwestern, kann er ihr meistens auch bieten, was sie sucht. Besser als andere Männer erkennt er schon im voraus, worauf er sich bei ihr einläßt, und wirft es ihr nicht vor. Ein jüngster Bruder dagegen kann ihr kaum der väterliche Freund und Helfer sein, den sie sich erhofft. Unter Umständen muß sie sogar die Rolle seiner mütterlichen Freundin übernehmen. War ihre Mutter eine älteste Schwester, vorzugsweise eine von Brüdern, dann kann ihr das sogar gelingen. Auch wenn sie erheblich älter ist als er, fällt es ihr leichter. Wenn sie Kinder haben, dann versteht sie es allerdings, wenn schon nicht die Beachtung und Bewunderung, so immerhin die konkrete Hilfe ihres Mannes bei der Betreuung und Erziehung der Kinder zu erwirken. Sie „spannt ihn ein" dafür. Sie leitet ihn an.

12.6.3. *Vater und Mutter Einzelkinder: b/s*

Wenn sowohl der Vater wie die Mutter ein Einzelkind war, dann sucht jeder von ihnen im Partner den elterlichen Freund, findet ihn aber kaum in ihm. In dieser Notlage vermögen sie sich aber immerhin miteinander zu identifizieren und zu verstehen. Daraus kann sich unter Umständen ein passabler Modus vivendi entwickeln. Sie erzählen einander, was sie haben möchten und nicht bekommen, trösten einander und entdecken, daß jeder dem anderen mit gewissen Einschränkungen doch auch Interessantes zu bieten hat.

Dennoch steht ihr Sinn nicht unbedingt nach Kindern. Häufiger als andere Elternpaare begnügen sie sich mit einem einzigen Kind, in das jeder, vor allem der gleichgeschlechtliche Elternteil, seine unerfüllten Vorstellungen und Wünsche projiziert. Das Kind soll sie verwirklichen oder erfüllt bekommen, ist ihre Hoffnung. Während aber Eltern, die beide jüngste Geschwister waren, ihr Kind häufig schon in frühen Jahren anleiten, so etwas wie ein großer Bruder oder eine große Schwester für sie zu werden, tendieren Eltern, die beide Einzelkinder waren, bei der Beeinflussung der Rolle ihres Kindes eher in eine von folgenden Richtungen: Entweder das Kind bleibt auch noch als Erwachsener eigentlich ihr Kind. Es lernt weniger als andere Kinder überhaupt, und sogar noch weniger als andere Einzelkinder, jemand anderen als sich selbst zu betreuen. – Oder das Kind wird von den Eltern unwillkürlich nicht nur in einen großen Bruder, sondern je nach seinem Geschlecht in einen Vater oder in eine Mutter verwandelt. Noch weit mehr als das Kind von Eltern, die beide jüngste Geschwister waren, wird aber das Kind von Eltern, die beide Einzelkinder sind, durch die Aufgabe, deren „großes Geschwister“ zu werden, überfordert. Es wirkt besonders altklug und erwachsen, ist aber innerlich oft sehr verunsichert und in der Alltagswirklichkeit weltfremd, ja manchmal geradezu desorientiert.

Übrigens hat ein Elternpaar, dessen Partner beide Einzelkinder sind, eine höhere Scheidungswahrscheinlichkeit als der Durchschnitt der Bevölkerung (9% versus 5%, S. 102).

12.7. *Eltern mit mittleren und gemischten Geschwisterpositionen*

Wenn ein Elternteil selbst der älteste oder der jüngste unter seinen Geschwistern war, aber sowohl Brüder wie Schwestern hatte (gemischte Geschwisterposition), oder wenn er weder das älteste noch das jüngste Geschwister war, sondern ältere Brüder und/oder ältere Schwestern und/oder jüngere Brüder und/oder jüngere Schwestern hatte, ist es natürlich nicht mehr so einfach, den Typus von Beziehung zu bestimmen, dem er mit seinem Ehepartner zusammen angehört. Wenn auch der andere Elternteil eine gemischte oder eine mittlere Geschwisterposition hat, wird die Sache noch komplizierter. Der Beobachter müßte eigentlich alle zuständigen Typen von Elternbeziehungen in Erwägung ziehen.

Wenn beispielsweise der Mann der älteste Bruder eines Bruders und einer Schwester ist und seine Frau die mittlere Schwester von zwei Brüdern – also b(bs)/(b)s(b) – dann wären die Beschreibungen folgender Elternpaartypen zu konsultieren: Vater der älteste Bruder von Brüdern – Mutter die jüngste Schwester von Brüdern; Vater der älteste Bruder von Brüdern – Mutter die älteste Schwester von Brüdern; Vater der älteste Bruder von Schwestern – Mutter die jüngste Schwester von Brüdern; Vater der älteste Bruder von Schwestern – Mutter die älteste Schwester von Brüdern.

Wir haben die Zusammenschau von mehr als zwei Geschwisterrollenbildern schon bei der Betrachtung mehrerer Geschwisterrollen der einzelnen Person für nicht mehr ganz praktikabel gehalten (siehe S. 178 f.). Ähnliches gilt auch hier. Eine Zusammenschau von zwei Elternpaartypen ist wahrscheinlich noch zu bewältigen. Bei einer größeren Zahl werden jedoch die Merkmale der einzelnen Elternpaartypen zu leicht durcheinander gemischt und teilweise verwechselt. Zu vieles ist möglich. Die Angaben der Porträts dieser Elternpaartypen werden in der Kombination redundant. Irgend etwas von den vielen Dingen, die in ihrer jeweiligen Gesamtheit behauptet werden, wird schon oder muß ja stimmen.

Daher empfiehlt es sich, bei Elternpaaren, deren Partner Personen mit gemischten oder mittleren Geschwisterpositionen sind, zuerst für jeden einzelnen die dominante unter seinen zwei oder mehr Geschwisterrollen zu bestimmen. Dies kann, wie bereits berichtet, nach den Interpretationsregeln für die besonderen Merkmale der gemischten oder mittleren Geschwisterpositionen des einzelnen geschehen (siehe S. 179 ff.), aber auch etwa nach der Wahl der Freundschaften dieser Person. Die Geschwisterpositionen jener Personen, die der betreffende Elternteil zu seinen Freunden und Freundinnen zählt, können Aufschluß darüber geben, welche seiner verschiedenen Geschwisterrollen er unwillkürlich bevorzugt hat (siehe S. 111, 183).

Wenn sich im genannten Beispiel herausstellen sollte, daß der Vater einen um zwei Jahre jüngeren Bruder, aber eine um acht Jahre jüngere Schwester hat, darf angenommen werden, daß seine Rolle des älteren Bruders von Brüdern stärker ist als jene des älteren Bruders von Schwestern. Wenn seine Frau unter ihren Freunden und potentiellen Ehekandidaten einschließlich seiner Person fünf älteste, ein mittleres und zwei jüngste Geschwister hatte, dürfen wir auf eine Vorliebe der Frau für ihre Rolle der jüngsten Schwester von Brüdern schließen.

Selbst wenn keine zusätzlichen Besonderheiten unter den Geschwisterkonfigurationen von Eltern mit gemischten und mittleren Geschwisterpositionen erkennbar sind und keine zusätzlichen Informationen etwa über die Freundschaftspräferenzen der Ehepartner eingeholt werden können, darf man annehmen, daß diese jeweils unter ihren verschiedenen Geschwisterrollen jene vorgezogen haben und noch jetzt vorziehen, die zum mindesten einer Geschwisterrolle ihres Ehepartners komplementär ist (wir sprachen in diesem Falle von partieller Komplementarität; S. 84). Es könnte also für jeden Ehepartner mit einer gemischten oder mittleren Geschwisterposition jene Geschwisterrolle als dominant betrachtet werden, die für den Ehepartner und dessen Geschwisterrolle – bzw. gegebenenfalls für mindestens eine von dessen mehreren Geschwisterrollen – am ehesten paßt.

Nach diesem Gesichtspunkt sollte im genannten Beispiel, b(bs)/(b)s(b) für den Mann die Rolle eines ältesten Bruders von Schwestern, für die Frau die Rolle einer jüngsten Schwester von Brüdern als dominant betrachtet werden. Die Beschreibung des Elternpaartyps „Vater der älteste Bruder von Schwestern – Mutter die jüngste Schwester von Brüdern" wäre zuständig. Aus Gründen der oben erwähnten Altersunterschiede zu den Geschwistern könnte beim Mann aber auch die Rolle des ältesten Bruders von Brüdern dominant sein. Um sicher zu gehen, sollten wir daher vielleicht doch auch einen zweiten Elternpaartyp in Erwägung ziehen, nämlich „Vater der älteste Bruder von Brüdern – Mutter die jüngste Schwester von Brüdern".

13. Kleine klinisch-psychologische Kasuistik

Wir werden im folgenden von drei Beispielen von Familienkonstellationen die Interpretationsmöglichkeiten ihrer Merkmale besprechen. Wir werden diese Interpretationen jeweils der klinisch-psychologischen Beschreibung der betreffenden Person(en) gegenüberstellen, sodaß sich der Leser selbst ein Bild von der Güte der Interpretationen und den Verhaltensvoraussagen machen kann. Bevor wir dies tun, sollen aber noch einige Aspekte der symbolischen Darstellung von Familienkonstellationen kurz erläutert werden.

Wir haben bereits an anderer Stelle gesehen (S. 122f.), daß eine Familie, in der beispielsweise der Vater eine ältere Schwester, einen jüngeren Bruder und eine noch jüngere Schwester, die Mutter zwei jüngere Schwestern hatte, sich folgendermaßen beschreiben läßt: (s)b(bs)/s(ss). Dabei bedeutet der schräge Strich Ehe oder jedenfalls Liaison. Wenn wir auch noch die Kinder eines solchen Paares symbolisch repräsentieren wollen, etwa einen Sohn, eine um zwei Jahre jüngere Tochter und eine um weitere sieben Jahre jüngere Tochter, dann können wir dies so tun: (s)b(bs)/bss/s(ss). Die Kinderkonfiguration steht zwischen zwei schrägen Strichen. Die endständigen Personen sind die Eltern.

Sofern uns die Altersabstände einzelner Familienmitglieder bekannt sind, können wir diese in Indexform vermerken: (s)b(bs)/ bs_2s_9/s(ss). Dabei ist zu beachten, daß wir in einer Geschwisterkonfiguration die Altersabstände in Jahren angeben und auf eine einzige Person in der Konfiguration beziehen. Wir haben sie soeben auf den Sohn bezogen. Der Abstand der jüngsten Tochter von der mittleren Tochter ist sieben Jahre, der Abstand der mittleren Tochter vom ältesten Sohn zwei Jahre. Daher ist der Abstand der jüngsten Tochter vom ältesten Sohn neun Jahre.

Diese Schreibung ist gleichwertig mit der Schreibung (s)b(bs)/ b_2ss_7/s(ss). Der Unterschied ist lediglich, daß wir uns nunmehr auf das mittlere Kind der Eltern beziehen. Nicht der Junge, sondern die mittlere Tochter könnte die Person sein, die als Probandin zu Debatte steht und deren Familienkonstellation wir zu rekonstruieren haben. – Wenn wir keine Altersangaben bekommen oder verwenden wollen, dann könnte auch in der Kinderkonfiguration durch Klammern ausgedrückt werden, mit wem von der Familie wir es zu tun haben. Wenn es der Junge ist, dann hieße das: (s)b(bs)/b(ss)/s(ss), wenn es die mittlere Tochter wäre, dagegen (s)b(bs)/(b)s(s)/s(ss). Bedenkt man, daß die Eltern immer am Rande des symbolischen Ausdrucks, die Kinder in der Mitte stehen, dann sind eigentlich keine Verwechslungen möglich.

Wenn wir nicht die Altersabstände in Jahren angeben, wohl aber überdurchschnittlich große Altersabstände zwischen benachbarten Geschwistern indizieren wollen (d.h. Abstände von sechs oder mehr

Jahren), dann setzen wir am besten einen Strichpunkt zwischen diese Geschwister: (s)b(bs/bs;s/s(ss).

Es ist natürlich auch möglich, das tatsächliche Alter der Personen in einer Familienkonstellation anzumerken, soweit dieses bekannt ist. Wenn etwa der Sohn 18 Jahre, die ältere Tochter 16 Jahre und die jüngere Tochter neun Jahre alt sind, und wenn wir darüber hinaus sogar wissen, daß der Vater 46 Jahre und die Mutter 36 Jahre alt ist, könnten wir dies auch folgendermaßen indizieren: (s)b_{46}(bs)/ $b_{18}s_{16}s_{9}/s_{36}$(ss). Von einer Vermischung der Indizierung nach Alter und nach Altersunterschieden ist allerdings abzuraten. Sie kann zu Mißverständnissen führen. – Wenn eine Person in einer Geschwisterkonfiguration gestorben ist, was wir weiter unten zu symbolisieren lernen, soll übrigens ihr Alter so angegeben werden, als ob sie noch heute lebte.

Wir haben auch schon gesehen, wie man ausdrückt, daß ein Geschwister in einer Familienkonstellation verheiratet ist (siehe S. 130): Das Zeichen für dieses Geschwister wird einmal unterstrichen, also: $\underline{b}$ oder $\underline{s}$. Wenn dieses Geschwister auch noch Kinder hat, mindestens eines, dann unterstreichen wir das Zeichen zweimal: $\underline{\underline{b}}$ oder $\underline{\underline{s}}$. Wenn ein Geschwister Kinder haben sollte, ohne verheiratet zu sein, können wir die obere der beiden Unterstreichungen auslassen und nur die tiefere Unterstreichung vornehmen: $\underline{b}$ oder $\underline{s}$. Bei der Indizierung einer Lebensgemeinschaft statt einer Ehe könnte statt der oberen Unterstreichung ein Punkt gesetzt werden: $\underset{\cdot}{b}$ oder $\underset{\cdot}{s}$. Wenn eine solche Person auch noch mindestens ein Kind hat, dann würde das folgendermaßen geschrieben: $\underline{\underset{\cdot}{b}}$ oder $\underline{\underset{\cdot}{s}}$.

Verluste in der frühen Kindheit (d. h. in den ersten sechs Lebensjahren der fraglichen Person) drücken wir durch zwei übereinander plazierte Punkte aus, die oberhalb des Zeichens für die verlorene Person gesetzt werden, also $\overset{:}{b}$ oder $\overset{:}{s}$. Erfolgte der Verlust in der frühen Jugend der fraglichen Person (d.h. nach deren sechstem und vor deren 15. Lebensjahr) dann setzen wir nur einen Punkt über das Zeichen für die verlorene Person: $\dot{b}$ oder $\dot{s}$. Wenn ein Familienmitglied einer Person erst später im Leben der fraglichen Person verloren wurde, dann indizieren wir es durch ein über das Zeichen für die verlorene Person gesetztes Kreuz: $\overset{+}{b}$ oder $\overset{+}{s}$ (siehe auch S. 131 f.).

Wenn vom Vater einer Person oder einer Geschwistergruppe die Geschwisterposition nicht bekannt ist oder nicht gebraucht wird, dann können wir das Zeichen v für den Vater einsetzen, für die Mutter analog m. Wenn ein Vater oder eine Mutter verloren wurde, deren Geschwisterposition nicht angegeben ist, dann werden wir die Verluste so indizieren: $\overset{:}{v}$ oder $\dot{v}$ oder $\overset{+}{v}$ bzw. $\overset{:}{m}$ oder $\dot{m}$ oder $\overset{+}{m}$.

Unsere im obigen Beispiel dargestellte Familienkonstellation könnte folgende zusätzliche Merkmale aufweisen: $v/m//(\dot{s})b(b\underline{s})/\underline{b}ss / s(s\underline{\underline{s}})//\overset{+}{v}/\dot{m}$. Man beachte, daß die symbolische Darstellung der Kernfamilie (d. h. der Eltern und ihrer Kinder) an beiden Enden durch jeweils zwei schräge Striche eingegrenzt ist. Diese brauchen aber nur gesetzt zu werden, wenn man auch etwas über die Großeltern vermerken will. Die Großeltern werden jeweils außerhalb dieser schrägen Doppelstriche angeschrieben, und zwar auf der Seite des Vaters, also links, die väterlichen Großeltern, auf der Seite der Mutter, rechts, die mütterlichen Großeltern. Wenn die Geschwisterpositionen der Großeltern bekannt sein sollten, könnten diese statt der Zeichen v und m eingesetzt werden. – Im übrigen würde man, wenn die Großeltern in einer Familienkonstellation nicht dargestellt sind, annehmen, daß nichts Besonderes über sie vorliegt. Kein Großelternteil starb oder verschwand während der Kindheit oder frühen Jugend des betreffenden Elternteils. Im obigen Beispiel hätten wir daher die Großeltern väterlicherseits und die Doppelstriche auf der linken Seite gar nicht aufzeichnen müssen.

Der obige Ausdruck, also $v/m//(\dot{s})b(b\underline{s})/\underline{b}ss/s(s\underline{\underline{s}})//\overset{+}{v}/\dot{m}$, bedeutet: Die Eltern des Vaters leben noch. Die ältere Schwester des Vaters starb in seiner frühen Jugend, sein jüngerer Bruder ist unverheiratet, seine noch jüngere Schwester verheiratet, aber kinderlos. – Auf der rechten Seite des Ausdrucks erkennen wir, daß der Vater der Mutter nicht mehr lebt, aber erst gestorben ist, als die Mutter schon erwachsen war. Ihre Mutter dagegen starb, als sie selber noch ein kleines Kind war. Die mittlere Schwester der Mutter ist unverheiratet, die jüngste Schwester verheiratet und Mutter von mindestens einem Kind. – Von den Kindern ist der Sohn verheiratet.

Der obige Ausdruck könnte übrigens auch so geschrieben werden: $//v/(\dot{s})b(b\underline{s})/m//\underline{b}ss//\overset{+}{v}/s(s\underline{\underline{s}})/\dot{m}//$. Die Doppelstriche werden hier verwendet, um die Familienkonstellation jedes Elternteils einzugrenzen. Man kann die äußeren Striche auch weglassen: $v/(\dot{s})b(b\underline{s})/m//\underline{b}ss//\overset{+}{v}/s(s\underline{\underline{s}})/\dot{m}$. In beiden Fällen könnte an Stelle von v und m auch die Geschwisterposition des betreffenden Vaters und der betreffenden Mutter eingesetzt werden, ohne daß der Gesamtausdruck dadurch mißverständlich wird. – Auch eine Schreibung unter Zuhilfenahme von eckigen Klammern wäre statthaft und sinnvoll: $[v/(s)b(b\underline{s})/m]/\underline{b}ss/[\overset{+}{v}/s(s\underline{\underline{s}})/\dot{m}]$.

Es könnte sein, daß wir zwar wissen, ob jemand ältere oder jüngere Schwestern oder ältere oder jüngere Brüder hat, daß wir aber deren genaue Reihenfolge nicht kennen. Dies kann sich beispielsweise bei einer Datenerhebung mit Hilfe unseres Familienkonstellationsfragebogens ergeben, in dem zwar die Anzahl der älteren und der jüngeren Brüder sowie der älteren und der jüngeren Schwestern von der befragten Person anzugeben ist, aber nicht die Reihenfolge. Die Detaillierung der Reihenfolge der Geschwister einer Person wäre nämlich in einem Fragebogen umständlicher und für die Befragten selbst schwieriger als im direkten Gespräch. Sie kann erfahrungsgemäß nicht allen untersuchten Personen zugemutet werden. Hier empfiehlt es sich, bei der symbolischen Darstellung von Familienkonstellationen statt der runden die geschweiften Klammern zu verwenden, die auch in der Algebra und Mengenlehre üblich sind, um Mengen anzuzeigen. Die Verwendung von geschweiften Klammern bedeutet, daß die in ihnen enthaltenen Geschwister einer Person nicht nach dem Alter geordnet, sondern lediglich nach dem Typus angeführt sind.

Hätten wir unsere Informationen über die Familienkonstellation des oben genannten Beispiels nur aus einem solchen Fragebogen erhalten, dann wäre uns die Reihenfolge der Geschwister der Eltern nur teilweise bekannt. Wir müßten schreiben: $v/m//(\dot{s})b\{b\underline{s}\}/\underline{b}ss/s\{s\underline{\underline{s}}\}//\overset{+}{v}/\dot{m}$. Aus dem Fragebogen allein ist übrigens nicht mit Sicherheit zu entnehmen, welche der beiden Schwestern der Mutter verheiratet ist und Kinder hat und welche unverheiratet ist. Daher wird auch hier das Mengenzeichen erforderlich, obwohl beide Geschwister für die Mutter vom gleichen Typus sind. Aus dem Fragebogen allein kann auch nicht mit Sicherheit entnommen werden, welche der beiden Schwestern des Vaters in dessen früher Jugend gestorben ist und welche sich verheiratete. Unter Umständen könnte es sogar ein und dieselbe Person gewesen sein, was aber eher unwahrscheinlich ist. Um die Unsicherheit in unserem Informationsstand auszudrücken, könnten wird das „Oder"-Zeichen der Logik, $\vee$, verwenden. Wir würden schreiben: $v/m//(\dot{s} \vee \underline{s})b\{b\dot{s} \vee \underline{s}\}/\underline{b}ss/s\{s\underline{\underline{s}}\}//\overset{+}{v}/\dot{m}$. Das Zeichen $\vee$ bindet enger als die bloße Nebeneinanderstellung von Geschwistersymbolen. Es bedeutet in bezug auf die verbundenen Personenzeichen immer, daß es sich nur um eine einzige Person handelt. In bezug auf die mit den Personen verbundenen Merkmale dagegen bedeutet es, daß entweder das eine oder das andere oder sogar beide gelten, bzw. daß bei der jeweiligen Alternativperson in der betreffenden Konfiguration das andere, das eine oder keines von beiden Merkmalen gilt. Selbst wenn die Informationsunsicherheit auf eine eingebaute Besonderheit des Erhebungsinstrumentes, also etwa des Fragebogens, zurückgeht, sollte allerdings versucht werden, die tatsächlichen Verhältnisse durch Nachfrage zu klären.

Wenn jemand Halbgeschwister oder Stiefgeschwister hat, könnte das ebenfalls durch Indizes ausgedrückt werden, und zwar durch b_h oder s_h bzw. b_s oder s_s. Ein Stiefvater, dessen Geschwisterposition nicht bekannt ist oder nicht gebraucht wird, würde analog mit v_s, eine Stiefmutter mit m_s symbolisiert. Wenn die Geschwisterposition des Stiefvaters bekannt ist, wenn etwa bekannt ist, daß er der ältere Bruder von zwei Schwestern und einem Bruder war, dann würde dies so ausgedrückt: b_s(ssb). Diese Schreibung ist wohl zu unterscheiden von der Indizierung von Stiefgeschwistern des Vaters. Hätte der Vater nur Stiefgeschwister von der gleichen Zusammensetzung gehabt, dann würde dies so geschrieben: $b(s_s s_s b_s)$.

Wenn jemand eine Stiefmutter oder einen Stiefvater, aber auch Pflege-, Zieh- oder Adoptiveltern bekam, empfiehlt es sich, sowohl die erste wie auch die zweite Familienkonstellation, der er angehört hat, darzustellen. Greifen wir die Mutter der oben genannten Familienkonstellation heraus und erfahren wir dabei, daß sie nach dem Tod ihrer Mutter eine Stiefmutter bekam, die selbst ein Einzelkind war, daß ihre leibliche Mutter dagegen eine älteste Schwester von einem Bruder und einem Halbbruder gewesen ist, ihr Vater der jüngere Bruder eines Bruders, dann könnten wir schreiben: $(b)b/s(ss)/\dot{s}(bb_h) \rightarrow (b)b/s(ss)/s_s$. Im übrigen ist hier aus der Geschwisterkonfiguration der Mutter der Mutter zu entnehmen, daß sie selbst einen Elternteil, vermutlich noch in ihrer frühen Jugend, verloren hatte. Die Existenz ihres Halbbruders bedeutet ja, daß sie einen Stiefelternteil bekam und der verbleibende Elternteil mit diesem noch ein Kind hatte.

13.2. Ein junger, früh verheirateter Mann

Emil K., ein 18jähriger junger Mann, hat sich in einer psychologischen Beratungsstelle angemeldet. Aus dem Fragebogen, den er dabei ausfüllte, und aus einem kurzen Informationsgespräch geht folgendes hervor:

Emil K. verließ die Oberschule mit 17 Jahren, nahm eine Stelle als kaufmännischer Lehrling an, verließ an seinem 18. Geburtstag das Elternhaus und verheiratete sich bald danach mit Bettina, geborene M., einer Volksschullehrerin, die fünf Jahre älter ist als er. Als Grund für seinen Besuch in der Beratungsstelle gibt er an, er wisse nichts Rechtes mit sich anzufangen, leide an Depressionen und komme auf Drängen seiner Frau, die ihn telephonisch angemeldet hatte.

Emil hat zwei Schwestern, eine ist zwei, die andere neun Jahre jünger als er. Beide gehen zur Schule.

Sein Vater, von Beruf Jurist, hat einen jüngeren unverheirateten Bruder und eine noch jüngere verheiratete, aber kinderlose Schwester. Er hatte auch eine ältere Schwester, die aber gestorben sei, als der Vater noch auf der Volksschule war, gibt Emil auf Fragen an. Diese Schwester sei einige Jahre älter gewesen als der Vater. Die Eltern des Vaters leben noch. Sie besuchen auch jetzt noch in etwa monatlichen Abständen die Familie. Emil hat mit den Großeltern derzeit keinen Kontakt.

Die Mutter hat zwei jüngere Schwestern, von denen nur die jüngste verheiratet ist und Kinder hat. Ihre Mutter verlor sie als kleines Kind. Sie bekam später eine Stiefmutter, die jetzt noch lebt, mit der aber kaum Kontakt gepflogen wurde. Die Stiefmutter hatte nach Emils Erinnerung keine Verwandten, keine eigenen Kinder und auch keine Geschwister. Der Großvater mütterlicherseits ist vor acht Jahren gestorben. Auch zu seinen Lebzeiten war der Kontakt mit ihm und seiner Frau sehr spärlich.

Diese Daten können symbolisch in folgender Form dargestellt werden:

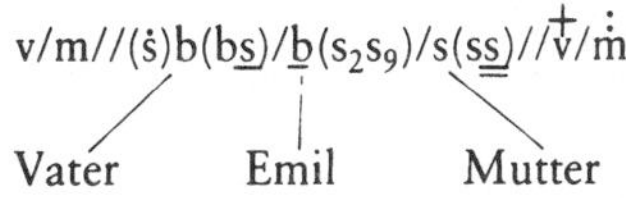

Interpretationsversuch der Familienkonstellationsdaten. Emil müßte nach seiner Geschwisterrolle Mädchen und Frauen bevorzugen, die zu ihm aufblicken, die er führen und für die er die Verantwortung übernehmen kann. Das scheint er aber in seiner Ehe nicht getan zu haben. In der Schule dürfte er gescheitert und statt dessen ein Lehrverhältnis eingegangen sein, das hinter den Erwartungen seines Vaters (der selbst einen akademischen Abschluß hat) vermutlich zurückbleibt. Auf Konflikte mit den Eltern deutet auch das Verlassen des Elternhauses und die Heirat, von der wir vermuten dürfen, daß sie ihm (nach seiner Vorstellung) mütterliche Betreuung und vielleicht sogar mütterlichen Schutz bringen sollte. Dafür spricht der Umstand, daß seine Frau fünf Jahre älter und berufstätig ist, noch dazu in einem Beruf mit akademischen Qualifikationen und regelmäßigem Umgang mit Kindern.

Fragen wir uns, was in Emils Familie dazu beigetragen haben könnte, daß er in seiner Schul- und Berufsausbildung bisher nicht übermäßig erfolgreich war und eine so frühe Ehe einging, vielleicht sogar in sie flüchtete, und fragen wir weiter, worauf seine Ratlosigkeit und seine Depressionen zurückzuführen sein könnten, dann finden wir folgende Auffälligkeiten:

Emils Mutter hatte früh die eigene Mutter verloren. Bis zur Ankunft der Stiefmutter mußte sie vermutlich für ihre beiden Schwestern Mutter spielen, ihnen das Verlusterlebnis mildern und vielleicht auch dem Vater gegenüber frühere Aufgaben der Mutter übernehmen. Daß der Vater trotzdem einige Zeit später sich eine neue Frau nahm, konnten die drei Schwestern, wie es meistens beim Hinzukommen von Stiefmüttern geschieht, wahrscheinlich nur mit sehr gemischten Gefühlen aufnehmen. Ihre Reaktion mag noch verstärkt worden sein durch den Umstand, daß die Stiefmutter als Einzelkind vielleicht eher selbst das psychologische Kind ihres Mannes als die Mutter seiner Kinder werden wollte. Sie hatte den Kindern nicht viel Mütterlichkeit zu bieten. Wenn Emils Mutter indessen versuchte, sich zusätzlich zu der notgedrungenen Identifikation mit ihrer so früh verstorbenen leiblichen Mutter auch noch mit der Stiefmutter zu identifizieren, konnte sie wahrscheinlich nicht viel Mütterlichkeit hinzulernen. Daß die Stiefmutter ihre Mutterrolle nicht sehr gut erfüllte, wird unter anderem durch den geringen Kontakt der Familie Emils mit den mütterlichen Großeltern angezeigt.

Man würde erwarten, daß Emils Mutter nicht nur infolge des Fehlens andersgeschlechtlicher Geschwister, sondern vor allem auch infolge des frühen Verlustes der Mutter und des unzureichenden Ersatzes für diese in Person der Stiefmutter Schwierigkeiten haben müßte im Zusammenleben mit einem Mann und bei der Betreuung der Kinder, insbesondere bei der Betreuung von Jungen. Ihr Vorwurf an den Vater, er sei (durch die Wiederverheiratung) der Familie untreu geworden und habe die Fürsorgepflicht gegenüber seinen Kindern vernachlässigt, wird unbewußt vermutlich auch noch ihrem Mann und vielleicht sogar ihrem Sohn gegenüber erhoben.

Emils Vater hat seine älteste Schwester verloren. Dieser Verlust müßte wesentlich leichter zu verarbeiten gewesen sein als etwa der Verlust, den Emils Mutter erlitten hat. Daß er den Vater und dessen Geschwister dennoch erheblicher beeinträchtigt haben könnte, darauf deutet die relativ geringe Bereitschaft seiner Geschwister zur Familiengründung. Der Bruder blieb offensichtlich unverheiratet, die Schwester heiratete zwar, bekam aber keine Kinder. Sogar der Vater selbst bekundet durch seine Ehepartnerwahl einer ältesten Schwester von Schwestern möglicherweise, daß er auch dabei noch jemanden wie seine älteste Schwester suchte, nicht jemanden wie seine jüngste Schwester. Unbewußt könnte bei ihm ein noch komplizierterer Mechanismus am Werke gewesen sein. Er suchte nicht nur eine ältere, fürsorgliche Schwester, sondern zugleich auch eine Person, mit der er sich als Leidender, als Opfer eines Verlustes, identifizieren konnte, und die ihn ihrerseits verstehen, die sich in ihn eindenken könnte.

Beide Eltern bekamen nicht eigentlich das, was sie voneinander erwartet hatten. Die Mutter Emils konnte mit Männern nicht gut umgehen und hatte Mühe mit ihrer Mutterrolle. Der Vater wollte eine mütterliche und einfühlende Frau, bekam aber eine empfindliche, teils dominante, teils vielleicht weinerlich-vorwurfsvolle Frau. Zur Linderung dieser Konfliktsituation mußte er sich auf seine Rolle als älterer Bruder von Schwestern besinnen, setzte sie aber wahrscheinlich seiner Frau gegenüber nur widerwillig ein, etwas bereitwilliger erst gegenüber seinen Töchtern, zumindest gegenüber der jüngsten. Seine Frau hätte ja als älteste Schwester erwartungsgemäß Schwierigkeiten, auf ihr eigenes, am leiblichen Vater orientiertes Regime zu verzichten und sich unterzuordnen.

Emil war das erste und unmittelbarste Opfer dieses Konfliktes der Eltern. Wenn er sich mit der Führungsrolle des Vaters identifizierte, ließ es die Mutter nicht zu. Der Vater bot ihm außerdem kein ausreichend eindeutiges Vorbild dafür. Wenn er sich mit der Abhängigkeitsrolle des Vaters identifizierte, ging die Mutter nicht darauf ein. Dort, wo Emil ohne weiteres eine Verantwortungs- und Führungsrolle hätte einnehmen können, nämlich gegenüber seinen Schwestern, duldete es vielleicht sein Vater nicht. Diese Rolle wollte der Vater selber gegenüber kleinen Mädchen spielen, besonders, als nach siebenjähriger Pause (auch ein Indiz für Schwierigkeiten der Eltern miteinander) seine zweite und letzte Tochter geboren wurde. Von Emil erwarteten vermutlich beide Eltern Tröstung bei ihren Problemen und Kümmernissen.

Diese Konfliktsituation, die Emil belastete, wirkte sich wahrscheinlich auch negativ auf seine Teilnahme und sein Interesse an der Schule aus. Er merkte, daß er es den Eltern nicht recht machen konnte. Wenn er es ihnen dann auch in der Schule nicht recht machte, war die Situation wenigstens einheitlich und klar.

Daß sie für Emil trotzdem unerträglich geworden sein dürfte, entnehmen wir dem vermutlich überraschenden Auszug aus der Schule und dem Elternhaus sowie seiner frühen Heirat. Er wählte für sich selbst eine Person von der Art, wie sie sein Vater vielleicht hatte haben wollen, aber nicht bekam: eine beruflich unabhängige, ältere Frau, von der man Mütterlichkeit und Betreuung, ja sogar finanzielle Unterstützung erwarten konnte. Emil floh aus der Familie und erfüllte sich den Wunsch, den sein Vater gern für sich selbst erfüllt bekommen hätte.

Stimmen diese Interpretationen, dann wäre zu erwarten, daß sich Emil in seiner neuen Situation vielleicht doch nicht übermäßig wohl fühlt. Nach seiner unmittelbaren Familienerfahrung müßte ihm jemand, der jünger ist als er, oder jedenfalls eine jüngere Schwester von Brüdern, eigentlich mehr zusagen als seine Frau. Emil könnte begreifen, daß er vor allem von daheim fort wollte, im übrigen aber eigentlich selbst gern Leistungen erbringen und für jemanden (eine altersnahe Person des anderen Geschlechts) sorgen würde, wenn man ihn nur ließe. Wenn er seine Eltern und deren Schwierigkeiten miteinander selbst überwinden könnte, dann würde ihm dies schon gelingen. Dann brauchte er nicht mehr deren unbewußte Wünsche zu verfolgen, sondern könnte seinen eigenen, unmittelbaren Wünschen nachgehen. Dann würde er sich aber vielleicht auch von seiner Frau trennen und einen anderen Typus suchen, es sei denn, seine Frau ist ohnedies eine jüngste Schwester, vorzugsweise von Brüdern.

Fallgeschichte. In der psychotherapeutischen Beratung und Behandlung, die etwa einen Monat nach dem Informationsgespräch begann und insgesamt 24 Behandlungsstunden umfaßte, zeigte sich, daß Emil K. von zu Hause fortgegangen war, weil er die Spannung und den schwelenden Streit zwischen den Eltern nicht mehr aushalten konnte.

Er sei von den Eltern manchmal hineingezogen worden, so erfuhren wir, und er hätte nicht gewußt, wessen Partei er ergreifen sollte. Selbst wenn er einem der Eltern beipflichtete, seien in der Regel beide damit unzufrieden gewesen.

Seine Mutter, deren Alter er mit 36 Jahren angab, hatte immer Vorwürfe an die Männer bereit. Sie glaubte, Männer nützten die Frauen nur aus und fühlten sich als etwas Besseres. Sie äußerte Befürchtungen, daß ihr Mann eine Freundin habe und sich eines Tages aus dem Staube machen werde.

Der Vater wieder, dessen Alter Emil mit 46 Jahren angab, warf der Mutter vor, daß sie egozentrisch und starr sei. Sie hätte zu wenig Verständnis für andere, für ihn und für die Kinder. Er pries ihr noch jetzt gelegentlich seine längst verstorbene Schwester als Vorbild an. Leider habe sie mit 13 Jahren aus der Welt gehen müssen, während viel unwürdigere Mädchen nicht nur zu Ehren und Kindern kämen, sondern auch noch ein hohes Alter dabei erreichten. Laut Emil K. äußerte der Vater aber auch, daß es in seiner elterlichen Familie nicht zum besten bestellt gewesen sei. Auch dort hätte es Streit gegeben. Sie alle, auch die verstorbene Schwester, hätten sich vor ihrem Vater gefürchtet. Erst nach dem Tode der Schwester des Vaters seien dessen Eltern versöhnlicher geworden, aber ein herzliches Verhältnis bestehe mit ihnen bis heute nicht.

Der Vater habe auch über seine, Emils, Schulleistungen Unmut geäußert und ihm vorgeworfen, daß er sehr wohl könne, aber nicht wolle. In Wahrheit habe er aber durchaus gewollt, und eben nicht gekonnt. Er habe zu Hause immer das Gefühl gehabt, auf einem Pulverfaß zu sitzen. Seine Schwestern hätten ihm leid getan, insbesondere Elisabeth (die nächstjüngere). Die jüngste (Mila) sei das Nesthäkchen. Jeder suche sie zu schonen. Auch er selbst tue dies, aber umso mehr mache man sich Elisabeth gegenüber Luft. Der Vater, die Mutter und sogar die Großeltern (väterlicherseits) hätten an ihr herumgenörgelt. Erst seit er, Emil, fort sei von zu Hause, sei dies angeblich besser geworden. Auch Elisabeth habe schon fortgehen wollen, es sich jetzt aber doch wieder anders überlegt.

Seine Frau Bettina, gibt Emil an, sei das einzige Kind ihrer Eltern. Beide Eltern seien als Lehrer tätig gewesen. Ihr Vater hätte einen jüngeren Bruder, ihre Mutter zwei jüngere Schwestern gehabt. Bettina sei als Kind sehr häufig bei der mittleren Schwester der Mutter „abgestellt“ worden. Zu dieser Tante habe sie eine herzlichere Beziehung gehabt als zur eigenen Mutter, obwohl die Tante auch eine eigene Tochter hatte.

Seine Frau hätte er im P.-Club kennengelernt. Er sei einmal stockbetrunken gewesen, und sie hätte ihn zu sich in die Wohnung genommen. Damals sei er schon von der Schule abgegangen gewesen, hätte sich eine kaufmännische Lehre gesucht und mit beidem das starke Mißfallen seines Vaters geerntet. Seine Mutter sei zunächst bestürzt gewesen, habe aber schließlich eine Spur von Verständnis gezeigt. Der Trauung seien die Eltern ferngeblieben. Sie hätten aber die rechtliche Einwilligung gegeben, der Vater allerdings nur voller Ärger und Verachtung.

Mit seiner Frau verstehe er sich, wenn man es genau betrachte, nicht übermäßig gut. Das, was sein Vater seiner Mutter vorwerfe, nämlich daß sie egozentrisch und starr sei, könne auch er, Emil, seiner Frau vorwerfen. Manchmal habe er das Gefühl, sie betrachte ihn wie ein Spielzeug, das sie zwar nicht ernst nehme, aber niemand anderem gönne. Er wisse nicht, ob er sich nicht doch wieder trennen solle. Er verdiene jetzt besser und brauche eigentlich keine finanzielle Unterstützung von irgendwem. Vielleicht werde er extern noch das Abitur nachmachen. Wenn er das tue, werde sich wahrscheinlich auch sein Vater beruhigen. Bei den Eltern wohnen wolle er allerdings nicht mehr. Er glaube, daß er sogar mehr für Elisabeth tun könne, wenn er außerhalb der Familie bleibe. Wenn Elisabeth ihre Schule abgeschlossen hätte, werde sie sich vielleicht auch von den Eltern absetzen. Sie könne gern zu ihnen kommen, zu Bettina und ihm, sofern er sich nicht doch von Bettina trennen sollte.

13.3. Ein Ehepaar in Familientherapie

Sylvia P. spricht in der Beratungsstelle ihres schwierigen Sohnes wegen vor, der zwar in der Schule nicht unangenehm auffalle, aber zu Hause unerträglich sei. Er beschimpfe die Eltern, widersetze sich meistens ihren Wünschen und den Aufgaben im Haus, quäle seine kleine Schwester und gehe nachlässig und rücksichtslos mit dem Eigentum anderer Familienmitglieder um. – Dem Informationsinterview und einem Fragebogen, den Frau Sylvia P. für sich und für ihren Mann ausfüllte, können wir folgendes entnehmen:

Sylvia P. ist 38 Jahre alt, verheiratet und Mutter von zwei Kindern, einem zehnjährigen Jungen namens Jim und einem fünfjährigen Mädchen Chris. Ihr Mann, Robert P., ist 42 Jahre alt und als Chemiker bei einem großen Konzern tätig.

Frau P. hatte einen um zwei Jahre jüngeren Bruder, der als Siebzehnjähriger wahrscheinlich mit betrügerischen Mitteln und widerrechtlich für die Fremdenlegion geworben wurde und davon trotz aller Bemühungen nicht frei kam. Er fiel mit 18 Jahren in einem Gefecht in Afrika. Sylvia P.'s Vater war das jüngste von insgesamt vier Kindern. Er hatte einen ältesten Bruder und zwei ältere Schwestern. Sein ältester Bruder war Offizier und fiel im Ersten Weltkrieg. Seine beiden Schwestern sind verheiratet und haben Kinder. Er selbst ging auf der Suche nach besseren Arbeitsmöglichkeiten als Musiker unter Zurücklassung der eigenen Familie ins Ausland und starb dort, als Frau P. sechs und ihr Bruder vier Jahre alt war.

Der Vater hinterließ ein kleines Vermögen, das zum Lebensunterhalt der Familie knapp ausgereicht hätte. Trotzdem nahm die Mutter nach seinem Tode eine Stelle als Sprachlehrerin an und gab die beiden Kinder in ein Internat. In diesem sind sie aufgewachsen. Nur die Ferien haben sie bei der Mutter verbracht.

Die Mutter von Sylvia P. hatte eine ältere Schwester und einen noch älteren Bruder; beide haben geheiratet, die Schwester hat ein Kind. Der Kontakt der Mutter Sylvias mit ihren Geschwistern hatte aus geographischen und politischen Gründen praktisch schon vor ihrer Eheschließung aufgehört.

Über ihren Mann Robert berichtet Sylvia P., daß er der jüngere von zwei Brüdern war. Sein drei Jahre älterer Bruder ist verheiratet und hat Kinder. Sein Vater ist der ältere Bruder einer Schwester, die verheiratet ist, aber keine Kinder hat, seine Mutter die ältere Schwester von zwei Brüdern, von denen der jüngere im Alter von 25 Jahren an Tuberkulose starb. Der mittlere Bruder ist verheiratet und hat einen Sohn.

Symbolisch ausgedrückt bedeutet dies:

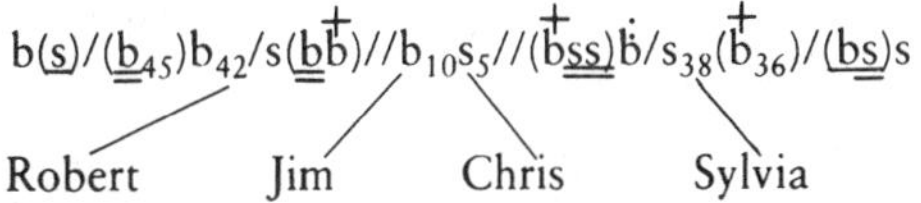

Interpretationsversuch der Familienkonstellationsdaten. Sylvia P. müßte als ältere Schwester dazu tendieren, Führung und Verantwortung zu übernehmen, insbesondere für Jungen und Männer. Ihr Vater müßte darauf angesprochen haben, wenn er nicht so früh in ihrem Leben fortgegangen und schließlich verstorben wäre. Auch ihre Mutter wollte vermutlich lieber betreut und umsorgt sein, als selbst Verantwortung und Führung beisteuern. Sylvias Eltern konnten einander in dieser Hinsicht nur unzureichend helfen. Wenn jeder im Ehepartner Anleitung und Stütze suchte, bekam er diese nicht. Wenn beide Anleitung und Stütze von Sylvia erhofften, dann überforderten sie ihre Tochter damit zunächst, konnten ihr außerdem kein Vorbild bieten. Das hätten vielleicht die Geschwister der Mutter gekonnt, aber zu ihnen bestand keine Verbindung mehr.

Sylvias Bruder und ihr Vater hätten sich relativ leicht und gut miteinander identifizieren können, wenn der Vater lange genug in der Familie geblieben wäre. Mit seiner Mutter müßte Sylvias Bruder allerdings in Schwierigkeiten geraten sein. Er lernte aus seiner Erfahrung mit der Schwester, daß Jungen sich von Mädchen betreuen lassen können und sollen. Seine Mutter schätzte aber jene Jungen und Männer mehr, die ein Mädchen oder eine Frau anzuleiten und zu beschützen bereit waren. Durch seinen unterdurchschnittlichen Altersabstand von seiner Schwester blieb sein Verhältnis zu ihr vermutlich unartikulierter und seine Abhängigkeit von ihr größer als bei anderen jüngeren Brüdern von Schwestern.

Sylvia P. wurde also vermutlich früher, als sie dem Anspruch gerecht werden konnte, in der Familie zur Selbständigkeit und Verantwortung aufgerufen. Sie mußte nicht nur ihren Bruder, sondern manchmal auch ihre Eltern stützen und zu verstehen trachten. Sie wurde Zeugin einer nicht sehr glücklichen Ehe.

Dazu kam der frühe Verlust des Vaters und der gleichzeitige Teilverlust der Mutter. Auf ihren Vater waren vermutlich nach dem Heldentod seines ältesten Bruders die Augen seiner ursprünglichen Familie gerichtet. Vielleicht hätte er unter den Geschwistern an dessen Stelle treten sollen, hätte ebenfalls eine militärische oder im Frieden eine Verwaltungslaufbahn einschlagen sollen. Er blieb aber offensichtlich bei seinen künstlerischen Interessen, die keine materielle Sicherheit zu verschaffen schienen. Wegen dieser Interessen verließ er sogar seine Familie und starb schließlich in der Fremde. – Daß die Familie des Vaters damit nicht einverstanden war, deutet vielleicht der unglückliche Entschluß von Sylvias Bruder an, der Fremdenlegion beizutreten. Vielleicht wollte er unbewußt den Wunsch der großelterlichen Familie erfüllen, dem sich sein Vater entzogen hatte, und eine militärische Karriere anstreben wie sein gefallener und ihm persönlich nie bekannter Onkel. – Sylvias Mutter wieder fühlte sich offenbar ohne ihren Mann noch weniger bemüßigt und befugt als zu seinen Lebzeiten, für ihre Kinder die Mutter und Betreuerin zu sein. Sie trat die Kinder an ein Internat ab.

Beide Verluste müssen für die sechs- oder siebenjährige Sylvia ein schwerer Schock gewesen sein. Hatte sie zunächst gelernt, daß Eltern „schwache Persönlichkeiten" sind, dann lernte sie jetzt hinzu, daß sie schließlich auch noch verschwinden. Auf Väter, aber eigentlich auch auf Mütter ist kein Verlaß. Sofern Sylvia diese Erlebnisse überhaupt erfolgreich verarbeiten konnte, darf angenommen werden, daß sie als Folge überfürsorglich, aber in der Durchsetzung ihres Fürsorgeanspruches gegenüber Außenstehenden und gegenüber den Betreuten auch besonders hart und unerbittlich wurde. Mehr als andere ältere Schwestern von Brüdern verlangte sie vermutlich fortan völlige Abhängigkeit und Unterordnung vom Betreuten. – Sylvia müßte aber nach dem erlebten Mangel an Fürsorge auch zu Depressionen und primitiven Selbsttröstungen neigen (z.B. Naschen, Essen oder Alkoholkonsum) oder periodisch in diffuse Aggressionen auszubrechen tendieren. Diese Depressions- und diffuse Aggressionsbereitschaft wurde wahrscheinlich nach dem Tode ihres Bruders noch einmal verstärkt.

Sylvias Mann, Robert P., hätte als jüngerer Bruder eines Bruders gerne einen Ehepartner, der ihn betreut und versteht, insbesondere auch in den Kämpfen und Sorgen, die er beruflich und im Umgang mit Männern hat. Er kommt allerdings aus einer Familie, in der beide Eltern älteste Geschwister waren und einander als Mann und Frau zwar vermutlich akzeptieren konnten, sich aber den Führungsanspruch streitig machten. Da er ebenso wie sein älterer Bruder nur das Vorbild der Eltern hatte, aber keine eigenen Erfahrungsmöglichkeiten mit Schwestern, um eigene Vorstellungen vom Zusammenleben als Mann und Frau zu entwickeln, dürfen wir vermuten, daß Robert zwar die (intensive) Fürsorgebereitschaft seiner zukünftigen Frau unbewußt erkannte, aber die Gestaltung der ehelichen Beziehung und des Zusammenlebens eher ihr zu überlassen gedachte.

Seine Eltern scheinen aus eher unauffälligem Milieu gekommen zu sein. Wohl hat die Schwester seines Vaters keine Kinder, aber sie ist immerhin verheiratet. Der nächstjüngere Bruder der Mutter ist verheiratet und hat Kinder. Ihr jüngster Bruder starb in einem

Alter, das unter dem durchschnittlichen Heiratsalter von Männern liegt; man wäre also auch bei ihm nicht zu dem Schluß berechtigt, daß er nicht zu heiraten und eine Familie zu gründen wagte.

Weder von den Großeltern väterlicherseits noch von denen mütterlicherseits ist ein vorzeitiger Verlust angegeben. Wir nehmen daher an, daß beide Großelternpaare während der Kindheit und frühen Jugend der Eltern Roberts noch am Leben waren. Das gleiche gilt aus nämlichen Gründen übrigens auch für die Großeltern Sylvias. Auch von ihnen scheint keiner früh im Leben der Eltern verloren worden zu sein.

Wahrscheinlich leidet die Ehe von Sylvia und Robert P. unter Sylvias Behauptungs- und Fürsorgeansprüchen gegenüber ihrem Mann und ihren Kindern, aber auch unter ihren diffusen Zornanfällen und/oder ihrer Depressionsneigung. Eine gewisse Herablassung, mit der ältere Schwestern von Brüdern im allgemeinen die Angelegenheiten ihrer Männer betreuen oder dulden, könnte bei ihr aufgrund ihrer Verluste, ihrer schwierigen Kindheit und dem unterdurchschnittlichen Altersabstand zu ihrem jüngeren Bruder eklatanter als bei anderen ältesten Schwestern von Brüdern sein. Robert könnte sich übermäßig bevormundet fühlen, auch in Dingen, von denen sie seiner Meinung nach nichts verstehen kann. Auch seine Kontakte mit anderen Männern finden besonders wenig Billigung bei ihr, sofern diese Personen ihr nicht die Aufwartung machen und sich um ihre Gunst und ihren Rat bemühen. Für das, was sie ihm zu bieten hat, sollte Robert so anhänglich, bewundernd und (ausschließlich) ihr ergeben sein wie ihr verstorbener Bruder, könnte sie in ihrem Verhalten unbewußt zum Ausdruck bringen wollen.

Jim und Chris, die Kinder, sind wahrscheinlich Zeugen solcher Konflikte und Spannungen unter den Eltern geworden, aber sie kamen auch in einer Altersfolge, die mit den Erfahrungen der Eltern im Widerspruch steht. Jim ist ja der *ältere* Bruder und seine Schwester Chris die *jüngere* Schwester. Solange nur der Sohn da war, konnte Sylvia ihn wie ihren kleinen Bruder behandeln. Sie könnte das sogar in einem solchen Ausmaß getan haben, daß ihr Mann, Robert, eifersüchtig auf seinen Sohn wurde. Außerdem erwartete Sylvia, vielleicht weil sie selbst als Kind nicht ausreichend bemuttert wurde, von Robert mehr Beistand und Unterstützung bei ihren mütterlichen Pflichten, als er imstande und willens war aufzubringen.

Mit der Ankunft ihres zweiten Kindes, dessen Zeugung später als bei durchschnittlichen Eltern erfolgte, haben sich die Schwierigkeiten dieser Eltern eher vermehrt als vermindert. Der vermutlich übertrieben bemutterte und beschützte Sohn möchte seinerseits auch der Beschützer und Führer seiner kleinen Schwester sein. Ob er dafür allerdings nach der Behandlung durch seine Mutter die nötige Souveränität und Geduld aufbringen kann, ist fraglich. Außerdem können beide Eltern diese seine Rolle unbewußt eigentlich nicht akzeptieren. Nach den Erwartungen Sylvias müßte auch die Tochter sich an der Betreuung des Sohnes beteiligen. Sylvia fühlt sich durch die Selbständigkeitsbestrebungen ihres Sohnes vielleicht geradezu beleidigt. Aber auch Robert kann sich nicht in die mögliche Führungsrolle seines Sohnes eindenken. Eher noch könnte er sich zu seinem Sohn so verhalten wie zu seinem eigenen älteren Bruder. Er könnte dazu tendieren, den Sohn zu seinem Führer zu machen, auf dessen Ideen und Anregungen zu warten und dabei sogar mit der Tochter in Konkurrenz um Jims Gunst zu treten.

Daraus ergibt sich, daß Sylvia ihrem Mann vermutlich vorwirft, er sei zu weich und nachgiebig gegenüber seinem Sohn, und ihrem Sohn wiederum vorwirft, er maße sich eine Rolle an, die ihm nicht zustehe. Robert wieder könnte Sylvia vorhalten, daß sie Jim, ihren Sohn, nicht aufkommen lasse, daß sie ihn mit ihrer mütterlichen Fürsorge ersticke, und daß sie keine Mutter, sondern ein Feldwebel sei.

Da Jim angeblich in der Schule keine Schwierigkeiten macht und die Eltern über ihre Tochter Chris keine Klagen haben, dürfen wir vermuten, daß die psychologische Situation in der Familie nicht allzu schlimm ist. Jim kann auch anders sein, wenn er will. Die Eltern sind allerdings im Konflikt miteinander und mit Jim. Sie nehmen unbewußt einen Einfluß auf ihn, der wahrscheinlich am besten in Gesprächen mit beiden Eltern geklärt, verstanden und vielleicht geändert werden kann. Obwohl der Sohn der Grund für die Vorsprache Sylvias war, ist der Sache möglicherweise am ehesten gedient, wenn die Eltern sich über ihre Beziehung zueinander und zu ihrem Sohn aussprechen können. Alles weitere käme dann von selbst.

Fallgeschichte. In der Familientherapie von Sylvia und Robert P. durch einen männlichen Psychotherapeuten (der selbst übrigens der mittlere Bruder von zwei Schwestern war), warfen die Eltern einander falsches Erziehungsverhalten vor. Sylvia meinte, ein Junge müsse gehorchen lernen, Robert, er müsse sich frei entwickeln dürfen und solle nicht so läppisch verweichlicht und verwöhnt werden, wie sie es zeitweise tue. Es kam zur Sprache, wie wichtig Sylvia es anscheinend nahm, daß ihr Sohn esse, daß er nur vom Besten bekomme und sich vor allen anderen Familienmitgliedern Speisen nehmen dürfe, aber auch wie drahtig, kräftig und gar nicht zum Schlemmer geboren Jim eigentlich sei. So sah es jedenfalls sein Vater Robert. Sylvia begann sodann zu klagen, daß Robert zu unstet sei, sich zu wenig um sie und die Familie kümmere und zu viel arbeite. Er nehme seinen Beruf und seine Kollegen zu ernst, opfere sich auf, wolle aber zu Hause den Pascha spielen. Es mache ihr keine Freude, seinen Mist hinter ihm aufzuräumen. Robert entgegnete, daß sie zu etwas anderem nicht tauge und nicht einmal das wirklich könne, daß sie im übrigen nicht von Dingen reden solle, die sie nicht verstehe. Sie sei unbegabt. Sie sei wie ein Waisenkind aufgewachsen, und das merke man. Sie bilde sich etwas auf ihre vornehme Herkunft ein, aber ihre Eltern hätten ihr nicht einmal ein Familienleben bereiten können. Kein Wunder, daß sie auch ihren Kindern keines bereiten könne.

Im Laufe des Gespräches wurde klarer, daß Sylvias Vater ein Träumer mit unrealistischen Hoffnungen auf eine Künstlerkarriere gewesen sein mußte, ein freundlicher, weicher Mensch, ihre Mutter hingegen eine verspielte, eifersüchtige und ehrgeizige Frau mit wenig Geduld für die Kinder. Sylvias Bruder sei gütig und immer aufmerksam gewesen. Er hätte sie, seine große Schwester, sehr geliebt. Es sei ein unsagbares Unglück gewesen, daß er in die Fremdenlegion hineingelockt wurde. Ihre Mutter, aber vor allem sie selbst hätte über die französische Botschaft versucht, ihn freizubekommen, da er ja minderjährig gewesen sei, aber sie hätten nichts erreicht. – Im Internat hätten ihr Bruder und sie einander oft getröstet. Das Internat sei eher streng gewesen. Sie hätten auch oft über ihren Vater gesprochen. Ihr Vater hätte wahrscheinlich Freundinnen gehabt. Er sei am Nachtleben in L. zugrunde gegangen, und daran, daß ihm zuletzt das Geld fehlte. – Mit ihrer Mutter hätten sie sich beide nicht übermäßig gut verstanden. Die Mutter hatte andere Interessen als die Kinder. Sie selbst, Sylvia, wolle auch jetzt noch möglichst nichts mit ihr zu tun haben. Sie sei das letzte Mal vor vier Jahren mit ihr im Kontakt gewesen. Mit den Verwandten väterlicherseits wie mütterlicherseits habe sie praktisch keine Verbindung. Das sei vielleicht auch auf die großen geographischen Entfernungen zurückzuführen.

Sie selbst, Sylvia, hätte manchmal Mühe, sich zur Arbeit aufzuraffen. Wenn sie einmal begonnen habe, könne sie allerdings oft nicht aufhören. Wenn sie Kummer habe, dann esse sie viel, und sie leide darunter, daß sie dann so dick werde. Ihre Ehe mit Robert sei zuerst recht angenehm gewesen. Als ihr Sohn geboren wurde, sei sie überglücklich gewesen und habe ihn sehr verwöhnt. Es könne sein, daß sie darüber ihren Mann und auch andere Dinge vernachlässigt habe. Damals hätten Robert und sie zu streiten begonnen. Deswegen habe es wohl auch so lange gedauert, bis sie sich zu einem zweiten Kind hätten entschließen können. Ihr Sohn Jim sei übrigens von Anfang an ungebärdig und wild gewesen. Er sei zäh und kräftig, aber manchmal auch voller Haß und gelegentlich sogar raunzig und weinerlich. Mit Chris, ihrer Tochter, hätte es dagegen überhaupt keine Schwierigkeiten gegeben. Sie sei charmant und gütig, sie habe viel mehr Geduld als Jim. Vielleicht sei sie sogar intelligenter als er, aber auf jeden Fall sei sie die Weiseste von ihnen allen.

Robert berichtete über das Verhältnis seiner Eltern zueinander. Sie seien eine Zeitlang recht unwirsch miteinander umgegangen, aber das hätte sich schließlich gelegt. Sein Bruder sei Rechtsanwalt geworden und habe eine Familie mit zwei Kindern. Er und sein Bruder hätten sich im großen und ganzen gut verstanden. Im Anfang hätte er von ihm manchmal Prügel einstecken müssen, aber später seien sie gleich stark gewesen, er selbst vielleicht sogar etwas stärker. Da hätten sie aber ihre Kräfte nicht mehr direkt gemessen. Er, Robert, liebe den Sport. Er brauche die körperliche Anstrengung als Ausgleich für die pedantisch-genaue Laborarbeit. – Mit den Verwandten bestehe guter Kontakt. Die Schwester des Vaters sei zweimal verheiratet gewesen. Sie sei eine sehr feminine und anziehende Frau gewesen. Ihr erster Mann sei gestorben. Kinder wollten sie wahrscheinlich keine. Der Bruder der Mutter hätte einen Sohn. Mit dieser Familie bestehe ebenfalls gutes Einvernehmen. Der jüngere Bruder der Mutter sei verlobt gewesen, ehe er an einer lange verschleppten schweren Tuberkuloseinfektion gestorben sei.

Mit seinen, Roberts, Eltern bestünden gute Beziehungen. Sie träten mitunter als Vermittler auf, wenn Sylvia und er eine Auseinandersetzung hätten. Sie nähmen auch die Kinder manchmal zu sich. Leider wohnten sie am anderen Ende des Kontinents. Sylvia und seine Mutter seien einander übrigens recht ähnlich, meinte Robert, aber wenn sie bei den Eltern oder die Eltern bei ihnen seien, käme es manchmal zu Meinungsverschiedenheiten zwischen den beiden Damen. Sie wollten zum Teil das gleiche, schienen einander aber dabei im Wege zu stehen. – Mit seinem, Roberts, Bruder verstehe sich Sylvia recht gut, aber auch sie gerieten einander in die Haare, wenn sie zu lange beisammen seien. Trotzdem bewundere Sylvia seinen Bruder und stelle ihn ihm manchmal als Vorbild hin. Die Kinder seines Bruders und seine eigenen Kinder fingen nicht allzuviel miteinander an. Das hänge aber vielleicht mit dem Altersunterschied zusammen. Die Kinder seines Bruders, ein Mädchen und ein Junge, seien 16 bzw. 13 Jahre alt. –

Im Laufe der Gespräche begann Robert, mehr Mitgefühl mit der traurigen Kindheit und Jugend von Sylvia zu zeigen. Dadurch schien sie etwas sanfter in ihrer Haltung ihm gegenüber zu werden und zu erkennen, daß sie im akuten Ärger über ihn nicht nur selbst jeweils viel zu essen begann, sondern, indem sie Jim fütterte und auf infantile Weise begünstigte, auch versuchte, sich zumindest ihn gewogen zu erhalten und an sich zu binden. Sie glaubte zu erkennen, daß die „Männer" in der Familie mehr Eigenleben bräuchten, daß sie Jim vielleicht ihrem Manne „überlassen" und sich selbst mehr um Chris kümmern sollte. Als Robert Sylvias Leistungen im Hause und an den Kindern deutlicher als bisher würdigte, wurde es ihr auch leichter, diese Aufgaben zu erfüllen und sogar Spaß daran zu finden. Robert und Sylvia traten gegenüber Jim zunehmend einheitlicher auf, und als Jim dies bemerkte, wurde er zuerst mit einem gewissen Grimm zurückhaltender, aber bald auch versöhnlicher. Er schloß sich stärker an Chris an, die aus ihrer Bewunderung für ihren Bruder nie ein Hehl gemacht hatte, und die Eltern kamen spontan überein, sich in die Kontakte und eventuellen Auseinandersetzungen der Kinder miteinander weniger oder gar nicht mehr einzumischen. Die Kinder müßten mehr als bisher einander überlassen werden, meinte Sylvia, und dies schien tatsächlich zu geschehen.

13.4. Eine jugendliche „Bande" in Gruppentherapie

Eine Gruppe von neun Jugendlichen im Alter von 16 bis 18 Jahren, alles Oberschüler, war vor den Jugendrichter gekommen, weil sie einen Einbruch ins Magazin einer Lederfabrik verübt haben sollten. Tatsächlich war nur ein einziger Jugendlicher, Paul, vom Nachtwächter am Ort überrascht und der Polizei übergeben worden. Dabei stellte sich heraus, daß Paul, ein mädchenhaft und brav wirkender Junge und einziges Kind eines Griechisch- und Latein-Lehrers, nicht zur Gruppe der übrigen acht gehörte, daß der „gang" oder die „Bande" vor diesem Delikt in keiner Weise hervorgetreten war und auch diesmal offenbar nicht beabsichtigt hatte, einzubrechen, sondern Paul einen Streich spielen wollte.

Zwei der Jugendlichen, Beppo und Fritz, hatten nämlich einem schüchternen Bewunderer ihres „gang" zur Abschreckung unter dem Siegel strengster Verschwiegenheit zu verstehen gegeben, daß sie Mitglieder eines Diamantenschmuggelringes seien. Wenn Paul wolle, könne er auf Probe mitmachen. Wenn er „singe" (etwas verrate), könnten sie für seine Sicherheit keine Garantie übernehmen. Paul war begeistert und erklärte sich zu allem bereit, was von ihm verlangt werde. Zu ihrem Gaudium, aber vielleicht auch zur Entmutigung Pauls hatten sie ihn dann per Auto in die Nähe eines „geheimen Treffens" gebracht, zu dem sie ihn das letzte Stück mit über den Kopf gestülptem Sack angeblich durch das Kanalnetz von B. auf den Schultern trugen. Tatsächlich „trugen" sie ihn im Keller eines leerstehenden Gartenhauses, das den Eltern eines der Gruppenmitglieder gehörte, auf der Stelle, legten ihn, um zu rasten, mehrere Male auf den Boden, zweimal auch in eine flache, mit Wasser gefüllte Blechwanne, brachten ihn schließlich in einen von einer Petroleumlampe erleuchteten Raum, die „Schmugglerhöhle", fingierten den Empfang eines Morsespruches, zogen, als draußen ein Geräusch zu hören war, drei (Luftdruck-)Pistolen aus ihren Jacketts, steckten sie wieder weg, da außen nichts weiter passierte, und gaben schließlich den Wortlaut des telegraphierten Auftrages bekannt: „In Karton mit Aufschrift Madagaskar, drittes Regal links oben, Lederfabrik Nurmi, Walnußstraße 23, Magazin, Ladung 138 abholen. Einbruch ist vorzutäuschen." In der anschließenden ernst und feierlich geführten Diskussion ließen die Jungen durchblicken, daß dies eine leichte Aufgabe sei, die auch einem bemühten Anfänger im Alleingang zuzutrauen wäre. Wer wolle es übernehmen? Paul meldete sich sofort. Einige äußerten Zweifel, ob er das könne oder ob man ihm vertrauen dürfe, aber Paul bestand mit leuchtenden Augen darauf, den Auftrag auszuführen. Vier Tage später brach er tatsächlich in das angegebene Magazin ein, und nachdem er ertappt worden war, verschwieg er zunächst gewissenhaft das Corpus delicti. Er behauptete, er habe ein paar Schuhsohlen stehlen wollen. Doch verwickelte er sich in Widersprüche, nannte die Namen einiger „Bandenmitglieder" und die Sache kam zu Gericht.

Dort konnte alles, wie bereits beschrieben, aufgeklärt werden. Paul wurde freigesprochen, die anderen acht Jugendlichen wurden gerügt und verpflichtet, mindestens zehn Gruppentherapiesitzungen mit einem erfahrenen Bewährungshelfer durchzumachen.

An dieser Stelle wurde vom Bewährungshelfer und Gruppenpsychotherapeuten gefragt, ob aus der Kenntnis der Geschwisterpositionen der Mitglieder dieses „gang" etwas über die Struktur der Gruppe und über den mutmaßlichen Verlauf der interpretativ zu führenden Gruppensitzungen ausgesagt werden könne. Die „Bandenmitglieder" waren:

Bavi ..... jüngerer Bruder eines Halbbruders: $(b_h)b$
Beppo ..... Einzelkind: b
Ernst ..... jüngerer Bruder eines Bruders: (b)b
Fred ..... jüngerer Bruder eines Bruders: (b)b
Fritz ..... älterer Bruder eines Bruders: b(b)
Günther ..... jüngerer Bruder einer Schwester: (s)b
Kurt ..... jüngerer Bruder einer Schwester: (s)b
Ludwig ..... älterer Bruder einer Schwester: b(s)

Paul, der nicht an den Gruppentherapiesitzungen teilnahm und auch nicht zum „gang" gehörte, war ein Einzelkind.

Interpretationsversuch der Geschwisterrollen und ihres Zusammenspiels in der Gruppe. Die Gruppe hat vermutlich zwei Jungen, die sich die Führung streitig machen könnten: Fritz, einen älteren Bruder eines Bruders, und Ludwig, einen älteren Bruder einer Schwester. Mit geringerer Wahrscheinlichkeit käme dafür auch einer der jüngeren Brüder von Schwestern in Frage, eventuell auch Beppo, ein Einzelkind.

Die beiden wahrscheinlichen Führer, Fritz und Ludwig, verfolgen allerdings vermutlich verschiedene Ziele. Fritz will einen Männerbund haben, mit dem er Heldentaten vollbringen möchte. Ludwig interessiert sich weniger für Heldentaten als für Mädchen und möchte entweder zu seiner Unterstützung die Freunde mit zu den Mädchen bringen oder der Gruppe Mädchen zuführen. Wahrscheinlich haben sich Bavi, Ernst und Fred um Fritz gruppiert, während Günther und

Kurt entweder schwanken oder es mehr mit Ludwig halten. Beppo erhebt eher nur einen sekundären Führungsanspruch. Er will dem eigentlichen Führer der Gruppe Beistand und Anreger sein, dafür aber vom Führer mehr als die anderen beachtet und berücksichtigt werden.

Die Idee zu dem Streich kam vermutlich eher von Beppo als von Fritz. Paul mag als ein unbeliebter Junge, als Streber und Weichling gegolten haben und deswegen von der Gruppe trotz seiner Bewunderung für sie abgelehnt worden sein, aber es wäre auch denkbar, daß vor allem Beppo diesen Bewerber um die Mitgliedschaft auch dann hätte abwimmeln wollen, wenn er für die Gruppe attraktiver gewesen wäre. Vermutlich spürte und vielleicht wußte Beppo sogar, daß Paul ein Einzelkind war und seine Sonderstellung in der Gruppe gefährdet hätte. Vielleicht wollte Paul auch der wichtigste Mann des Führers der Gruppe sein und von den anderen Gruppenmitgliedern jene Privilegien verlangen, die derzeit Beppo genoß.

Die Gruppe wird mit großer Wahrscheinlichkeit versuchen, die Therapiesitzungen ins Lächerliche zu ziehen, aber sie wird trotzdem das Ingangkommen gewisser Gruppenprozesse nicht verhindern können. Die Intention des Richters war vermutlich, den Jugendlichen bewußt machen zu lassen, wie rücksichtslos sie zum eigenen Gaudium einen naiven und gutgläubigen Menschen in erhebliche Schwierigkeiten gebracht hatten. Die Intention des Gruppentherapeuten wäre jedoch konventionsgemäß nicht eine Moralpauke oder die Forcierung von Schuldgefühlen bei den Gruppenmitgliedern. Er würde aber, wenn Schuldgefühle geäußert werden, diese sicherlich nicht unter den Tisch fallen lassen, sondern ihre Besprechung ermuntern.

Es ist anzunehmen, daß die Gruppe trotz des Gaudiums, das sie zunächst bei der Sache hatte, den Streich als letzten Endes gescheitert betrachten würde. Damit war aber auch jener der beiden mutmaßlichen Gruppenführer, der sich stärker mit diesem Streich identifiziert und ihn vielleicht organisiert haben könnte, nämlich Fritz, möglicherweise bereits in Ungnade gefallen. Auf jeden Fall hatte er einen Prestigeverlust erlitten. Schließlich waren sie alle vor Gericht zitiert worden und hatten eine Art von Strafe aufgebrummt bekommen.

Fritz müßte in den Gruppensitzungen entweder noch einmal groß auftrumpfen und auch aus diesen Sitzungen ein Theater zu machen versuchen, oder er müßte in den Hintergrund treten, zusehen, was der Gruppenleiter mit der Gruppe tut und ihm eventuell die Führung allmählich wieder abnehmen.

Ludwig hingegen hätte vermutlich Oberwasser. Er würde, wenn überhaupt, dann eher auf seine Art, also mit Mädchenangelegenheiten, Sex und Liebe, versuchen, die Gruppensitzungen in eine Farce zu verwandeln. Vielleicht auch würde er sich von vornherein mit dem Gruppenleiter gegen Fritz zusammentun. Er hat ja weniger „verbrochen“ als Fritz. Er war nie sonderlich für diese Art von Bravourstücken eingetreten. Zu seinen Interessen gehörten Liebesabenteuer, und damit konnte man nicht so leicht vor Gericht zitiert werden.

Es könnte auch sein, daß sich die jüngeren Brüder von Brüdern, nachdem sie sich von ihrem bisherigen Führer abgewandt haben, lieber mit den jüngeren Brüdern von Schwestern zusammentun, als sich dem älteren Bruder von Schwestern anzuschließen. Sie spüren unwillkürlich, daß es dem älteren Bruder von Schwestern mehr um Mädchen als um die Jungengruppe geht. Die jüngeren Brüder von Schwestern dagegen bieten doch eine gewisse Selbständigkeit, ohne deswegen unbedingt führen und dominieren zu müssen wie älteste Brüder von Brüdern, und haben ein weniger aktives Interesse an Mädchen als älteste Brüder von Schwestern. Die Gruppe könnte sich in mehrere solche Paare aufgliedern und vielleicht auseinanderfallen. Beppo könnte entweder bei Fritz bleiben oder zu Ludwig überwechseln.

Fallgeschichte. In den Gruppensitzungen erhob sich zuerst die Schuldfrage. Obwohl sich herausstellte, daß Beppo die Idee ausgeheckt hatte und daß Fritz lediglich amüsiert war von dem Gedanken, daß er nichts veranlaßte, sondern nur mithalf, die Sache ins Rollen zu bringen, wurde Fritz von der Gruppe verantwortlich gemacht und Beppo für schuldlos gehalten. Er hätte auch schon andere gute Einfälle gehabt. Erst wenn solche Einfälle in die Tat umgesetzt würden, seien sie zu verantworten, und zwar von dem, der sie in die Tat umsetzt. Dabei hatte Fritz anscheinend gleich nach dem „Schmugglertreffen“ Paul eine Warnung geben wollen, damals aber mit diesem Vorschlag nur den Protest der anderen, insbesondere den von Ludwig, geerntet. Dessen Argument war offensichtlich: „Wenn Paul wirklich so blöd ist, soll er anrennen. Wenn er nicht so blöd ist, braucht er keine Warnung.“

Beppo versuchte anfangs, die Gruppensitzungen durch Witze aufzulockern oder vielleicht überhaupt zu sabotieren, und die Gruppenmitglieder gingen darauf auch ein. Als sie aber merkten, daß der Gruppenleiter nichts gegen die Witze hatte, wurden sie und sogar Beppo ernster. Fritz schien die Schuld für den ganzen Vorfall auf sich nehmen zu wollen. Ludwig versuchte im Laufe der Sitzungen das Gespräch auf Frauen, Bardamen und Nachtlokale zu bringen und den Gruppenleiter durch direkte und zum Teil mit Absicht alberne Fragen in Verlegenheit zu bringen. Auch das gelang nicht.

Die Gruppenmitglieder kamen dann auf Erfahrungen mit unbeliebten Menschen zu sprechen, diskutierten, was diese jeweils unbeliebt gemacht habe, verglichen Paul, aber auch eigene Gruppenmitglieder mit ihnen und begannen, zwei Untergruppen zu bilden. Eine bestand aus Bavi, Ernst, Fred und Fritz, die andere aus Günther, Kurt und Ludwig. Beppo gefiel sich eine Weile lang als neutraler Vermittler. Bavi, Ernst und Fred begründeten ihre Parteinahme für Fritz damit, daß sie ihn nicht im Stich lassen wollten, nur weil angeblich etwas schief gelaufen sei. Günther und Ludwig hielten solche Treuebekundungen für vorsintflutlich. Kurt stimmte den beiden nicht bei, da aber auch Fred in seiner Loyalität gegenüber Fritz unsicher wurde, schlossen sich die beiden zu einer eigenen Untergruppe zusammen. Beppo versuchte nun auch, zwischen den drei Gruppen zu vermitteln, stellte aber schließlich seine Bemühungen ein.

Zuletzt kam die Sprache auf den Gruppenleiter und seine Erfahrungen in der Bewährungshilfe. Er machte zwar keine direkten Mitteilungen darüber, aber die Gruppenmitglieder malten sich seine Arbeit trotzdem, oder gerade deshalb, in der Phantasie aus. Sie begannen dann, Berufsmöglichkeiten im allgemeinen zu erwägen, und obwohl einer noch ein letztes Mal zu witzeln versuchte und sagte, er wolle Diamantenschmuggler werden, kam ein animierter Vorstellungs- und Erfahrungsaustausch über eine Reihe von Berufen und Laufbahnen in Gang.

Die Gruppe löste sich nach 14 Sitzungen unter Zustimmung aller Mitglieder freiwillig auf. Die Mitglieder schienen in den drei genannten Untergruppen auseinanderzugehen: a) Bavi, (Beppo), Ernst und Fritz, b) Fred und Kurt, c) (Beppo), Günther und Ludwig.

14. Quantitative Aspekte, verwandte Theorien und andere Untersuchungen

In den früheren Ausgaben dieses Buches waren zwei Kapitel enthalten, die dem Leser nun zum größten Teil erspart werden können. Eines beschäftigte sich mit den quantitativen Aspekten von Familienkonstellationen und entwickelte Geschwisterrollenkonfliktmaße und Personenverlustmaße. Diese Maße, sogenannte Indexaggregate, sind nur bei größeren systematischen Untersuchungen von Familienkonstellationen von Wert, hauptsächlich weil sie feinere Differenzierungen bei Gruppenvergleichen gestatten. Die Schwächen der Maße werden durch die größeren Fallzahlen ausgeglichen. Für die psychologische oder psychotherapeutische Beurteilung des konkreten Einzelfalles einer Familienkonstellation liefern diese Maße keine zusätzliche Information. Sie sind daher hier entbehrlich (siehe S. 10).

Das andere Kapitel beschäftigte sich mit verwandten Theorien und weiteren empirischen Untersuchungen von unseren Mitarbeitern und vielen anderen wissenschaftlichen Forschern im Bereich von Familienstrukturen und ihren Wirkungen (siehe S. 10).

Die guten Beziehungen zu den drei Senioren der Tiefenpsychologie, nämlich Freud (1916, 1916/17, 1933, 1938), Jung (1916, 1923, 1939) und Adler (1920, 1929, 1933) wurden hervorgehoben, ebenso gewisse Beziehungen zu den ökologischen Theorien von Lorenz (1943, 1963) und Tinbergen (1951) und zur Spieltheorie von von Neumann und Morgenstern (1947). Der Systemansatz, der unseren Forschungen zugrunde liegt (Toman 1959 b, c, d, 1960 a, b, c, 1962), wurde von den ersten Familientherapeuten (Bowen 1960, Ackerman 1961 und anderen) ebenfalls versucht. Viele von ihnen machten sich im Laufe der Zeit unseren Ansatz zu eigen. Manche von ihnen konsultieren mich regelmäßig.

Einen solchen Systemansatz bevorzugen auch die Soziologen, obwohl ihr Interesse an der *Institution* der Ehe und Familie und den *Rollen* von Mann und Frau, Vater, Mutter und Kind, der Kernfamilie und der erweiterten Familie im allgemeinen gegenüber den psychologischen Implikationen und dem konkreten Fall überwiegt. In diesem Zusammenhang sind Parsons (1951), Parsons und Bales (1955), Winch und McGinnis (1953), Winch (1963), Bossard und Böll (1956), Burgess, Locke und Thomes (1963), Kirkpatrick (1963),

Nimkoff (1963), Goode (1964), Williamson (1966), auch König (1946, 1965), Schelsky (1954), Wurzbacher (1958, 1960, 1968) und Rosenmayr und Köckeis (1963) zu erwähnen.

Unter den zahllosen Einzelstudien der Wirkungen von Geschwisterpositionen und Familiencharakteristiken einschließlich von Elternverlusten auf Schulleistungen, diverse soziale Einstellungen und Beziehungsformen, auf Aspekte der psychischen Entwicklung des Menschen und auf Entwicklungsstörungen habe ich in der Studienausgabe dieses Buches die wichtigsten zusammengefaßt. Dazu gehören auch rund 50 wissenschaftliche Arbeiten, die von meinen Mitarbeitern und Schülern veröffentlicht wurden.

Unter den Autoren haben sich Helen Koch (1960), Dechêne (1967) und Sutton-Smith und Rosenberg (1970) gründlicher und systematischer mit dem Thema befaßt, sich allerdings in der Hauptsache auf das Kindes- und frühe Jugendalter beschränkt. Sie gehen auch weniger als wir auf die Einflüsse der Eltern ein, überhaupt nicht auf die Einflüsse, denen die Eltern selbst in ihren Ursprungsfamilien ausgesetzt waren. – König (1964) sichtete einige historische Persönlichkeiten und Kulturepochen nach Einflüssen typischer Geschwisterpositionen. Lucille Forer (1969) beschrieb in deutlicher Anlehnung an meine Untersuchungen und begrifflichen Unterscheidungen (Toman 1959c, d, 1962) – unter Verwendung vorwiegend anekdotischer Evidenz aus ihrer psychologischen Behandlungspraxis – die Rollen, nach denen die verschiedenen Geschwisterpositionen im Leben streben. – In diesen zuletzt genannten Untersuchungen bleibt der Systemansatz allerdings eher im Hintergrund. Erst Langenmayr (1975, 1978) greift ihn unter Bezugnahme auf unsere Arbeiten wieder auf (siehe auch Martensen-Larsen, 1956, 1963).

Viele der zahllosen Untersuchungen im Bereich der Geschwisterpositionen und Familiencharakteristika wirken wie isolierte und oft zufällige Schnappschüsse von Stichproben, die nur ungenau oder unzureichend definiert waren. Das kritisierte ich schon 1961 (Toman 1961) an den bis dahin vorliegenden Studien, und das hat sich seither nicht wesentlich geändert. Eine riesige Fleißaufgabe im Nachweis dieses Umstandes erbrachten Ernst und Angst (1983). Sie zogen daraus den Schluß, daß der Einfluß von Geschwisterpositionen auf die Persönlichkeit und das Verhalten des Menschen ein schwacher und mehrdeutiger ist. Um das Verständnis ihrer eigenen Kinder bemühen sie sich immer noch, geben sie in der persönlichen Widmung ihres

Buches an. Aus ihrer Fleißaufgabe haben sie dafür offenbar keinen großen Nutzen ziehen können (siehe Toman 1988 b).

Auch nach unseren empirischen Untersuchungen decken einzelne Merkmale der Familienkonstellationen wie beispielsweise „älteste Schwester von Brüdern" oder „männliches Einzelkind" oder „Opfer eines frühen Vaterverlustes" nur 10 bis 20 Prozent der Varianz des jeweils untersuchten sozialen Dauerverhaltens und der sozialen Beziehungspräferenzen einer Person. 80 bis 90 Prozent der Einflüsse auf dieses Verhalten und diese Präferenzen stammen aus anderen Merkmalsbereichen.

Treten jedoch Familienkonstellationsmerkmale in bestimmten Kombinationen auf, hat beispielsweise die „älteste Schwester von Brüdern" eine Mutter, die ihrerseits eine älteste Schwester von Brüdern war, oder hat ein „männliches Einzelkind" besonders alte Eltern oder ist das „Opfer eines frühen Vaterverlustes" selbst das älteste Geschwister, dann steigt der Varianzanteil, den diese jeweiligen Merkmalskombinationen am fraglichen sozialen Dauerverhalten oder an den untersuchten sozialen Beziehungspräferenzen decken, bis zu 50 Prozent und gelegentlich noch höher.

Die statistischen Signifikanzprüfungen solcher und noch komplizierterer Kombinationen beruhen zum Teil auf nicht-parametrischen Verfahren, unter anderem auf einfachen Frequenztests, manchmal auf Konfigurationsfrequenzanalysen. Mehr lassen unsere Daten statistisch zum Teil nicht zu. Dabei ist aber zu beachten, daß das statistische Niveau von Daten keine Auskunft über ihren wissenschaftlichen Gehalt und ihre praktische Bedeutung gibt. Ein Vorteil der sogenannten einfacheren Daten ist sogar, daß sie nicht von Menschenhand, beispielsweise von psychologischen Skalenkonstrukteuren, entstellt sind. Unsere Daten sind leicht gewinnbar, in der Regel außerordentlich verläßlich und für die befragten Personen von unmittelbarer Bedeutung, auch wenn es ihnen gar nicht so bewußt ist. Einem aufmerksamen, geduldigen und unaufdringlichen Befrager erzählen die meisten Menschen gerne über ihre Familie.

15. Familiendaten in der klinisch-psychologischen Praxis

In der Deutung von Kombinationen von zwei und mehr Familienkonstellationsmerkmalen, wenn möglich vieler oder aller der erhobenen Merkmale, die ja sowohl die Kinder wie die Eltern ausführlich und die Großeltern zumindest rudimentär erfassen sollen, besteht im Grunde der Systemansatz bei der Betrachtung der Familie, den wir empfehlen und mit dem wir in der Praxis so gute Erfahrungen gemacht haben. Er vermittelt ein besseres Verständnis der Familie als jedes andere diagnostische Verfahren.

Das haben meine Mitarbeiter, meine Schüler und ich selbst auch immer wieder in klinisch-psychologischen und psychotherapeutischen Fallkonferenzen unter Beweis stellen können. Es gelang uns, lediglich auf grund der harten Daten über die Familienkonstellation und die objektiven Lebensumstände des jeweils diskutierten Klienten, sozusagen in einer Blinddiagnose, ein Bild über seine psychische Lebenssituation, seine Beziehungen, seine wichtigsten Wünsche und Konflikte sowie über den mutmaßlichen Verlauf der Psychotherapie zu skizzieren, das mit dem Bild des referierenden Psychotherapeuten durchschnittlich in vier von fünf Fällen im wesentlichen übereinstimmte. Der fünfte Fall konnte durch Hinzunahme weiterer Familienkonstellationsdaten oder von besonderen Merkmalen in der Lebenssituation der Familie oder der Person des Klienten meistens ebenfalls psychologisch einvernehmlich aufgeklärt werden. Dabei hatte der Psychotherapeut schon eine größere Zahl von Behandlungsstunden mit dem Klienten verbracht, manchmal 50 und mehr Stunden, während wir uns mit dem Fall nur indirekt und für die Dauer einer viertel bis halben Stunde befaßt hatten.

Das soll keineswegs heißen, daß das frühe Verständnis der Familien- und Lebenssituation des Klienten dessen Beratung und Behandlung ersetzen kann. Dem Klienten hilft der Umgang mit einem Berater und Therapeuten nur, wenn dieser sich nach den Äußerungsbedürfnissen und Inhalten des Klienten richtet. Das Reden des Therapeuten über das, was er in der Familie und in der Lebenssituation des Klienten bereits erkannt zu haben glaubt, bringt dem Klienten zunächst nichts. Der Klient muß selbst darauf kommen, und zwar aus seinen eigenen Äußerungen und Einfällen und in seinem eigenen Tempo. Der Therapeut muß seine frühen, tentativen Erkenntnisse und Schlußfolgerungen für sich behalten. Er weiß ja nicht, ob sie auf den Klienten wirklich zutreffen. Aber er kann sich im stillen auf das vorbereiten, was der Klient noch alles bringen wird und worauf er selbst vielleicht besonders wird achten müssen, damit es ihm zur gegebenen Zeit nicht entgeht. – Selbst wenn der Therapeut seine tentativen Erkenntnisse, über die er wohlweislich geschwiegen hat, in der weiteren Beratung oder Psychotherapie korrigieren und ergänzen muß, ist es für den Verlauf der Behandlung und letzten Endes für den Klienten besser, wenn sich der Therapeut Gedanken gemacht und verschiedene Möglichkeiten erwogen hat, als wenn er sich nichts denkt und nur das anzusprechen wagt, was der Klient nachdrücklich oder wiederholt äußert, nur das also, worauf er vom Klienten gestoßen wird. Das wäre ein stumpfer Berater oder Therapeut.

Über Familienkonstellationen wird oft bis zum Ende einer Beratung oder Psychotherapie nicht ausdrücklich mit dem Klienten gesprochen. Das heißt nicht, daß sie der Klient nicht dennoch behandelt und auf seine Weise erfaßt hat. Es gibt keine ernsthafte psychologische Beratung oder Psychotherapie, in der sich der Klient nicht mit seiner Familie zumindest innerlich ausführlich auseinandersetzt (siehe Toman 1979 a, 1988 a).

Eine ausdrückliche Kenntnis der objektiven Familien- und Umweltdaten eines Klienten kann allerdings dem *Berater* und *Psychotherapeuten* bzw. der *Beratungsstelle* oder *Klinik* zugemutet werden, zu der ein Klient gekommen ist. Eine solche Kenntnis ist für die Beurteilung der Ausgangsbasis des einzelnen Klienten, seines psychischen Zustandes am Anfang der Behandlung eigentlich unerläßlich. Nur in Bezug auf eine solche Kenntnis der objektiven Lebenssituation des Klienten kann der psychotherapeutische Fortschritt bewertet werden, den er in der Behandlung gemacht hat. Manche Klienten haben unter ihrer Umwelt und ihrer Familie viel mehr zu leiden gehabt als andere. Ohne ungefähre Kenntnis der objektiven Ausgangsbasis ihrer Klienten weiß die Beratungsstelle oder psychotherapeutische Klinik eigentlich nicht, was sie tut. Man könnte sogar behaupten, sie kennt nicht einmal wirklich ihre Klientele.

16. Datenerhebungen über Familienkonstellationen

Das mindeste, worüber wir in der Familie einer Person Kenntnis haben wollen, mit der wir entweder als Berater oder Psychotherapeuten oder Sozialarbeiter oder als wohlwollend interessierte Freunde oder Bekannte zu tun haben, sind: die *Geschwister* der Person, deren Altersverhältnis zur Person (ob älter oder jünger als sie) und deren Geschlecht; ferner die *Eltern der Person und deren Geschwister* sowie ihr Altersverhältnis zu den Eltern und das Geschlecht der Geschwister. Schließlich wollen wir wissen, ob die *Eltern der Eltern* noch leben oder, wenn dies nicht der Fall ist, wann ungefähr sie verstorben sind oder sich von der Familie getrennt haben.

Wir wollen noch mehr und Genaueres über die Familie wissen, sofern die Person von selbst darauf zu sprechen kommt, aber wir wollen auf keinen Fall wie ein Fragebogen verfahren. Die Person, mit der wir zu tun haben, soll möglichst frei über ihre Familie erzählen können, möglichst in der Reihenfolge, in der ihr selbst die Familienmitglieder einfallen, aber wir dürfen die Fäden weiter verfolgen. Wenn ein Geschwister bereits genannt wurde, dürfen wir nach weiteren Geschwistern fragen. Wenn ein Kind eines Geschwisters genannt wird, dürfen wir nach anderen Kindern bzw. nach Kindern der anderen Geschwister fragen. Wenn die Eltern erwähnt werden, dürfen wir früher oder später fragen, ob auch sie Geschwister hatten oder haben. Wenn ein Onkel, eine Tante, ein Cousin oder eine Cousine im Gespräch auftaucht, dürfen wir nach anderen Onkeln und Tanten fragen, besonders nach den Geschwistern der Eltern, und nach den Kindern anderer Onkeln und Tanten. Wenn wir erfahren, daß unter den Mitgliedern der weiteren Familie der Person ein Todesfall oder eine permanente Trennung eingetreten ist, dürfen wir auch nach anderen Todesfällen oder Trennungen fragen.

Wenn die Person keine Einwände hat, dann dürfen wir uns eventuell sogar Notizen über ihre Angaben machen. Wenn sie das nicht gestattet, müssen wir uns mit dem begnügen, was uns im Gedächtnis bleibt. Und an keiner Stelle des Gesprächs sollten wir die Person auf Vollständigkeit ihrer Angaben drängen oder zu irgendeiner Systematik in ihren Äußerungen auffordern, die sie nicht selbst anstrebt. Wie wir mit dem, was uns die Person erzählt, zurecht kommen, ist unsere Sache. Wenn wir keine vollständige Kenntnis ihrer Familiensituation erreichen, müssen wir uns mit dem begnügen, was wir haben (siehe auch Toman 1979 a, Toman und Egg 1985).

Die Gesprächsbereitschaft der Person und *ihre* Wahl der Themen haben Vorrang, aber wir dürfen auf Themen zurückkommen, die sie schon angesprochen hat. Wir müssen aufmerksam, anteilnehmend, interessiert, im wesentlichen wohlwollend und geduldig sein. Wenn wir das nicht sein können, sollten wir uns lieber gar nicht auf ein Gespräch über eine Familie einlassen. Vielleicht kommt noch ein günstigerer Zeitpunkt. Seien wir eingedenk, daß alles, was wir hier von der

Person erfahren, für diese bedeutsam ist, wie trocken und belanglos auch immer die Daten selbst erscheinen mögen. Alles Gute und Schöne und Erfreuliche, was jemand in seiner Familie erlebt hat, ist sein psychisches Kapital. Was er an Enttäuschungen, an Reibungen und Konflikten, an Trennungen und Verlusten von Familienmitgliedern zu ertragen hatte, ist seine psychische Hypothek. Wie gut jemand mit allem fertig geworden ist, wissen wir nicht. Seien wir behutsam und gefaßt. Wenn es der Person zu viel wird, helfen wir ihr, das Thema zu wechseln.

Was im Idealfall alles über die Familie einer Person festgehalten werden sollte, ist auf dem *nachfolgenden Leitblatt* angegeben. Wenn die Befragung in der Form eines standardisierten Interviews stattfinden kann oder soll, darf der Interviewer im allgemeinen ein solches Leitblatt benützen. In diesem Falle erweist die befragte Person dem Interviewer oder dessen Auftraggeber eine Gefälligkeit. Es handelt sich um ein Forschungsprojekt oder eine empirische Erhebung.

Auch psychologische Beratungsstellen und psychotherapeutische Kliniken erheben heute häufiger als früher routinemäßig diese Daten. Die Klienten werden an Hand eines solchen Leitblattes exploriert, wenn irgend möglich, dann nicht vom jeweiligen psychologischen Berater oder Psychotherapeuten, sondern von einem anderen Mitarbeiter der Stelle. Auch Fragebogen finden mancherorts Verwendung, die der Klient selbst ausfüllen kann oder bei denen ihm ein Mitarbeiter lediglich hilft. In allen diesen Fällen handelt es sich um einen *freiwilligen Beitrag des Klienten* zur Dokumentation der klinischen Arbeit. Die absolut vertrauliche Behandlung seiner Angaben müßte ihm zugesichert werden.

16.1. Leitblatt für Datenerhebungen

Von der befragten Person und, wenn sie verheiratet ist, auch vom Ehepartner sind nach Möglichkeit folgende Daten festzuhalten:

1. Datum und Ort der Befragung, Name des Untersuchers. – Alle weiteren Angaben beziehen sich auf die befragte Person

2. Vor- und Zuname (Mädchenname, Deckname), Geschlecht, Geburtsdatum und Ort der Geburt, derzeitige Wohnadresse, frühere Wohnorte, derzeitiger Beruf, frühere Berufe (mit Zeitangaben in Kalenderjahren), Ehestand (ledig, verheiratet, verwitwet, geschieden, ge-

trennt), Dauer der Ehe in Kalenderjahren (z. B. 1978–1982, oder 1970 bis jetzt), Dauer früherer Ehen (mit Zeitangaben in Kalenderjahren).

3. Von den Kindern der befragten Person (inklusive bereits verstorbener Kinder und Stiefkinder): Vorname, Geschlecht, Geburtsjahr, Todesjahr; Stiefkinder mit (s) kennzeichnen. Ehestand, Dauer der Ehe in Kalenderjahren, Dauer früherer Ehen in Kalenderjahren; wenn Ehe durch Tod des Partners beendet, mit (+) kennzeichnen. Kinderzahl jedes Kindes, mindestens aber Kinderzahl aller Kinder zusammen angeben. Verstorbene Kinder mit (+) kennzeichnen, mindestens aber ihre Zahl angeben.

4. Von den Geschwistern der befragten Person (einschließlich aller Halb-, Stief- und verstorbenen Geschwister): Vorname, Geschlecht, Geburtsjahr, Todesjahr; Halbgeschwister mit (h), Stiefgeschwister mit (s) kennzeichnen. Ehestand, Dauer der Ehe in Kalenderjahren, Dauer früherer Ehen in Kalenderjahren; wenn Ehe durch Tod des Partners beendet, mit (+) kennzeichnen. Kinderzahl jedes Geschwisters, mindestens aber Kinderzahl aller Geschwister zusammen angeben. Verstorbene Kinder mit (+) kennzeichnen, mindestens aber ihre Zahl angeben.

5. Vom Vater und der Mutter der befragten Person jeweils: Vor- und Zuname (Mädchenname, Deckname), (ungefähres) Jahr und Ort der Geburt, derzeitiger Wohnsitz, derzeitiger oder letzter Beruf, frühere Berufe, Dauer der Ehe in Kalenderjahren, Dauer früherer Ehen in Kalenderjahren, Todesjahre der Eltern. Von den Geschwistern des Vaters und der Mutter alle Daten analog zu Punkt 4 angeben, mindestens aber ihre Altersverhältnisse zum Vater bzw. zur Mutter feststellen; ferner, ob die Geschwister verheiratet sind und ob sie mindestens ein eigenes Kind haben oder hatten.

6. Von den vier Großeltern der befragten Person jeweils: (ungefähres) Jahr und Ort der Geburt, (ungefähres) Todesjahr, ungefähre Dauer der Ehe in Kalenderjahren. Großeltern, die früher oder später auch mit jemand anderem verheiratet waren (oder sind), mit (x) bezeichnen.

7. Schulbesuche der befragten Person mit Angabe ihrer Dauer in Kalenderjahren, unter Ausschluß von Abendschulen oder Fachschulen mit nur ein oder zwei Schultagen pro Woche.

8. Krankenhausaufenthalte der befragten Person (unter Angabe der Kalenderjahre dieser Aufenthalte). Anzahl dieser Krankenhausaufenthalte, längster Aufenthalt (in Wochen). Gesamtzeit, welche die

befragte Person vor Erreichung des 16. Geburtstages insgesamt in Krankenhäusern zugebracht hat (in Wochen).

9. Zahl der verschiedenen Wohnsitze, während die befragte Person noch bei den Eltern lebte; Alter der befragten Person beim Auszug aus dem elterlichen Haushalt; Zahl der verschiedenen Wohnsitze nach Auszug aus dem elterlichen Haushalt. Derzeitige Wohnsitze der Eltern, Geschwister, Kinder, wenn möglich auch die ungefähren Entfernungen dieser Wohnsitze vom eigenen Wohnsitz in Kilometern.

10. Einige weitere Richtlinien: Wer in Lebensgemeinschaft lebt, wird als verheiratet betrachtet. Wer vermißt ist, gilt als tot. Hat die befragte Person Pflegeeltern, sollen auch für sie diese Daten erhoben werden, neben jenen der leiblichen Eltern. Dabei ist in Kalenderjahren anzugeben, welche Lebenszeit die betreffende Person bei den leiblichen Eltern und welche sie bei den Pflegeeltern verbracht hat. – Vom Ehepartner sind möglichst alle obigen Daten genauso wie von der befragten Person zu erheben.

Daten, die nicht genau erhoben werden können, sollen so gut wie möglich geschätzt werden. Auch die befragte Person soll, wenn sie keine genaueren Angaben machen kann, Schätzungen vornehmen. Jede Möglichkeit einer Überprüfung der Aussagen sollte genützt werden.

Der befragten Person ist Diskretion zuzusichern und zu wahren.

Nachwort

Der Leser sei hier noch einmal zur Vorsicht gemahnt. Zur Vorsicht bei der Befragung von Personen in seiner Verwandtschaft, im Freundes- oder Kollegenkreis, vor allem aber bei der Bekanntgabe seiner psychologischen Analysen von Familienbeziehungen und bei seinen Voraussagen ihnen gegenüber. Zwar sind die Menschen im allgemeinen dankbar für Gelegenheiten, über sich und ihre Familienverhältnisse zu sprechen, doch verstimmt es sie, wenn sie hinter vermeintlichem Interesse eine Absicht merken. Wenn der Leser mit seinen neugewonnenen Kenntnissen über die Gesetzmäßigkeiten von Familienbeziehungen jemandem etwas beweisen möchte, wenn er sie zur Unterstützung seiner Bemühungen um die Gunst von Personen oder zu deren Einschüchterung oder aus heimlichen Rachegelüsten verwendet, dürfte er sich eigentlich nicht wundern, daß ihm kein Dank zuteil wird.

Wer bei der Lektüre dieses Buches Sorge um sich selbst und um seine derzeitigen persönlichen Beziehungen bekommen hat, dem sei versichert, daß er sich weder scheiden lassen noch Freundschaften aufgeben, daß er weder gerichtlich gegen seine Eltern vorgehen noch seinen Beruf, seine Lebensphilosophie oder gar seine Kinder ändern muß, und daß er auch nicht auf eine verflossene Jugendliebe zurückzukommen braucht, nur weil dieses Buch es in seinem Falle zu implizieren scheint. Er sollte sich vergegenwärtigen, daß er immer schon nach den Gesetzmäßigkeiten der Familienkonstellationswirkungen gehandelt hat, nicht erst, seit er hier auf sie aufmerksam gemacht wurde. Bevor er überlegt, was er künftig anders machen soll, müßte er versuchen zu erklären, wieso er es bisher auf *seine* Weise gemacht hat. Wenn er das aus den Gesetzmäßigkeiten der Familienkonstellationswirkungen einigermaßen ableiten kann, ist er in einer besseren Lage, als wenn er die scheinbar passenden Implikationen und Empfehlungen dieses Buches wörtlich übernimmt. Hatte er allerdings schon seit längerer Zeit Probleme und Konflikte mit sich selbst und in seinen mitmenschlichen Beziehungen, und ist er damit unzufrieden oder unglücklich, dann könnte er diesem Buch wahrscheinlich manches zum Verständnis seiner Lebenssituation entnehmen.

Wenn der eine oder andere Leser dem Schicksal seiner Familienkonstellation nicht entgehen zu können meint und darum fatalistisch resigniert, ist er im Irrtum. Die Gesetzmäßigkeiten der Familienkonstellationswirkungen sind nur ein Teil der Gesetzmäßigkeiten, denen menschliches Verhalten überhaupt unterliegt. Familienkonstellationsmerkmale können manchmal stark ausgeprägt sein, doch ihre Wirkungen erweisen sich auch dann nicht als absolut zwingend. Sicher aber ist, daß der Leser durch die Kenntnis dieser Gesetzmäßigkeiten seine Freiheit nicht verlieren oder beschränken, sondern daß sie sich für ihn im Gegenteil sogar erhöhen würde. Er kann im Leben besser mitspielen als ohne diese Kenntnis, kann beispielsweise persönliche Beziehungen ein wenig umgestalten, neue Beziehungen fortan mit größerer Sorgfalt beginnen und von dem, was er als ihm schicksalhaft auferlegt empfunden haben mag, in kleinen Schritten sogar abweichen. Diese Freiheit hat er. Würde er allerdings in großen Schritten abzuweichen versuchen oder das diametrale Gegenteil von dem anstreben, woran er von seiner Familie her gewöhnt war, dann könnte er scheitern. Wenn er die Gesetzmäßigkeiten kennt, dann kennt er auch die Grenzen seiner Freiheit. Das aber bedeutet bereits erhöhte Freiheit.

Und noch etwas: Wann immer ich in diesem Buch von Menschen, Beratern, Psychotherapeuten, Klienten, Patienten und Lesern gesprochen habe, meinte und dachte ich selbstverständlich auch Beraterinnen, Psychotherapeutinnen, Klientinnen, Patientinnen und Leserinnen mit, wie es ja die mir vertraute englische Sprache impliziert. In dieser Sprache war das Buch ursprünglich 1961 in New York erschienen, die erste deutsche Ausgabe 1965 in München. Wenn Leserinnen und Leser daran Anstoß nehmen sollten, bitte ich um Nachsicht. In neuen Texten habe ich mir angewöhnt, liebe LeserInnen, das „Innen“ hinzuzufügen und auch sonst an die Zweigeschlechtlichkeit der Menschen in allen Berufs- und Tätigkeitsbezeichnungen zu erinnern.

Bibliographie

Ackermann, N. W. et. al. (Ed.): Exploring base for family therapy. New York: Family Service Association of Amerkika 1961.

Adler, A.: Praxis und Theorie der Individualpsychologie. München: Bergmann 1920.

–: Understanding human nature (1929). New York: Greenberg 1946.

–; What life should mean to you. New York: Allen and Unwin 1931.

–: Der Sinn des Lebens. Wien, Leipzig: Passer 1933.

Alexander, C. N.: Ordinal position and sociometric status. Sociometry 1966, 29, 41–51.

Altus, W. D.: Birth order and academic primogeniture. J. Pers. and Soc. Psychol. 1965 a, 2, 872–876.

–: Birth order and its sequelae. Science 1965 b, 151, 44–49.

Andry, R. G.: Faulty paternal and maternal child relationships, affection and delinquency. Brit. J. Delinqu. 1957, 8. 34–48.

Anshacher, H. L. and Rowena R. Ansbacher: The individual psychology of Alfred Adler. New York: Basic Books 1956.

Archibald, H. C., Dorothy Bell, Christine Miller and R. D. Tuddenham: Bereavement in childhood and adult psychiatric disturbance. Psychosom. Med. 1962, 24, 343–351.

Athanassiadis, N.: Der Einfluß der Inkompatibilität der Geschwisterpositionen der Eltern und ihrer Kinder auf die Persönlichkeitsentwicklung der Kinder. Diplomarbeit, Universität Erlangen-Nürnberg 1986.

Badami, H. D.: A psychological study of some factors of juvenile delinquency. Educ. Psychol. Rev., Baroda 1962, 2, 101–106.

Bauer, Jutta: Die Milieuabhängigkeit der Schulreife unter besonderer Berücksichtigung der Theorie der Familienkonstellation. Diplomarbeit, Universität Erlangen-Nürnberg 1967.

Baxter, J. C.: Parental complementarity and parental conflict. J. Indiv. Psychol. 1965, 2, 149–153.

Bayer, A. E.: Birth order andcollege attendance. J. Marriage and Family 1966, 28, 480–484.

Becher, Sigrun-Heide: Der Einfluß der Familienkonstellation auf die Verwahrlosung Jugendlicher. Diplomarbeit, Universität Erlangen-Nürnberg 1967.

Belmont, Lillian, and Francis A. Marolla: Birth order, family size and intelligence. Science 1973, 182, 1096–1101.

Berg, I. et al.: Birth order and family size of approved school hoys. Brit. J. Psychiat. 1967, 113, 793–800.

Bergler, R.: Kinder aus gestörten und unvollständigen Familien. Weinheim und Berlin: Beltz 1955.

Berman, H. H.: Order of birth in manic-depressive reactions. Psychiat. Quart. 1933, 7, 430–435.

Bernhöft, G.: Untersuchung eines möglichen Zusammenhangs zwischen Familienkonstellation und der Übernahme von Führerrollen in Jugendgruppen. Diplomarbeit, Universität Erlangen-Nürnberg 1967.
Birtchnell, J.: Early parent death and mental illness. Brit. J. Psychiat. 1970, 116, 281 ff.
–: Early parent death in relation to sibship size and composition in psychiatric patients and general population controls. Acta Psychiat. Scand. 1971, 47, 50 ff.
–: Early parent death in psychiatric diagnosis. Soc. Psychiat. 1972, 7. 202 ff.
Birtchnell, J. and J. Mayhew: Toman's theory tested for mate selection and friendship formation. Journal of Individual Psychology 1977, 33, 18–36.
Borkholder, Ursula: Familienkonstellation und der Multiple Einstellungstest von Toman. Diplomarbeit, Universität Erlangen-Nürnberg 1966.
Bossard, J. H. S. and Eleanor S. Böll: The large family system: An original study in the sociology of family behavior. Philadelphia: University of Pennsylvania Press 1956.
Bowen, M.: Family concept of schizophrenia. In: Etiology of schizophrenia (Ed.: Jackson, D. D.). New York: Basic Books 1960.
Bowen, M., Family therapy in clinical practice. New York, J. Arsonson 1978.
Bowlby, J.: Maternal care and mental health. London: World Health Organization 1951.
Brandenburg, H. H.: Umwelt und Verwahrlosung. Diplomarbeit, Universität Erlangen-Nürnberg 1956.
Brill, N. Q., and E. H. Liston: Parental loss in adults with emotional disorders. Arch. Gen. Psychiat. 1960, 14, 307–314.
Brown, F.: Depression and childhood bereavement. J. Ment. Sci. 1961, 107, 754–777.
Bruhn, J. G.: Broken homes among attempted suicides and psychiatric out-patients. J. Ment. Sci. 1962, 108, 772–779.
Burgess, E. W., J. H. Locke and Mary M. Thomes: The family from institution to companionship. New York: American Book Co. 3rd ed. 1963.
– and P. Wallin: Predicting adjustment in marriage from adjustment in engagement. Amer. J. Sociol. 1944, 49, 524–530.
Burton, A. and J. W. Bird: Family constellation and schizo-phrenia. J. Psychol. 1963, 55, 329–336.
Caudill, W.: Social background and sibling rank among Japanese psychiatric patients. Conf. Modernization of Japan, January 1963.
Chopra, Sukhendra L.: Family size and sibling position as related to intelligence test scores and academic achievement. J. Soc. Psychol. 1966, 70, 133–137.
Cicirelli, V. G.: Sibling constellation, creativity, IQ, and academic achievement. Child Develop. 1967, 38, 481–490.
Clarke, Cecily M. and D. R. Davis: The families of mentally retarded children. Developm. Med. Child Neurol. 1963, 5, 270–286.

Cobb, S. and J. R. French Jr.: Birth order among medical students. J. A. M. A. 1966, 195, 312–313.
Critelli, J. W. and A. C. Baldwin: Birth order: Complementarity vs. homogamy as determinants of attraction in dating relationships. Perceptual and Motor Skills 1979, 49, 467–471.
Croake, J. W. and T. D. Olson: Family constellation and personality. J. Indiv. Psychol. 1977, 33, 9–17.
Damrin, Dora E.: Family size and sibling age, sex, and positions as related to certain aspects of adjustment. J. Soc. Psychol. 1949, 29, 93–109.
Davies, Ch. G.: The families of severely mentally retarded children: family composition and health. Calif. Je Educ. Res. 1963, 14, 121–130.
Dechêne, Ch. H.: Geschwisterkonstellation und psychische Fehlentwicklung. München: Barth 1967.
Deegener, G., Ch. Jacoby und Margit Kläser: Tod des Vaters und seine Bedeutung für die weitere Entwicklung des Kindes: Eine retrospektive Studie. Praxis d. Kinderpsychol. 1981, 30, 205–210.
Dohrenwend, Barbara S., Sol Feldstein, Joyce Plosky and Gertrude R. Schmeidler: Factors interacting with birth order in self-selection among volunteer subjects. J. Soc. Psychol. 1967, 72, 125–128.
Earle, A. M. and B. V. Earle: Early maternal deprivation and later psychiatric illness. Amer. J. Orthopsychiat. 1961, 31, 181–186.
Eberhard, K. und G. Kohlmetz: Verwahrlosung und Gesellschaft. Göttingen: Vandenhoek und Ruprecht 1973.
Eisenman, R.: Birth order, anxiety, and verbalizations in group psychotherapy. Je Consult. Psychol. 1966, 30, 521–526.
Ernst, Cécile, and Angst, J.: Birth order: Its influence on personality. Berlin, Heidelberg, New York, Springer 1983.
Erzigkeit, H.: Über den Zusammenhang faktoriell aufgefaßter Persönlichkeitsdispositionen mit Identifikation, beschrieben durch den Ähnlichkeitsvergleich des semantischen Differentials. Diplomarbeit, Universität Erlangen-Nürnberg 1967.
Esman, A., M. Kohn and L. Nyman: Parents of schizophrenic children: II. The family of the »schizophrenic« child. Amer. J. Orthopsychiat. 1959, 29, 455–459.
Falkenburg, D.: Aspekte des Helfer-Syndroms bei Psychologiestudenten. Diplomarbeit, Universität Erlangen-Nürnberg 1982.
Fischer, A. E. Sibling relationships with special reference to the problems of the second child. J. Pediat. 1952, 40, 254–259.
Forer, Lucille K.: Birth order and life roles. Springfield, III.: Charles C. Thomas 1969.
Fox, J. R.: Sibling incest. Brit. J. Sociol. 1962, 13, 128–150.
Freud, Anna and Dorothy T. Burlingham: War and children. New York: Medical War Books 1943.
Freud, S.: Mourning and Melancholia (1916). The Standard Edition of the Complete Psychological Works of Sigmund Freud, vol. 14. London: Hogarth Press 1953 ff.
–: A general introduction to psychoanalysis (1916/17). Stand ed. vol. 15, 16.

–: Beyond the pleasure principle (1920). Stand. Ed., vol. 18.
–: The ego and the id (1923). Stand. Ed., vol. 19.
–: The problem of anxiety (1926). Stand. Ed., vol. 20.
–: New introductory lectures to psychoanalysis (1933). Stand. Ed., vol. 22.
–: An outline of psychoanalysis (1938). Stand. Ed., vol. 23.
Freyn, W.: Lehrer-Schülerverhältnis und Schulerfolg. Inauguraldissertation, Universität Erlangen-Nürnberg 1974.
Gabower, Geneviève: Behavior problems of children in navy officers' families: as related to social conditions of navy family life. Washington, D. C.: Catholic Univ. America Press 1959.
Gardner, G. E.: Separation of the parents and the emotional life of the child. Ment. Hyg. 1956, 40, 53–64.
Gasch, B.: Die Familienkonstellationen von jugendlichen Strafgefangenen. Diplomarbeit, Universität Erlangen-Nürnberg 1964.
Gasch, Ulrike: Über den Zusammenhang von Identifikation und Familienkonstellation. Diplomarbeit, Universität Erlangen-Nürnberg 1967.
Gerstner, Uta: Die Abhängigkeit der Beurteilung von Menschen auf dem »semantischen Differential« von der Familienkonstellation. Diplomarbeit, Uni-versität Erlangen-Nürnberg 1967.
Glueck, S. and Eleanor Glueck: Unravelling juvenile delinquency. New York: Commonwealth Fund 1950.
–: Predicting delinquency and crime. Cambridge, Mass., Harvard University Press 1959.
–: Towards a typology of juvenile offenders. New York and London: Grune and Stratton 1970.
Gösswein, Christel: Familienkonstellationen von unverheirateten jungen Müttern. Diplomarbeit, Universität Erlangen-Nürnberg 1968.
Gonda, Th. A.: The relation between complaints of persistent pain and family size. J. Neurol. Neurosurg. Psychiat. 1962, 25, 277–281.
Goode, W. J.: The family. New York: Prentice-Hall 1964.
Goodenough, F. C. and A. M. Leahy: The effect of certain family relationships upon the development of personality. Ped. Sem. 1927, 34, 45–71.
Gray, B.: An investigation of the family constellation as a basic determinant of personality development. Unpubl. dissertation, Brandeis University 1960.
Green, C. E., M. E. Eastman and S. T. Adams: Birth order, family size and extra-sensory perception. Brit. J. Soc. and Clin. Psychol. 1966, 5, 150–152.
Grosz, H. J. and I. Miller: Sibling patterns in schizophrenia. Science 1958, 128, 30 p.
Guilford, R. B. and D. A. Worcester: A comparative study of the only and non-only child. J. Genet. Psychol. 1930, 38, 411–426.
Gundlach, R. H. and B. F. Riess: Birth order and sex of siblings in a sample of lesbians and nonlesbians. Psychol. Rep. 1967, 20, 61–62.
Hall, Everette: Ordinal position and sucess in engagement and marriage. J. Indiv. Psychol. 1965, 21, 154–158.

Handschin-Ninck, Marianne: Ältester und Jüngster im Märchen. Prax. Kinderpsychol. Kinderpsychiat. 1956, 7, 167–173.

Handy, L. C.: An examination of two of Toman's family constellation hypotheses concerning the relative success of mate selection. Dissertation Abstracts 1968, 28, 4873–4874.

Hartmann, K.: Theoretische und empirische Beiträge zur Verwahrlosungsforschung. Berlin: Springer 1970.

Hau, T. F. and A. Rueppell: Zur Familienkonstellation bei psychosomatisch Erkrankten. Zeitschrift für Psychotherapie und medizinische Psychologie 1966, 16, 211–219.

Heinicke, Ch. M.: Some effects of separating two-year-old children from their parents: a comparative study. Hum. Rel. 1956, 9, 105–176.

Hiese, M.: Übertragungsphänomene bei verwahrlosten männlichen Jugendlichen. Inauguraldissertation, Universität Erlangen-Nürnberg 1964.

Hillinger, F.: Introversion und Stellung in der Geschwisterreihe. Zft. exp. angew. Psychol. 1958, 5, 268–276.

v. Hintzenstern, Gisela: Schulfreundschaften und Familienkonstellation. Diplomarbeit, Universität Erlangen-Nürnberg 1968.

–: Psychologische Wirkungen von Verlusten bei Erziehungsberatungsfällen und männlichen Strafgefangenen. Inauguraldissertation, Universität Erlangen-Nürnberg 1974.

Hodges, A. and B. Balow: Learning disability in relation to family constellation. J. Educ. Res. 1961, 55, 41–42.

Hoenig, Charlotte: Die Stiefelternfamilie. Zft. f. Kinderforsch. 1929, 35, 187–331.

Hollingshead, A. B.: Cultural factors in the selection of marriage mates. Amer. Sociol. Rev. 1950, 15, 619–627.

Hooker, H. F.: The study of the only child at school. J. Genet. Psychol. 1931, 39, 122–236.

Howells, J. G. and J. R. Lickorish: Family relations indicator (Manual). Edinburgh, London: Oliver and Boyd 1967.

Hull, C. L.: Principles of behavior. New York: Appleton-Century-Crofts 1943

Jung, C. G.: Wandlungen und Symbole der Libido. Leipzig, Wien: Deuticke 1912.

–: The Psychology of the unconscious. New York: Moffat Yard 1916.

–: The integration of personality. New York, Toronto: Farrar Rinehart 1939

Kassel, H.: Geschwisterkonstellation und gegengeschlechtliche Freundschaften. Seminararheit, Universität Erlangen-Nürnberg 1962.

Katzenstein, Betti: Einfluß von Geschlecht, Lebensepoche und Stellung in der Geschwisterreihe auf das Aufsuchen einer psychologischen Beratungsstelle in Brasilien. Zft. Kinderpsychiatrie 1957, 24, 42–48.

Keller, R.: Determinanten der Familienkonstellation in ihren Beziehungen zu aggressiven Verhaltensweisen. Diplomarbeit, Universität Erlangen-Nürnberg 1964.

Kemper, T. D.: Mate selection and marital satisfaction according to sibling type of husband and wife. J. of Marriage and Family Living 1966, 28, 346–349.
Kirkpatrick, C.: The family as process and institution. New York: Ronald Press, 2nd ed. 1963.
Klackenberg, G.: Studies in maternal deprivation in infants' homes. Acta paediatr. Stockholm, 1956, 45, 1–12.
Koch, Helen L.: Some personality correlates of sex, sibling position, and sex of sibling amongfive- and six-year-old children. Genet. Psychol. Monogr. 1955 a, 52, 3–50.
–: The relation of certain family constellation characteristics and the attitudes of children towards adults. Child Developm. 1955b, 26, 13–40.
–: Children's work attitudes and sibling characteristics. Child Developm. 1956 a, 27, 289–310.
–: Children's attitudes towad their peers as related to certain characteristics of their siblings. Psychol. Monogr. 1956 b, 70 (19), No. 426.
–: Some emotional attitudes of the young child in relation tocharacteristics of his siblings. Child Developm. 1956 c. 27, 393–426.
–: Sibling influence on children's speech. J. Speech. Dis. 1956 d, 21, 322–328.
–: Sissiness and tomboyishness in relation to sibling characteristics. J. Genet. Psychol. 1956 e. 88, 231–244.
–: Der Einfluß der Geschwister auf die Persönlichkeitsentwicklung jüngerer Knaben. Jb. Psychol. Psychother. 1958, 5, 211–225.
–: The relation of certain formal attributes of siblings to attitudes held toward each other and toward their parents. Monogr. Soc. Res. Child Developm. 1960, 25 (4), No. 78.
König, K.: Brüder und Schwestern. Stuttgart: Klotz 1964.
König, R.: Materialien zur Soziologie der Familie. Bern: Francke 1946.
–: Soziologische Orientierungen. Köln: Kiepenheuer und Witsch 1965.
Kort, Helga: Familienkonstellationen von einer Gruppe endogener Depressionen. Diplomarbeit, Universität Erlangen-Nürnberg 1967.
Krasser, Angelika: Die Familienkonstellation als mögliche Determinante der Freizeitgestaltung. Diplomarbeit, Universität Erlangen-Nürnberg 1978.
Krout, M. H.: Typical behavior patterns in 26 ordinal posi-tions. J. Genet. Psychol. 1939, 55, 3–30.
Kurz, Charlotte: Über die Identifikation zwischen Eltern und Kindern aufgrund ihrer Familienkonstellation und ihre Auswirkungen auf die Erziehbarkeit. Diplomarbeit, Universität Erlangen-Nürnberg 1969.
Lamprecht, W.: Familiäre Einflüsse als Verhaltensdeterminanten des Drogenmißbrauchs. Diplomarbeit, Universität Erlangen-Nürnberg 1980.
Landis, J. T. and M. G. Landis: Building a successful marriage. New York: Prentice-Hall 1948.
Langenmayr, A.: Der Einfluß der Familienkonstellation auf die Urteilsbildung im sozialen Kraftfeld. Diplomarbeit, Universität Erlangen-Nürnberg 1966.

–: Familiäre Umweltfaktoren und neurotische Struktur. Göttingen, Vandenhoeck und Ruprecht 1975.
–: Familienkonstellation, Persönlichkeitsentwicklung, Neuroseentstehung. Göttingen, Toronto, Zürich, Hogrefe 1978.
Lasko, J. K.: Parent behavior toward first and second children. Genet. Psychol. Monogr. 1954, 49, 97–137.
Lautner, H.: Freundschaften weiblicher Einzelkinder unter dem Aspekt der Familienkonstellationstheorie. Diplomarbeit. Universität Erlangen-Nürnberg 1986.
Leman, K.: The birth order book. Old Tappan, N. J., Fleming H. Revell 1985.
Leman, K.: Growing up firstborn. New York, Bantam, Doubleday, Dell 1990.
Levinger, G. and M. Sonnheim: Complementarity in marital adjustment: reconsidering Toman's family constellation hypothesis. J. Indiv. Psychol. 1965, 21, 137–145.
Levy, J.: A quantitative study of behavior problems in relation to family constellation. Amer. J. Psychiat. 1931, 10, 637–654.
de Lint, J.: Note on birth order and intelligence test performance. J. Psychol. 1967, 66, 15–17.
Locke, H. J.: Predicting adjustment in marriage: A comparison of a divorced and a happily married group. New York: Henry Holt 1951.
Löhr, G.: Wiedererkennen von Geschwistern an Hand von spontan selbstverfaßten Charakterbildern bei Jugendlichen. Diplomarbeit, Universität Erlangen-Nürnberg 1966.
Lösel, F.: Eine Delinquenzbelastungsskala für männliche Jugendliche. Forschungsbericht, Sonderforschungsbereich 22 der Universität Erlangen-Nürnberg 1973.
–, P. Dillig, W. Wüstendörfer und P. Linz: Über Zusammenhänge zwischen Merkmalen der sozialen Umwelt und der Kriminalitätsbelastung jugendlicher Straftäter. Sonderforschungsbereich 22 der Universität Erlangen-Nürnberg 1974.
Lompa, N.: Der Einfluß von Familienkonstellationen auf die Leistungsmotivation mit ihren Grundrichtungen „Hoffnung auf Erfolg“ und „Furcht vor Mißerfolg“. Diplomarbeit, Universität Erlangen-Nürnberg 1967.
Lorenz, K.: Die angeborenen Formen möglicher Erfahrung. Zft. Tierpsychologie 1943, 5, Heft 2.
–: Zur Naturgeschichte der Aggression: Das sogenannte Böse. Wien: Borotha-Schoeler 1963.
Lynn, D. B. and W. L. Sawrey: The effects of father-absence on Norwegian boys and girls. J. Abn. Soc. Psychol. 1959, 59, 258–262.
Martensen-Larsen, O.: Family constellation analysis and male alcoholism. Acta. Psychiat. Neurol. Scand. Supp. 1956, 106, 241–247.
–: The family constellation analysis and alcoholism. Acta Genet. Statist. Medica 1957 a, 7, 441–444.
–: The family constellation and homosexualism. Acta Genet. Statist. Medica 1957 b, 7, 445–446.

–: Kann der Unterschied in der Familienkonstellation der Alkoholiker, Epileptiker und Schizophrenen psychodynamische Ursachen enthüllen? Acta Psychiat. Scand. 1963, 39 Supp. 169, 193–196.

Maxwell, J. and A. E. G. Pilliner: The intellectual resemblance between sibs. Ann. Hum. Gent. 1960, 24, 23–32.

McArthur, Ch.: Personalities of first and second children. Psychiatry 1956, 19, 47–54.

McNemar, Q.: Special review of Newman, Freeman and Holzinger's „Twins: A study of heredity and environment". Psychol. Bull. 1938, 35, 237–249

Mendelsohn, M. B.: Successful heterosexual pairing, sibling configuration and social acceptance. Dissertation Abstracts International 1973, 33, 4521.

Mendelsohn, M. B., J. Linden, G. Gruen and J. Curran: Heterosexual pairing and sibling configuration. J. Indiv. Psychol. 1974, 30, 202–210.

Merkle, J.: Freundschaftssysteme von Ehepartnern unter dem Aspekt der Familienkonstellationen. Diplomarbeit, Universität Erlangen-Nürnberg 1979.

Monahan, T. P.: Broken homes by age of delinquent children. J. Soc. Psychol. 1960, 51, 387–397.

Moran, G.: Ordinal position and approval motivation. J. Consult. Psychol. 1967, 31, 319–320.

Morgenstern, J. J.: Socio-economic factors in stuttering. J. Speech Hear. Dis. 1956, 21, 25–33.

Moser, T.: Jugendkriminalität und Gesellschaftsstruktur. Frankfurt: Suhrkamp 1970

Moser, U.: Die Psychologie der Partnerwahl. 2. Auflage. Bern, Stuttgart: Huber 1965.

Müller, G.: Spezifische Daten der Familienkonstellation als determinierende Faktoren bei der Bildung des Anspruchsniveaus. Diplomarbeit, Universität Erlangen-Nürnberg 1965.

Müller, L.: Family structure and conditions of hospitalization for schizophrenia. Community Ment. Health J. 1967, 3, 125–132.

Mukherjee, K. and S. Kundu: A study of birth order and family positions of the criminals. Indian J. Psychol. 1961, 36, 127–132.

Murdoch, P. H.: Birth order and age at marriage. Brit. J. Soc. and Clin. Psychol. 1966, 5, 24–29.

Naess, Siri: Mother separation and delinquency: further evidence. Brit. J. Criminol. 1962, 2, 361–374.

Neumann, J. von and O. Morgenstern: Theory of games and economic behavior. Princeton: Princeton University Press 1947.

Newman, H. H., F. N. Freeman and K. H. Holzinger: Twins: A study of heredity and environment. ChicagoUniversity of Chicago Press 1937.

Nimkoff, M. F.: Comparative family system. Boston: Houghton Mifflin 1963.

Nisbet, J. D. and N. J. Entwistle: Intelligence and family size, 1949–1965. Brit. J. Educ. Psychol. 1967, 37, 188–193.

Oberlander, M. and Noel Jenkin: Birth order and academic achievement. J. Indiv. Psychol. 1967, 23, 103–109.
O'Kelly, Elisabeth: Some observations on relationships between delinquent girls and their parents. Brit. J. Med. Psychol. 1955, 28, 59–66.
–: An investigation by means of the Object Relation Test into some of the effects of early separation from the mother on the personal relationships of adolescent delinquent girls. J. Ment. Sci. 1957, 103, 381–391.
Osgood, C. E., G. J. Suci and P. H. Tannenbaum: The measurement of meaning. Urbana: University of Illinois Press 1957.
Oswald, W. D.: Untersuchung der Abhängigkeit dominanten Verhaltens von speziellen prägenden Faktoren der kindlichen Umwelt. Diplomarbeit, Universität Erlangen-Nürnberg 1963.
Pagenstecher, Ursula, und Elfriede Schütz: Psychosomatische Aspekte bei Patienten mit Morbus Crohn: Persönlichkeitsmerkmale, sozioökonomischer, familiärer Hintergrund und soziale Beziehungen. Diplomarbeit, Universität Erlangen-Nürnberg 1983.
Parsons, T.: The social system. Glencoe, III.: The Free Press 1951.
– and R. F. Bales: Family, socialization and interaction process. New York: The Free Press and Collter-Macmillan 1955.
Patterson, R. M. and T. W. Zeigler: Ordinal position and schizophrenia. J. Psychiat. 1941, 98, 455–458.
Pinsky, H. J.: The effect of sibling constellation on mate selection. Dissertation Abstracts International 1974, 35–B, 3031–3032.
Probst, Vera: Eine Analyse der Beziehung zwischen Mensch und Tier. Diplomarbeit, Universität Erlangen-Nürnberg 1984.
Rauch, Susanne Ch.: Die Bedeutung der Geschwisterpositionen von Ausbildern und Auszubildenden für die Beurteilung des Ausbildungserfolges. Diplomarbeit, Universität Erlangen-Nürnberg 1976.
Reinhard, H. G.: Geschwisterposition, Persönlichkeit und psychische Störung bei Kindern und Jugendlichen. Praxis d. Kinderpsychol. 1984, 33, 178–183.
Rosenberg, B. G. and B. Sutton-Smith: Sibling association, family size, and cognitive abilities. J. Genet. Psychol. 1966, 109, 271–279.
–: B. Sutton-Smith and Judith Griffiths: Sibling differences in empathic style. Perceptual and Motor Skills 1965, 21, 811–814.
Rosenfeld, H.: Relationships of ordinal position to affiliation and achievement motives: Direction and generality. J. Personality 1966, 34, 467–479.
Rosenmayr, L. and Eva Köckeis: Umwelt und Familie alter Menschen. Neuwied, Berlin: Luchterhand 1965.
Rosenow, C.: The incidence of first-born among problem children. J. Genet. Psychol. 1930, 37, 145–151.
Rouman, J.: School children's problems as related to parental factors. Understanding the Child 1955, 24, 50–53.
Sampson, E. E. and Francena T. Hancock: An examination of the relationship between ordinal position, personality, and conformity: An ex-

tension, replication, and partial verification. J. Personality and Soc. Psychol. 1967, 5, 398–407.
Schachter, S.: The psychology of affiliation. Stanford, Calif.: Stanford University Press 1959.
–: Birth order, eminence and higher education. American Sociological Review 1963, 28, 757–767.
–: Birth order and sociometric choice. J. Abn. Soc. Psychol. 1964, 68, 453–456.
Scheidt, F. J. and M. E. Smith: Same-sex dyads and Toman's theory of birth-order compatibility. Psychological Reports 1974, 34, 1174.
Scheidt, F. J. and M. E. Smith: Birth-order compatibility and same-sex dyads: A replication. J. Social Psychol. 1976, 99, 291–299.
Schelsky, H.: Die Wandlungen der deutschen Familie in der Gegenwart. Stuttgart: Enke 1954.
Schiller, Dagmar: Untersuchung eines möglichen Zusammenhangs zwischen der Geschwisterposition und verschiedenen Daten zur Berufswahl. Diplomarbeit, Universität Erlangen-Nürnberg 1966.
Scholz, Caroline: Der Wunsch nach eigenen Kindern: Individuelle Herkunft, Genese und Unterdrückung. Diplomarbeit, Universität Erlangen-Nürnberg 1982.
Schooler, C.: Birth order and schizophrenia. Arch. Gen. Psychiat. 1961, 4, 91–97.
–: Birth order and hospitalization for schizophrenia. National Institute of Mental Health Report 1963.
Schoonover, Sarah M.: The relationships of intelligence and achievement to birth order, sex of sibling and age interval. J. Educ. Psychol. 1959, 50, 143–146.
Schott, F.: Untersuchungen über Freundschaften männlicher Studenten, besonders vom Aspekt der Theorie der Familienkonstellation her betrachtet. Diplomarbeit, Universität Erlangen-Nürnberg 1966.
Schraml, W.: Zum Problem der frühen Mutter-Kind-Trennung. Prax. Kinderpsychol. Kinderpsychiat. 1954, 3, 234–249.
Schuh, J. H. and O. J. Williams: Room-mate compatibility. College Students Journal 1977, 11, 285–286.
Sears, R. R.: Ordinal position in the family as a psychological variable. Amer. Sociol. Rev. 1950, 15, 397–401.
Secord, P. F., and Backman, C. W.: Social Psychology. New York: McGraw-Hill 1964, 2nd ed. 1974.
Sieber, M. und R. Corboz: Zusammenhänge zwischen Geschwisterposition und Intelligenz sowie Persönlichkeit bei auffälligen Kindern. Praxis d. Kinderpsychologie 1983, 32, 67–71.
Shannon, L. W.: Scaling juvenile delinquency. J. Res. in Crime and Delinquency 1968, 5, 52–63.
Shield, J. A. and Grigg, A. E.: Extreme ordinal position and criminal behavior. J. Crim. Law and Criminol. 1944, 35, 169–173.
Sinha, J. B.: Birth order and sex differences in n-Achievement and n-Affiliation. J. Psychol. Res. 1967, 11, 22–27.

Skiba, Antje: Versuch der Erfassung von Erziehungsstilen von Müttern schulpflichtiger Kinder auf Grund der systematischen Retrospektion. Diplomarbeit, Universität Erlangen-Nürnberg 1968.
Skodak, M. and H. M. Skeels: A final follow-up of one hundred adopted children. J. genet. Psychol. 1949, 75, 3–19.
Smart, R. G.: Alcoholism, birth order and family size. J. Abn. Soc. Psychol. 1963, 66, 17–23.
Sodhi, K. S.: Sozialpsychologie. In: Rohracher und Meili: Lehrbuch der experimentellen Psychologie. Bern, Stuttgart: Huber 1963.
Solomon, L. and R. Nuttall: Sibling order, premorbid adjustment and remission in schizophrenia. J. Nerv. Ment. Dis. 1967, 144, 37–46.
Spitz, R. A.: Hospitalism. An inquiry into the genesis of psychiatric conditions in early childhood. Psychoanalytic Study of the Child. Vol. I. New York: Internat. Universities Press 1945.
– and Käthe Wolf: Anaclitic depression. An enquiry into the genesis of psychiatric conditions in early childhood. Psychoanalytic Study of the Child. Vol. 2. New York: Internat. Universities Press 1946.
Stagner, R. and E. T. Katzoff: Personality as related to birth order and family size. J. Appl. Psychol. 1936, 20, 340–346.
Stark, S.: Symptom und Geschwisterposition im Spiegel einer Verhaltensbeobachtung. Prax. Kinderpsychol. Kinderpsychiat. 1962, 11, 177–187.
Stephens, W. N.: Judgments by social workers on boys and mothers in fatherless families. J. Genet. Psychol. 1961, 99, 59–64.
Stevens, S. S.: Mathematics, measurement and psychophysics. In S. S. Stevens (ed.): Handbook of experimental psychology. New York: Wiley 1951.
Strodtbeck, F. L. and P. Creelan: Interaction, linkage between family size, intelligence and sex role identity. J. of Marriage and Family Living 1968, 30, 301–307.
Sturzebecher, K.: Geschwisterkonstellation und elterliche Unterstützung oder Strenge. Praxis d. Kinderpsychol. 1983, 32, 57–67.
Sullivan, H. S.: The interpersonal theory of psychiatry. New York: Norton 1953.
Sulloway, F. J.: Freud, biologist of mind: Beyond the psychoanalytic legend. New York, Basic Books 1979. Auch deutsch (Übers. H. H. Henschen), Köln-Lövenich, Hohenheim 1982.
Sulloway, F. J.: Orthodoxy and innovation in science: The influence of birth order in a multivariate context. Annual meeting of the American Association for the Advancement of Science. New Orleans, LA, February 1990.
Sulloway, F. J.: Born to rebel. New York, Pantheon Books 1996.
Sutton-Smith, B. and B. G. Rosenberg: The sibling. New York: Holt, Rinehart and Winston 1970.
Terman, L. M.: Psychological factors in marital happiness. New York: McGraw-Hill 1938.
Tinbergen, N.: The study of instincts. London: Oxford University Press 1951.

Toman, W.: The multiple attitude test: A diagnostic device. J. Abn. Soc. Psychol. 1955, 51, 163–170.
–: Repetition and repetition compulsion. Int. J. Psychoanalysis 1956, 37, 347–350.
–: A general formula for the quantitative treatment of human motivation. J. Abn. Soc. Psychol. 1959 a, 58, 91–99.
–: Die Familienkonstellation und ihre psychologische Bedeutung. Psychol. Rundschau 1959 b, 10, 1–15.
–: Family constellation as a basic personality determinant. J. Indiv. Psychol. 1959 c, 15, 199–211.
–: Family constellation as a character and marriage determinant. Int. J. Psychoanalysis 1959 d. 40, 316–319.
–: On the periodicity of motivation. Nebraska Symposium on Motivation (Ed.: Jones, M. R.) Lincoln: University of Nebraska Press 1960 a, 80–95.
–: Haupttypen der Familienkonstellation. Psychol. Rundschau, 1960 b, 11, 273–284.
–: Introduction to psychoanalytic theory of motivation. London, New York: Pergamon Press 1960 c.
–: Family constellation: Theory and practice of a psychological game. New York: Springer 1961. 2nd rev. ed. 1969, 3rd. rev. ed. 1976, 1993.
–: Family constellations of divorced and married couples. J. Indiv. Psychol. 1962, 18, 48–51.
–: Large age differences among spouses and their family constellations. Psychol. Rep. 1963 a, 13, 386.
–: Die prägenden Wirkungen der Geschwisterkonstellation auf den Charakter. Zft. f. Psychother. und mediz. Psychol. 1963 b, 13, 113–117.
–: Hauptmerkmale der psychologischen Umwelt des Menschen und ihre Aufschlüsselung. Bericht über die Konferenz der International Association of Correctional Medicine. Wien 1963 c, 159–172.
–: Choices of marriage partners by men coming from monosexual sibling configurations. Brit. J. Medical Psychol. 1964, 37, 43–46.
–: Familienkonstellationen. München: Beck 1965 a, 1974, 1980, 1987, 1991.
–: Complementarity in marital adjustment: comment. J. Indiv. Psychol., 1965 b, 21, 146 ff.
–: Familienkonstellationen. Schule und Psychologie 1966, 13, 33–39.
–: Motivation, Persönlichkeit, Umwelt. Göttingen: Hogrefe 1968.
–: Family constellation: Its effects on personality and social behavior. New York: Springer, 2nd rev. ed. 1969.
–: The „duplication theorem" of social relationships as tested in the general population. Psychol. Review 1971, 78, 380–390.
–: Geschwisterkonstellation und Leistungsmotivation. Schule und Psychologie 1972 a, 19, 65–72.
–: Complementarity of sibling roles in individual friendship systems. 20th Internat. Congress of Psychology. Tokyo 1972 b, Proceedings p. 440, Science Council of Japan, University of Tokyo Press 1974.

–: Einführung in die allgemeine Psychologie. 2 Bde. Freiburg i. Br.: Rombach 1973 a.
–: On the extent of sibling influence. Conference of the Society for the Study of Behavioral Development. Ann Arbor, Mich. 1973 b. In Riegel, K. F., and Meacham, J. A. (eds): The developing individual in a changing world. Vol. II, Social and environmental issues. The Hague, Mouton 1975, p. 701–709.
–: Tiefenpsychologie. Stuttgart, Kohlhammer 1978.
–: Familientherapie. Darmstadt, Wissenschaftliche Buchgesellschaft 1979 a.
–: Wie sich Geschwister beeinflussen. Stuttgart, Bild der Wissenschaft, Oktober 1979 b, 226–227.
– Family therapy and sibling position. Northvale, N. J., London, J. Aronson 1988 a.
– Basics of family structure and sibling position. In: Kahn, M. D. and Karen G. Lewis (eds.): Siblings in therapy. New York, London, W. W. Norton 1988 b.
– Family constellations and friendship systems. Contemporary Family Therapy 1989, 11, 3–20.
–: Psychotherapie im Alltag. München, Beck 1991.
–: Notrufe. München, Beck 1994.
–: Family constellation theory revisited. Family Systems 1994/95, 1, 100–113, 2, 3–16.
–, and Gray, B.: Family constellations of „normal“ and „disturbed“ marriages: An empirical study. J. Indiv. Psychol. 1961, 17, 93–95.
–, S. Preiser, B. Gasch und Gerda Plattig: Die Wirkungen von Familienkonstellationen auf die Person, ihre sozialen Beziehungen und die nachfolgende Generation. Forschungsprojekt der Deutschen Forschungsgemeinschaft, Bad Godesberg (1962–66) 1967.
– and Eleonore Toman: Sibling positions of a sample of distinguished persons. Perceptual and Motor Skills 1970, 31, 825–826.
–, Ulrike Gasch, G. Löhr und R. Schmidt: Individuelle Freundschaftssysteme. Bad Godesberg, Projekt der deutschen Forschungsgemeinschaft (1968–71) 1972.
– und S. Preiser: Familienkonstellationen und ihre Störungen. Stuttgart: Enke 1973.
–, und Egg, R.: Psychotherapie: Ein Handbuch. Stuttgart, Berlin, Köln, Mainz, Kohlhammer 1985, 2 Bände.
–, und Gerlicher, K.: Klassische Psychotherapie (Einführungstext, Videokassetten und Arbeitsmaterialien). Göttingen, Institut für den wissenschaftlichen Film 1985.
–, Eva Hörwick und K. Möckel: Individuelle Bezugspersonensysteme, insbesondere Freundschaften. Projekt der deutschen Forschungsgemeinschaft (1983–85) 1986, 1989.
Vogel, W. and C. G. Lauterbach: Sibling patterns and social adjustment among normal and psychiatrically disturbed soldiers. J. Consult. Psychol. 1963, 27, 236–242.

Vuyk, Rita: Das Kind in der Zweikinderfamilie. Bern, Stuttgart: Huber 1959.
–: Eltern vergleichen ihre beiden Kinder. Schweiz. Z. Psychol. 1961, 20, 224–237.
Warren, J. R.: Birth order and social behavior. Psychological Bulletin 1966, 65, 38–49.
Wasilewski-Flierl, Helga: Das Relationsgefüge der Familie unter dem Einfluß familiärer Störvariablen. Inauguraldissertation. Universität Erlangen-Nürnberg 1973.
Weiss, R. L.: Some determinants of emitted reinforcing behavior: Listener reinforcement and birth order. J. Personality and Soc. Psychol. 1966, 3, 489–492.
Wellhöfer, P.: Untersuchung der Aggressionsrichtung und der Reaktionstypen auf alltägliche Frustrationen und deren Abhängigkeit von Daten der Familienkonstellation mit dem Rosenzweig P-F-Test. Diplomarbeit, Universität Erlangen-Nürnberg 1964.
West, S. S.: Sibling configuration of scientists. Amer. J. Sociol. 1960, 66, 268–274.
Wile, I. S. and A. B. Jones: Ordinal position and the behavior disorders of young children. J. Genet. Psychol. 1937, 51, 61–93.
Williamson, R. C.: Marriage and family relations. New York: Wiley 1966.
Wilson, P. R., J. R. Patterson and A. M. Lysons: Sex, birth order and volunteering behavior. Australian J. Psychol. 1966, 18, 158–159.
Winch, R. F.: The modern family. New York: Holt, Rinehart and Winston, rev. ed. 1963.
– and R. McGinnis (eds.): Marriage and the family. New York: Henry Holt 1953.
Wohlford, P. and M. R. Jones: Ordinal position, age, anxiety, and defensiveness in unwed mothers. Proceedings of the 75th Annual Convention of the American Psychological Association 1967, 2, 177–178.
Wolff, Sulammith: Social and family background of pre-school children with behavior disorders attending a child guidance clinic. J. Child Psychol. Psychiat. 1961, 2, 260–268.
Wuebben, P. L.: Honesty of subjects and birth order. J. Personality and Soc. Psychol. 1967, 5, 350–352.
Wurzbacher, G.: Leitbilder des gegenwärtigen deutschen Familienlebens. Stuttgart: Enke 1958.
–: Leistungen und Leistungsbehinderungen der Familie in der modernen Gesellschaft. In: Schriften der Gesellschaft für sozialen Fortschritt Bd. 12, 89–103. Berlin: Duncker und Humblot 1960.
– (Hsg.): Die Familie als Sozisationsfaktor. Stuttgart: Enke 1968.
Zielinski, W.: Schulleistung, Intelligenz und Familienkonstellation. Inauguraldissertation, Universität Erlangen-Nürnberg 1966.

Autorenregister

Sachregister

Psychologie bei C.H.Beck

Rebecca Böhme

Human Touch

Warum körperliche Nähe so wichtig ist

2019. 192 Seiten mit 10 Abbildungen. Klappenbroschur

Achim Haug

Reisen in die Welt des Wahns

Ein Psychiater erzählt von inneren Stimmen, bizarren Botschaften und gefährlichen Doppelgängern

2019. 255 Seiten. Gebunden

Eva Kessler

Von der Kunst, liebevoll zu erziehen

Sinnvoll Grenzen setzen und gute Laune bewahren

3. Auflage. 2014. 287 Seiten mit 2 Abbildungen und zahlreichen Grafiken. Broschiert

Hans-Joachim Maaz

Das falsche Leben

Ursachen und Folgen unserer normopathischen Gesellschaft

5. Auflage. 2018. Klappenbroschur

Andreas Maercker

Trauma und Traumafolgenstörungen

2017. 128 Seiten mit fünf Tabellen und einem Schaubild. Paperback

C.H.Beck Wissen Band 2863

Dagmar Pauli

Size Zero

Essstörungen verstehen, erkennen und behandeln

2018. 223 Seiten mit 48 Abbildungen und 4 Tabellen. Klappenbroschur

Helmut Remschmidt

Wenn junge Menschen töten

Ein Kinder- und Jugendpsychiater berichtet

2019. 293 Seiten mit 4 Abbildungen und 5 Tabellen. Klappenbroschur